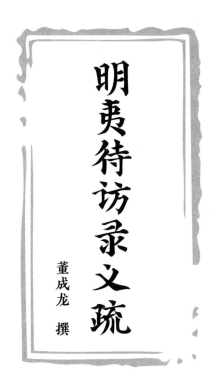

明夷待访录义疏

董成龙 撰

重庆大学出版社

图书在版编目（CIP）数据

明夷待访录义疏 / 董成龙撰. -- 重庆：重庆大学
出版社, 2025. 3. -- ISBN 978-7-5689-4886-9

Ⅰ. B249.32

中国国家版本馆CIP数据核字第2025T6H223号

明夷待访录义疏

MINGYI DAIFANGLU YISHU

董成龙　撰

策划编辑：张慧梓

责任编辑：黄菊香　　版式设计：张慧梓

责任校对：关德强　　责任印制：张　策

*

重庆大学出版社出版发行

出版人：陈晓阳

社址：重庆市沙坪坝区大学城西路21号

邮编：401331

电话：（023）88617190　88617185（中小学）

传真：（023）88617186　88617166

网址：http://www.cqup.com.cn

邮箱：fxk@cqup.com.cn（营销中心）

全国新华书店经销

重庆正文印务有限公司印刷

*

开本：890mm×1240mm 1/32　印张：11　字数：236千

2025年3月第1版　　2025年3月第1次印刷

ISBN 978-7-5689-4886-9　定价：68.00元

目　录

凡　例

一、黄宗羲一生多变，"其始入京讼冤，对簿复仇，为孤儿；继而南渡，为党臣；继而起兵、出师、立寨、乞师、从亡，为孤臣；继而乞养，为孝子、为遗臣；而卒为大儒"。其治学之法以六经为根柢，主张"穷经"的同时又"求事实于诸史"，"证斯理之变化"。经史之学融于一身，又有切实的政治参与，关注三重古今之变并贯穿其书：三代以上与三代以下，有明以前与有明一代，太祖与成祖。

二、《明夷待访录》既有经学义理的考察，又有政治史的分析和未来政治的方略；既包含对法意的政治义理考察，又有对君主制度、官僚制度、丞相制度、学校制度、科举制度、建都与方镇制度、土地制度、军事制度、财政制度、奄宦与吏制的历史叙事、评判与应然设计。此书堪称中国历史行至明清之际回望过去的"中国历代政治之得失"。

三、本书底本为二老阁初刻本，参照指海本、海山仙馆丛书本、铁香室丛刻本、小石山房丛书本，另参照现代版本，有古籍出版社 1955 年标点本、中华书局 1981 年标点本，以及广为流传的李广柏译注本、段志强译注本和狄百瑞英译本。

四、制作学案，"摘发传注之讹，复还经文之旧"本就是宗羲治学之法。本书依照宗羲本人提示的研究方法为《明夷待访录》做义疏。义解紧贴原文，以现代白话解释原文大义，在翻译之外又增补内容，以疏通文义。疏证随义解之后，时而援引宗羲背靠的中国古典经史资源，以期理解其叙事与判断背后的思考，时而征引宗羲同时代师友的相关论述，以形成同一历史语境下对同一主题的切磋琢磨。

五、义解与疏证并非无的放矢地引用，而是依照宗羲本人的提示，择取其中关键人物及其思想论说，以期沙盘推演宗羲的谋篇布局与写作构思。若于义解和疏证外别有心意，则恰如宗羲本人于未来科举制畅想所言，以愚按形式随文附于疏证之后，不至于因个人臆解而破坏正文义疏。

六、本书以黄宗羲背靠之传统典籍为之作注，以期更好地跟随其脚步，虽然表面上以经典注后人，实则反倒为我辈以宗羲为阶梯踏足经典与故事提供入路。宗羲已逝三百余年，今天重访其文本，化用读经、解经之法，抽绎全书，或可得其提示，重审中国历代政治得失。

自序：《明夷待访录》的通变与法意

> 风雨如晦，鸡鸣不已。
>
> ——《诗经·风雨》

今日中国虽已进入 21 世纪，然而清民时代以来新生的诸种"国故"仍未充分消化。因此，切实进入并超越这一时期，成为在新时代认清自我及与世界关系的必要之举。陈独秀（1879—1942 年）很早就意识到明朝的重要性："明代西力东渐，这是中国民族思想制度发生空前大变化的最初种子。"[1]无论是引入西方宗教建立政教合一体制的洪秀全（1814—1864 年），还是引入西方政制建立现代国家体制的孙中山（1866—1925 年），都有《祭明太祖文》，本身就在提示我们，明朝与晚清和"当代"的革命都息息相关。

在中华文明走至明清之变的时刻，"天崩地解"[2]，风雨飘摇，鸡鸣不已[3]。所谓"天崩"，在天文历法的意义上，

1　陈独秀：《资产阶级的革命与革命的资产阶级》（1923 年 4 月 25 日），中共中央文献研究室、中央档案馆编：《建党以来重要文献选编（1921—1949）》（第 1 册），北京：中央文献出版社，2011 年，第 223 页。

2　黄宗羲：《留别海昌同学序》，《黄宗羲全集》（第 10 册），杭州：浙江古籍出版社，1993 年，第 627 页。

3　"鸡，知时畜也"（许慎，《说文解字·隹部》）。鸡司晨，从睡梦中唤醒人，有如师教之木铎。参见钱穆：《现代中国学术论衡》，北京：九州出版社，2011 年，第 131 页；胡司德：《古代中国的动物与灵异》，蓝旭译，南京：江苏人民出版社，2016 年，第 60—61 页。柏拉图的戏剧《会饮》接近尾声处，正是鸡鸣之时，阿里斯托德莫斯（Aristodemos）由此被唤醒，看到会饮现场有三个人仍旧醒着（无需鸡鸣唤醒），他们分别是喜剧诗人阿里斯托芬（Aristophanes）、悲剧诗人阿伽通（Agathon）和哲人苏格拉底（Socrates），其共同之处在于他们都是城邦的教师。

通天之学在相当程度上被习得西方现代天文学的传教士分割。[1] 所谓"地解"，在人世政权的意义上，晚明遭遇东北满人的挑战，最终丧失政权。谁人可以逃遁于天地之间？

明清之际的士人既面临三代以上和三代以下的古今之变，又面临满人入主中原明清易代的古今之变，还遭遇西学来华的中西之变。对这一重要转折时刻的历史回望和重述，既对研究明清史学有重要意义，又对理解自此以来的中华民族命运和思想道路有铺垫作用。这一风雨时刻的通史之作《明夷待访录》值得一观。

一、"当代"复"当代"

黄宗羲（别号梨洲老人、梨洲山人，1610—1695 年）与顾炎武（1613—1682 年）、王夫之（1619—1692 年）并称为"明末清初三大思想家"，又与孙奇逢（1584—1675 年）、李颙（1627—1705 年）并称"海内三大鸿儒"。梁启超（1873—1929 年）更将其视为"清代史学的开山之祖"。

其父黄尊素（1584—1626 年）曾教导"学者不可不通史事"，因此黄宗羲"自明十三朝实录，上溯二十一史，每日丹铅一本，迟明而起，鸡鸣方已，两年而毕"（黄炳垕：《黄梨洲先生年谱》）。章学诚以为清学分为浙西、浙东两派：浙西以顾炎武为代表，为经学；浙东以黄宗羲为代表，

1　江晓原：《天学真原》，沈阳：辽宁教育出版社，1991 年；韩琦：《通天之学：耶稣会士和天文学在中国的传播》，北京：生活·读书·新知三联书店，2018 年；葛兆光：《中国思想史》（卷二），上海：复旦大学出版社，2000 年。

为史学。其实，二人皆通经史，难以截然二分。[1]

梨洲非但有此探明古今之变的工夫，还知晓最新传来的西学知识，切近中西之变：

> 从崇祯三年至十四年（1630—1641），黄宗羲数度寓居南京，将其宗兄黄居中千顷堂藏书翻阅殆遍，其中即有《天主实义》等书。崇祯十五年（1642），在京与汤若望结交，向其学习西学知识。后来，他又阅读了钱谦益绛云楼藏书和山阴祁氏澹生堂藏书（其中亦多西学书籍）。其著作中提及传教士毕方济和汤若望，更多有论及西学之处。[2]

背靠古今中西的视域，黄宗羲撰有多部涉及中国历史整体判断的著作。"方饰巾待尽，因念天人之际，先儒有所未尽者，稍拈一二，名曰破邪。"（黄宗羲：《破邪论》）所谓"饰巾"，"绝望已久，饰巾待期而已"（蔡邕：《陈太丘碑》）。顺治十年（1653 年），黄宗羲的浙东抗清斗争彻底失败，写下《留书》。十年后的康熙二年（1663 年），黄宗羲完成《明夷待访录》（参见《留书·题辞》）。乾隆年间修《四库全书》，黄宗羲的《明儒学案》《易学象数论》等书均获收录，而《明夷待访录》却被列为禁书。

《明夷待访录》具有回顾中国通史的立意，但因为不同时代的解释旨趣，它被赋予了不同的含义。汉斯－格奥尔

1　钱穆：《晚学盲言》（上），北京：生活·读书·新知三联书店，2018 年，第 262—263 页。

2　许苏民：《晚明西学东渐与〈明夷待访录〉政治哲学之突破》，《江汉论坛》2012 年第 12 期，第 34 页。

格·加达默尔（Hans-Georg Gadamer，1900—2002年）强调文本的"效果历史"（Wirkungsgeschichte），即文本产生之后就脱离了作者的"当代"语境，成为一部开放性的文本，可能会在流传的过程中，被后世的研究者赋予新的"当代"意义。[1]

黄宗羲以明清之际的"当代"视角看待三代以来的中国大历史，而他本人的著作流传到晚清，也被晚清革命人士以"当代"视角看待，从而便有了晚清革命对黄宗羲作品大义及其历史定位的重塑，成为《明夷待访录》"效果历史"中的重要一波。侯外庐（1903—1987年）的《中国早期启蒙思想史》将黄宗羲视作早期启蒙者，正是沿着这一"当代"视野切入的。然而，历史学家朱维铮（1936—2012年）认为，"从著作史的角度来看，黄宗羲著作等身，但在1695年去世后的两百年内，实际影响是不引人注目的"[2]。

黄宗羲在清中叶学术界受重视的程度，远不如顾炎武。而在太平天国失败后，以曾国藩为核心的湘系军阀集团，控制了南国诸省政权，出于文饰本集团靠战争发迹的需求，被埋没一百多年的王夫之遗著突然陆续问世。那结果自然大出曾国藩之流意外，这批遗著居然被清末的排满革命论者，拿去当作"民族主义"的历史依据。但在晚清，黄宗羲的学说，有很长时间，影响不及王夫

1　汉斯-格奥尔格·加达默尔：《真理与方法：哲学诠释学的基本特征》，洪汉鼎译，上海：上海译文出版社，1999年。

2　朱维铮：《求索真文明：晚清学术史论》，上海：上海古籍出版社，1996年，第354页。

之，也是事实。[1]

因为晚清的"当代"需求，郑观应（1842—1922 年）撰写了《盛世危言》，其中诸篇，无论篇名还是立论均与梨洲相近。谭嗣同（1865—1898 年）对黄梨洲评价甚高；康有为（1858—1927 年）甚至说"本朝人物以黄宗羲为第一"，因为他从《明夷待访录》中得到了把变法与重建《洪范》政治理想结合起来的启示。在 1898 年写给李鸿章（1823—1901 年）的信中，章太炎（1869—1936 年）甚至将黄宗羲视作荀子（约前 313—前 238 年）以来最伟大的七人之一[周予同（1898—1981 年）和岛田虔次（1917—2000 年）都认为章太炎的革命学说直接来自《明夷待访录》]，但他后来在东亚的语境中理解黄宗羲，又由赞扬转向批判，实际是借此批判孙中山在中国嫁接西方思想未必成功。

另有学者研讨黄宗羲对俞樾（1821—1907 年）、宋恕（1862—1910 年）及其追随者孙宝瑄（1874—1924 年）的影响，认为《明夷待访录》是宋恕变法思想的源头。孙宝瑄以为，"立于亚洲，发明公理，洞见本原，切中世弊者，前有我国黄梨洲之《明夷待访录》，后有日本深山虎太郎之《草茅危言》。梨洲之《原君篇》《原臣篇》《原法篇》，深山之《民权篇》《共治篇》《君权篇》，体例亦相近"[2]，指出对于清初人物"最心折者"是黄梨洲和颜习斋两人，"梨洲能揭数千年专制之

1　朱维铮：《求索真文明：晚清学术史论》，上海：上海古籍出版社，1996 年，第 354 页。。

2　中华书局编辑部编：《孙宝瑄日记》（中册），童杨校订，北京：中华书局，2015 年，第 599 页。

毒，于政界中放一曙光"[1]。

梁启超曾称赞宋恕为"梨洲之后一天民"[2]，而他本人也受到梨洲很大的启发：

> 我自己的政治运动，可以说是受这部书的影响最早而最深。此外书中各篇，如《田制》《兵制》《财计》等，虽多半对当时立论，但亦有许多警拔之说。如主张迁都南京，主张变通推广卫所屯田之法，使民能耕而皆有田可耕，主张废止金银货币，此类议论，虽在今日或将来，依然有相当的价值。[1]

宣统二年（1910年），李滋然撰写《明夷待访录纠谬》，批驳梨洲之论与晚清革命学说之间的思想关联。黄宗羲的著作成为晚清的革命资源，的确有其偶然因素，但要注意，在众多可以选择的"革命资源"中独独选择了王夫之、黄宗羲等人的著作，当然可见《明夷待访录》作品本身的独特性。岛田虔次认为，"儒教政治理论，在这本书里得到了最大限度的展开"，"《待访录》以后，整个清代，在政治理论方面，几乎就没有可看之作了。明末好不容易形成的言论界，

1　中华书局编辑部编：《孙宝瑄日记》（下册），童杨校订，北京：中华书局，2015年，第1161页。

2　关于《明夷待访录》作为晚清革命资源的"效果历史"研究，主要有：岛田虔次的《中国革命的先驱者》（1965年），朱维铮的《在晚清思想界的黄宗羲》（1996年/2001年），岛田虔次的《黄宗羲·横井小楠·孙文》（2008年），段志强的《孔庙与宪政：政治视野中的顾炎武、黄宗羲、王夫之从祀孔庙事件》（2011年），杨际开的《〈待访录〉在清末的传播、影响及其现代意义——以孙宝瑄〈忘山庐日记〉为线索》（2011年）和方祖猷的《黄宗羲〈明夷待访录〉对孙中山民主思想的启蒙》（2011年）。

1　梁启超：《中国近三百年学术史》，北京：东方出版社，1996年，第56页。

也完全沉滞，就是说它消亡了也言不为过"。晚清康有为、梁启超的变法论，其中国思想资源正是"《明夷待访录》所明确表示或暗示的政治哲学和公羊派的历史哲学"[1]。

虽然梨洲经常指认今不如古，但必定"知来者之可追"，否则何必孜孜以求，费尽心血？重点不在于梨洲厚古薄今的立场，而在于他古今之变的落脚点，即其在明清之际的当代观察。这就需要回到梨洲的文本现场和历史现场。

二、师说与时人

要了解梨洲的一家之言，不能离开他的师承。其师刘宗周（1578—1645 年）所"宗"者"周"（恰如孔子之论："周监于二代，郁郁乎文哉，吾从周"）。黄宗羲为记录师说，编撰《孟子师说》。晚明末代皇帝崇祯帝朱由检（1611—1644 年）虽然有复兴之志，但据梨洲所载，他应对宗周之举已然显示出无法力挽狂澜：

> 上问人才、粮饷、流寇三事，对曰："天下原未尝乏才，止因皇上求治太急，进退天下士太轻，所以有人而无人之用。加派重而参罚严，吏治日坏，民生不得其所，胥化为盗贼，饷无从出矣。流寇本朝廷赤子，抚之有道，寇还为吾民也。"上又问兵事，对曰："臣闻御外亦以治内为本，此干羽所以格有苗也。皇上亦法尧、舜而已矣。"上顾温体仁曰："迂哉！刘某之言也。"
> （黄宗羲：《明儒学案·卷六二·蕺山学案》）

1　小野和子：《明季党社考》，李庆、张荣湄译，上海：上海古籍出版社，2006 年，第 1 页。

梁惠王以为孟子"迂远而阔于事情"（《史记·卷七四·孟子荀卿列传》），崇祯帝也以为刘宗周之论太过迂阔，那么他们所要做的无非是"其近己而俗变相类"，则"议卑而易行"（《史记·卷一五·六国年表》），或可意译为 low but solid ground）。宗周最后以身殉国，梨洲怎能无动于衷。[1]

同时代人的互文参照也可以帮助我们考究黄宗羲的当代观察。顾炎武著《日知录》有言："所著《日知录》三十余卷，平生之志与业皆在其中。惟多写数本，以贻之同好，庶不为恶其害己者之所去。而有王者起，得以酌取焉。"（顾炎武：《与友人论门人书》）康熙十五年（1676年），他致信黄宗羲：

> 因出大著《待访录》，读之再三，于是知天下之未尝无人，百王之敝可以复起，而三代之盛可以徐还也。天下之事，有其识者未必遭其时，而当其时者或无其识。古之君子，所以著书待后。有王者起，得而师之。然而《易》"穷则变，变则通，通则久"，圣人复起而不易吾言，可预信于今日也。炎武以管见为《日知录》一书，窃自幸其中所论，同于先生者十之六七。

全祖望（1705—1755年）便指出："顾亭林贻书，叹为王佐之才，如有用之，三代可复。是岁为康熙癸卯，年未六十，而自序称梨洲老人。"王夫之也自视为"老人"（"船山遗老"），与《明夷待访录》开篇落款自称"老人"暗合。船山此书亦在康熙二年写作，人们往往聚焦他以史为鉴的《读

---

1 参见《明夷待访录·原臣》，梨洲对以身殉国做了条件限定，三代以下，天下俱是君主私产，何必为此自绝，悄然批评了其师的殉国之举。

通鉴论》，却忽略了这部直抒胸臆的《噩梦》：

> 言三代以下之弊政，类曰强豪兼并，赁民以耕而役
> 之，国取十一而强豪取十五，为农民之苦。乃不知赋敛
> 无恒，墨吏猾胥，奸侵无已，夫家之征，并入田亩，村
> 野愚懦之民，以存田为祸，以得有强豪兼并者为苟免逃
> 亡、起死回生之计。唯强豪者乃能与墨吏猾胥相浮沉，
> 以应无艺之征。则使夺豪右之田以畀贫懦，且宁死而不
> 肯受。向令赋有成法而不任其轻重，孤儿独老可循式以
> 输官，则不待夺有余授不足，而人以有田为利，强豪其
> 能横夺之乎！赋役名数不简，公费驿递不复，夫家无征，
> 一切责之田亩，田不尽归之强豪不止，而天下之乱且不
> 知所极矣。（王夫之：《噩梦》）

与《噩梦》旨趣相似，黄宗羲自陈："余尝为《待访录》，
思复三代之治。"（《破邪论·题辞》）梨洲所论绝非单纯
的"时务策"，明朝既然已经亡国，何须时务策再帮助明朝
振翅？《明夷待访录》显然是对中国政治制度史的重述与反
思（强调"有治法而后有治人"）。

> 孟子曰："孔子成《春秋》，而乱臣贼子惧。"吾
> 谓使乱臣贼子得志于天下者，其后之作史者乎！（黄宗
> 羲：《留书·史》）

既然如此，黄宗羲要上承的便是孔子、司马迁之志。如
果说欧阳修（1007—1072 年）作《五代史记》是"贬斥势利，
尊崇气节，遂一匡五代之浇漓，返之淳正"（陈寅恪：《赠

蒋秉南序》），那么梨洲所作这部薄史小记更是如此。[1]

三、三重古今之变与黄宗羲的"当代"观察

> 大凡学有宗旨，是其人之得力处，亦是学者之入门
> 处。天下之义理无穷，苟非定以一二字，如何约之，使
> 其在我。故讲学而无宗旨，即有嘉言，是无头绪之乱丝
> 也。（黄宗羲：《明儒学案发凡》）

黄宗羲闻名于世的学问编著是《宋元学案》和《明儒学
案》，可谓系统而庞杂的读书笔记。关于两部学案的相关研
究颇为丰富，1941—1942 年，蒋介石还"逐句点批"了《明
儒学案》。[2]但值得注意的是，这两部学案不仅展现了黄宗
羲的学问系统，还呈示了黄宗羲进入中国思想史和政治史的
基本路径。它本身既是学问，更是方法。

何不借用《明儒学案》《宋元学案》检点宋、元、明学
术史的方法？两大学案是中国学术史的典范，即论定学术源
流、宗派之得失。若以黄宗羲研究中国学术史的方法研究他
的中国政治史撰述，探赜索隐，必有所得。如果带着这个视
角进入《明夷待访录》，就容易发现，该书虽然字数较少，
体量不大，但所涉及的内容非常庞大，是一部贯穿中国自三

---

1 孟子曰："鸡鸣而起，孳孳为善者，舜之徒也；鸡鸣而起，孳孳为利者，跖之徒也。欲
知舜与跖之分，无他，利与善之间也。"（《孟子·尽心上》）见，风雨时刻存在"善""利"
两种鸡鸣师教。

2 唐纵：《在蒋介石身边八年——侍从室高级幕僚唐纵日记》，北京：群众出版社，1991 年，
第 253—254 页。

代以来政治制度史的简明教程。

梁启超认为，相对于"中国数千年惟有政治史，而其他一无所闻"而言，黄宗羲"创为学史之格"，开拓中国学术史，实为二千年中国史学中"稍有创作之才"的六人之一。[1]其余五人的著作均是通史，可见梁启超的重点在"通"：司马迁（《史记》为纪传体通史），杜佑（《通典》），郑樵（《通志》），司马光（《资治通鉴》），袁枢（《通鉴纪事本末》）。

然而，梨洲拳拳之心所属意者实为"贯通"（古今之变）而非"叙事"。恰如司马迁自许"成一家之言"已明确告知后人其"子书"的自我定位，按今日学科理解，《明夷待访录》实为政治哲学著作。

如果不仔细对照《史记》《汉书》以来历代史书中的《礼志》《选举志》《职官志》《兵志》《食货志》等专题"书""志"，便很容易忽略黄宗羲写作《明夷待访录》所必需的知识储备和思想动力。一旦加以对照，就会发现，黄宗羲自觉地以专题的方式贯通历代史书，从而通贯性地理解中国政治制度史，据此改写和重新提炼中国历代政治得失。

《明夷待访录》开篇题辞就援引孟子"一治一乱"之言，指出三代以下"有乱无治"，显然是要断明三代以上与三代以下两个传统，引入古今之变。是书包含三重历史转关或古今之变。第一种是三代以上和三代以下的变局，这两大传统之间的转捩点就是周秦之变（司马迁《史记》的要点）——无论是从政治义理来说，还是从政治制度来看，都发生了重

---

1 梁启超：《新史学》，夏晓虹、陆胤校，北京：商务印书馆，2014 年，第 90 页；中华书局编辑部编：《孙宝瑄日记》（中册），童杨校订，北京：中华书局，2015 年，第 595 页。

大的变化，影响深远。第二种是有明以前和有明一代的古今之变，主要体现为秦汉以来政治制度的变迁。第三种则是明朝二"祖"（太祖和成祖）之间的古今之变。"祖有功，宗有德"（《孔子家语·庙制》），因此汉族政权往往只有一个"祖"（太祖或高祖），而明朝首次追谥二祖（太祖、成祖），则意味着明朝政治有两个传统。黄宗羲关于明朝政治制度的演变叙事中，确实也始终暗藏着明朝本身有两个传统的理解——《建都》一章特意申说成祖改都酿成祸端，而终章《奄宦》所谈奄宦更是得势于成祖。

有关这三重古今之变的思考，决定了《明夷待访录》的篇章安排。《明夷待访录》除题辞外，凡二十一章，共论述了十三个主题，可以分为两组：

（1）前三章，对应前三个主题：原君、原臣、原法。

（2）之后的十八章，对应后十个主题：置相、学校、取士、建都、方镇、田制、兵制、财计、胥吏、奄宦。

> 《待访录》之最高原理出于《孟子》之"贵民"与《礼运》之"天下为公"。其政治哲学之大要在阐明立君所以为民与君臣乃人民公仆之二义……"原法"论古今立制精神之异……梨洲变法之建议见于"置相"以下十八篇中。[1]

四、中国政治制度史回顾与历代得失

黄宗羲以为"后世"往往"不能深原其本末"，"不

---

1 萧公权：《中国政治思想史》，北京：商务印书馆，2011年，第582—587页。

知本末"则"迷其向背",所以近人多有"是非倒置"之论,故应"推原其故"。[1] 前三章《原君》《原臣》《原法》的"三原"之论,既说明了周秦之变对政治制度安排造成的变迁,又阐发了对政治义理的改造。从此以后,"公天下"转变为"家天下"。这正是《明夷待访录》作为一部中国历代政治得失或中国政治史的起点。

> 六经皆先王之法也。其垂世者,非一圣人之心思,亦非一圣人之竭也……后王第因而损益之而已,奈何后世以为一代有一代之制度?汉世以杂霸自名,晋人以宽和为本,唐任人,宋任法。所谓先王之法,皆废而不用,人徒见其享国苟安,遂谓无所事此,幸而保守一家之富贵,其四海之穷困,虽当极盛之世,未之能免也。岂不忍人之政者?故曰:不以三代之治为治者,皆苟且而已。(黄宗羲:《孟子师说》)
>
> 三代以上之事功,与汉、唐之事功迥乎不同。当汉、唐极盛之时,海内兵刑之气,必不能免。即免兵刑,而礼乐之风不能常浑同。胜残去杀,三代之事功也,汉、唐而有此乎?其所谓"功有适成,事有偶济"者,亦只汉祖、唐宗一身一家之事功耳。统天下而言之,固未见其成且济也。(黄宗羲、全祖望:《宋元学案·卷五六·龙川学案》)
>
> 古之有天下者,日用其精神于礼乐刑政,故能致治隆平。后之有天下者,其精神日用于疆场,故其为治出

---

1 黄宗羲:《明夷待访录·田制一》;黄宗羲:《汰存录》,《黄宗羲全集》(第1册),杭州:浙江古籍出版社,1985年,第327页。

于苟且。（黄宗羲：《留书·封建》）

三代以上有法，三代以下无法。这个"法"（nomos）不是具体的"法律"或"宪法律"（Verfassungsgesetz），而是统摄各种具体法律的"宪法"（Verfassung），它可以很好地对译为"谣俗"（语出《史记·货殖列传》"谣俗被服"），是包括朝野在内的一切规范。[1] 如果只是具体的法律条文，那么就只会涉及"合法"（legality）的问题，也不会有不合法的法律出现；但如果只想立法的法意，那么甚至连法律条文也是可以被审查的，因而走向关于"正当"（legitimacy）的讨论，在这一框架下，才可以发现有的法律虽然被制定，却并不正当。

三代以上是"无法之法"（law without laws，虽无法条，但行法理），三代以下是"非法之法"（unlawful laws，虽有法条，但背法理）。究其原因，在于三代以上之君是公天下之君，三代以下之君是私天下之君。三代以上，有德能者被迫出任君主，"天下为公"；三代以下，汲汲于君主之位而恋恋不舍，以天下为私产。然而，既以天下为私产，则人人尽是潜在对手，所以天下之君反倒成为天下之敌，从秦始皇到崇祯帝，概莫能外。君不君则臣不臣，三代以上是师友之臣，三代以下之臣则沦为佞幸之臣。

梨洲特意申说，君臣不能与父子相比附，最核心的差异在于：君臣关系是一种公共的地缘关系，而父子关系是一种私人的血缘关系。因为有了血缘的联系，孩子就成了父亲的分身，

1　张文江：《古典学术讲要》，上海：上海古籍出版社，2010 年，第 39—96 页；卡尔·施米特：《宪法学说》（修订译本），刘锋译，上海：上海人民出版社，2016 年。

但人臣并不是人君的分身。君臣关系的维系在于将其扣紧的公共事业，一旦君主不再虑及天下苍生，就成了人臣的路人。

围绕君臣关系，梨洲潜在回顾了中国思想史上的经典命题，即帝、王、霸、亡国之辨。"帝者与师处，王者与友处，霸者与臣处，亡国与役处"（《战国策·燕昭王收破燕后即位》），"同气者帝，同义者王，同力者霸，无一焉者亡"（《淮南子·泰族训》）。

帝者与师处，是知晓"古之王者，建国君民，教学为先"（《礼记·学记》），"三人行必有我师焉，择其善者而从之，其不善者而改之"（《论语·述而》）。王者与友处，则"王者之民，皞皞如也"（《孟子·尽心上》），君子"以文会友，以友辅仁"（《论语·颜渊》）。霸者与臣处，则"霸者之民，欢虞如也"（《孟子·尽心上》）。亡国与役处，则"以君之一身一姓起见，君有无形无声之嗜欲，吾从而视之听之，此宦官宫妾之心也"（《明夷待访录·原臣》）。

黄宗羲进而提出他的王霸之辨：

> 王霸之分，不在事功而在心术：事功本之于心术者，所谓"由仁义行"，王道也；只从迹上模仿，虽件件是王者之事，所谓"行仁义"者，霸也。不必说到王天下，即一国所为之事，自有王霸之不同，奈何后人必欲说"得天下方谓之王"也！譬之草木，王者是生意所发，霸者是剪彩作花耳。（黄宗羲：《孟子师说》）

在明清之变的历史时刻，梨洲以远古为未来，念兹在兹的正是如何重返三代之治。要重返三代，就要认识从周秦之变以来至明清之变的中国大历史。元明之际的胡翰（1307—1381 年）提供了认识以往历史的一种重要思路。他不知道后世的明清之变，却深知宋元之变和元明之变（了解异族统治的处境）。

> 胡仲子列十二运，推明皇、帝、王、霸之升降。前为四运，后为八运，参差多寡，无乃悬绝？以仲子之言为是耶？孟子所谓一治一乱者正相反；以仲子之言为非耶？……十二运，上下共计万有一千五百二十载。……仲尼没，继周者为秦，为汉，为晋国，为隋，为唐，为宋，垂二千年犹未臻乎革也。（黄宗羲：《易学象数论·卷六》）

胡翰十二运之说以周敬王甲子年（前 477 年）为起点（arche），截至梨洲落笔之时，人世都在乱运之中。所幸再过二十年（1683 年）便可以进入大壮这一转关。大壮系《周易》第三十四卦（䷡，乾下震上），"上古穴居而野处，后世圣人易之以宫室，上栋下宇，以待风雨，盖取诸大壮"（《周易·系辞下》）。此卦是"阳晶守政之运"的第一卦，由此进入治运，则三代之治终究不绝，仍可复见于世。既然大壮将至，治世之运即将开启，梨洲当然要有所准备。

荀子提出"有治人，无治法"，有一定能够治世的人，却没有一定能够治世的法。

> 有乱君，无乱国；有治人，无治法。羿之法非亡也，

而羿不世中；禹之法犹存，而夏不世王。故法不能独立，类不能自行；得其人则存，失其人则亡。法者，治之端也；君子者，法之原也。（《荀子·君道》）

梨洲显然在针对这种观点，反向提出"有治法而后有治人"：

> 即论者谓有治人无治法，吾以谓有治法而后有治人。自非法之法桎梏天下人之手足，即有能治之人，终不胜其牵挽嫌疑之顾盼。有所设施，亦就其分之所得，安于苟简，而不能有度外之功名。使先王之法而在，莫不有法外之意存乎其间。其人是也，则可以无不行之意；其人非也，亦不至深刻罗网，反害天下。故曰有治法而后有治人。（《明夷待访录·原法》）

> 治天下者亦视其势。势可以为恶，虽禁之而有所不止；势不可以为恶，其止之有不待禁也。（《明夷待访录·胥吏》）

许多研究者径直认为梨洲与荀子相反，但要注意，荀子讲的是"有治人，无治法"，梨洲所讲是"有治法而后有治人"而不是"有治法，无治人"，这意味着梨洲虽然否定了荀子"无治法"的判断，却调和了"有治人"的判断，并将其作为"有治法"的结果存在。

孟子曾论及"非礼之礼""非义之义"（《孟子·离娄下》），责其名实不副，梨洲"非法之法"之论承绪此脉。

梨洲又有"国非其国"(《留书·卫所》)之论，大可概括为"非国之国"。既然三代以下都是"非法之法""非国之国"，要想重新回到治世，就必须通过体察漫长的制度史，返回三代以上的"法"。梨洲有关中国政治制度史的分析，涵盖有明一代与有明以前的古今之变和明朝两个传统之间的古今之变。

《明夷待访录》前三章讲周秦之变，之后的十八章对应十个主题，这十个主题就从多个方面讲述秦汉以来的政治制度变迁，至于政治义理，仍旧处在"家天下"的框架之下，没有变化。而在秦汉以降的历史进程中，唐、宋、元的变革尤为突出，这十八章讲述的就主要是秦、汉、唐、宋、元、明的政治制度史。黄宗羲将有明一代之问题追溯至秦朝，原来，晚明所有问题均在此前的历史中埋下伏笔。[1]黄宗羲于明清之际创作的《明夷待访录》既记录了"历代政治得失"，又成了"故事新编"，有了新的政治史视野。

五、后世君子与治世复还

"一种真正的历史思维必须同时想到它自己的历史性。"[2]司马迁关切周秦之变、秦汉之变，带着深切的"当代"问题意识，作《史记》"俟后世君子"[3]。中国历史在历经

1　William Theodore de Bary, *Waiting for the Dawn: A Plan for the Prince: Huang Tsung-hsi's Ming-i tai-fang lu,* New York: Columbia University Press, 1993, p. 10.

2　汉斯－格奥尔格·加达默尔：《真理与方法：哲学诠释学的基本特征》，洪汉鼎译，上海：上海译文出版社，1999年，第384页。

3　参见董成龙：《武帝文教与史家笔法：〈史记〉中高祖立朝至武帝立教的大事因缘》，上海：华东师范大学出版社，2019年。

周秦之变后经过漫长"超稳定结构",最终遭遇明清之变（古今中西会通），黄宗羲当此"日暮途远"之际，转身回望三代以下中国历代政治得失，论衡古今（牟宗三提议"critical"不应译作"批评"，而应译作"论衡"）。梨洲虽人未老而自称"老人"，岂不也是要等待新君主和新君子？这涉及对《明夷待访录》中"明夷"与"待访"两词的理解。关于"明夷"，一般有以下几种说法：

（1）明夷一节的典故便是箕子待访，亦可解作"明遗"（明朝遗民）[1]，黄宗羲身为明朝遗民而明夷，一语双关。

（2）使夷狄开明（enlightenment）——"夷狄而华夏则华夏之"（明清之际，华夷之辨）。

（3）狄百瑞（William Theodore de Bary, 1919—2017年）认为"夷"是"和平与秩序"，"明夷"一词从字面上便指示了这本书是"呈示好政府的原则"。[2]

（4）以卦象代表"明夷"二字。[3]"明夷"为《周易》第三十六卦（䷣，离下坤上），取黑暗之意，喻义僭政。

021

> 《象》曰：明入地下，明夷。内文明而外柔顺，以蒙大难，文王以之。
>
> 《象》曰：明入地中，明夷。君子以莅众，用晦而明。
>
> 明夷，利艰贞。

1　张永忠：《圣贤救世——黄宗羲政治哲学思想研究》，复旦大学博士论文，2005年，第11页。

2　William Theodore de Bary, *Waiting for the Dawn: A Plan for the Prince: Huang Tsung-hsi's Ming-i tai-fang lu*, pp. 5—6; p. 190, note 12.

3　李详：《李审言文集》，南京：江苏古籍出版社，1989年，第483—484页；王汎森：《权力的毛细管作用：清代的思想、学术与心态》（修订版），北京：北京大学出版社，2015年，第191页。

利坚贞，晦其明也。内难而能正其志，箕子以之。

"岂因'夷之初旦，明而未融'，遂秘其言也？"[1]（《明夷待访录·题辞》）"夷之初旦"就是黎明前最黑暗的时刻，怎么能因为转关时刻尚未到来，就秘而不言了呢？

"古之君子所以著书待后，有王者起，得而师之。"（顾炎武：《与黄太冲书》）因为有德无位的情况，所以孔子以《春秋》当王法，而黄宗羲以《明夷待访录》静待天命。美国哥伦比亚大学出版社1993年出版《明夷待访录》英译本，由狄百瑞译作"waiting for the dawn: a plan for the prince"，可谓得其要义（狄百瑞着手研究黄宗羲时，恰值1949年前后；出版本书时将新中国成立以来四十年内大事引入其中，亦有深意）。梨洲生逢乱世，近无汉地正统，远无三代之治，创作是书，"坐待天明"而已。

陈寅恪（1890—1969年）认为黄宗羲是以箕子自比，等待康熙见访[2]，然而问题在于此时康熙幼年登基，梨洲怎知后来康熙"圣祖"之事功？明夷待访是等待如二帝、三王之新君见访，不可坐实为当世新君康熙。[3]孔夫子不为卫君，黄梨洲非为清朝。"宗羲以古文自命，有志于明史，虽未预修史，而史局遇有大事疑事，必咨之。"[4]

既然在回顾若干政治制度史中指出的一系列问题均是明

---

1 对勘："以为天子当贞观二五，利见大人，不谓夷之初旦，明而未融，虹霓扬辉，弃和取同"（《后汉书·党锢传·李膺》）；"明夷之谦，明而未融，其当旦乎"（《左传·昭公五年》）。

2 陈寅恪：《柳如是别传》，北京：生活·读书·新知三联书店，2001年，第861页。

3 William Theodore de Bary, *Waiting for the Dawn: A Plan for the Prince: Huang Tsung-hsi's Ming-i tai-fang lu,* New York: Columbia University Press, 1993，pp. 177–178.

4 江藩：《国朝汉学师承记》，北京：中华书局，1983年，第128页。

朝之失，而明朝确实已经成为前朝，遗老梨洲总结过失，提出救敝之法，不可谓不深远。可见，梨洲所救，未必只是朱姓明朝一朝（参见《原君》《原臣》之义理），而是"悟已往之不谏"的中国历代之得失，为未来作打算。

《明夷待访录》写作十年前，梨洲曾撰《留书》，其中所思、所论颇为相关：

> 仆生尘冥之中，治乱之故，观之也熟；农琐余隙，条其大者，为书八篇。仰瞻宇宙，抱策焉往？则亦留之空言而已。自有宇宙以来，著书者何限？或以私意搀入其间，其留亦为无用，吾之言非一人之私言也，后之人苟有因吾言而行之者，又何异乎吾之自行其言乎？是故其书不可不留也。（《留书·自序》）

"尘冥之中"就是深渊"明夷"之际。梨洲有"当今之世，舍我其谁"（《孟子·公孙丑下》）之志，然王朝中道崩殂，明遗难事清廷，报国无门，撰此小书，聊解心中幽愤。[1] 仰望星空，"抱策焉往"，心有天下算谋，而无处施展，但"吾非斯人之徒与而谁与"，终究要留下文字，纵然不能见用于世，亦可以留待来者。"事与愿违"，所以"尚在有待"（黄宗羲：《与陈乾初论学书》）。"守先王之道，以待后之学者"（《孟子·滕文公下》）。守先待后就是要通古今之变，研讨中国通史就是在研讨"作为未来的过去"。

023

---

[1] 牟宗三认为黄宗羲"不幸生不逢辰，此正大之理想乃不能得其正常之发展。故彼等以遗老终其身，而思想言论亦只托于空文以期待渺茫之未来"。参见牟宗三：《政道与治道》，长春：吉林出版集团有限责任公司，2015年，第186页。

《明夷待访录》全书以《奄宦》作结，而《奄宦》一章又以尧舜和宋徽宗作结，前者为三代之治，后者为异族所胜。是书前文论兵制一章已经言及屠醢之事，此处梨洲未及明言却已跃然纸上的是：明朝子嗣绵延，终不免遭后金屠醢。明夷之书以《奄宦》作结，岂非绝灭？《奄宦》一章以子嗣作结，岂能回天？该书由探原（《原君》《原臣》《原法》）而落至明朝。有明一代亡而三复斯言（三原），故小书已结而大义不灭；贞下起元，尤有可待。

康有为变法后旅居日本时所住之地名曰"明夷阁"[1]。钱穆（1895—1990年）也曾写作他的"明夷待访录"——《政学私言》（与梨洲所谓"非一人之私言"不同），与《中国历代政治得失》和《国史大纲》相得益彰[2]，今人往往以后两种书切入中国通史。而更早处在古今中西交汇处的黄宗羲作为"当代人"在明清之际的转身回望、斩截古今，或许更值得我们追索。正因为对黄宗羲的"中国历代政治得失"心有戚戚，周谷城（1898—1996年）于1949年出版的《世界通史》的结尾大段直引《明夷待访录》的原文。如果我们了解上述多重古今之变和"当代"观察，在重新理解中国及其与世界关系的当代，不妨重新阅读《明夷待访录》。

1　康有为：《明夷阁与梁铁君饮酒话旧事竟夕》，汤志钧编：《康有为政论集》（上册），北京：中华书局，1981年，第380页。

2　任锋：《钱穆的"明夷待访录"》，《政治思想史》2018年第9卷第4期，第1—17,19页；任锋：《钱穆的法治新诠及其启示——以〈政学私言〉为中心》，《西南大学学报》2018年第44卷第5期第31—41页。《政学私言》在20世纪的关口回溯"道统"与"治统"，对于理解两种建国（道统建国与治统建国）很有帮助，参见董成龙：《梁漱溟的"建国运动"》，《跨文化对话》2017年，第1期第259—286页。

题 辞

余尝疑孟子一治一乱之言，何三代而下之有乱无治也？乃观胡翰所谓十二运者，起周敬王甲子以至于今，皆在一乱之运；向后二十年交入大壮，始得一治，则三代之盛犹未绝望也。

治乱、兴衰、得失之论，是绵延中国政治传统中的核心话题，思考历史中国与中国历史的关键线索，探寻其中规律，是历史局中人的政治使命[1]，为儒、法两家所共享，非一家一派之独论，而尤以先秦与三国蔚为大观，至明、清以来另有中西之争卷入其中，由此引发的论述则别开生面。

黄梨洲开篇起调便援引孟子"一治一乱"之言，指出三代以下"有乱无治"[2]，显然是以三代为枢轴，辨识三代以上与三代以下为两个传统，引入"古今之变"。三代以上和三代以下两大传统的转捩点在周秦之变。这正是《明夷待访录》作为一部中国历代政治得失史或中国政治史的思考起点。[3]当此明清之变的枢纽时刻，梨洲以远古为未来，念兹在兹于如何重返夏、商、周三代之治。

黄梨洲身处明清之际，自觉如要重返三代，就要认识从周秦之变至明清之变的中国大历史。元明之际胡翰的十二运之说即提供了认识以往历史的一种重要思路。[4] 据胡翰所言，十二运之说以周敬王甲子年（前477年）为起点，截至梨洲落笔之时，俱在三代以下的乱运之中。[5] 所幸再过二十年（1683年）便可以进入大壮这一转关，人间得以复返治世。[6] 虽历经2160年之久，三代之治终未绝望。

[1] 文王问太公曰："天下熙熙，一盈一虚，一治一乱，所以然者何也？"（《六韬·盈虚》）韩非子曰："今利非无有也，而民不化上；威非不存也，而下不听从；官非无法也，而治不当名。三者非不存也，而世一治一乱者，何也？夫上之所贵，与其所以为治相反也。"（《韩非子·诡使》）杨慎（1488—1559年）曰："青山依旧在，几度夕阳红。"（《廿一史弹词·说秦汉》）

[2] 孟子曰："天下之生久矣，一治一乱。"（《孟子·滕文公下》）刘子曰："仁是乾元，义是坤元，乾坤毁则无以为天地矣"，春秋之时"大抵以仁义为骨子"，及至战国"人心机智横生"，汲汲于"利害"，"仁义反为客矣"（黄宗羲：《孟子师说·卷一·孟子见梁惠王章》）。梨洲友人吕留良（1629—1683年）亦以为三代讲德，故有治乱；三代以下讲力，只有分合（参见《吕晚村先生四书讲义》）。

◎愚按：春秋战国区隔三代上下，刘宗周所论正合孟子三代以下有乱无治之言，而孟子之学亦是梨洲师承的看家工夫。梨洲曾感慨乃师已成《大学统义》《中庸慎独义》《论语学案》，儒家四书皆有发微而独缺《孟子》释义，于是拣择其师所论而成《孟子师说》。

[3]梨洲又曰："余尝为《待访录》，思复三代之治。"（黄宗羲：《破邪论·题辞》）

◎愚按：三代之治不仅是历史事件（历史真实），更是中华文明之历史神话，可谓文明元叙事（信念真实）。三代之上，"世界"相而未形，处于混沌之中，混沌死而进入三代，已是一次堕落；由三代而下（周秦之变），二次堕落。故而三代之治为秦以后中国历史的政治理想，至晚清郭嵩焘（1818—1891年）出使欧洲，仍以西人实现吾国三代之治的理想判定西方政治，由此可见一斑。在明清之变时刻的梨洲以远古为未来，念兹在兹的正是如何重返三代之治。

[4]胡翰，字仲子，一字仲申，浙江金华人，"著有《春秋集义》，文曰《胡仲子集》，诗曰《长山先生集》"（《明史·卷一七三·文苑传一》）。胡仲子闻"秦晓山十二运之言"而"推明皇、帝、王、霸之升降"，曰："十二运，上下万有一千五百二十载。""前四运，皇帝王伯当之。"（黄宗羲：《易学象数论·卷六》《破邪论·题辞》）据此得表如下：

表 1　胡翰十二运之说

治运			转换	乱运							
4032 年			1008 年	6480 年							
一运	二运	三运	四运	五运	六运	七运	八运	九运	十运	十一运	十二运
皇	帝	王	霸	一							

　　胡仲子另为十二运分别定名，与六十四卦变化相应。每一阳爻记三十六年，每一阴爻记二十四年，六十四卦含阳爻、阴爻各一百九十二位，凡一万一千五百二十年。

　　◎愚按：胡翰不可能知晓身后的明清之变，却深知身前的宋元之变和身处的元明之变（对梨洲而言，即了解异族统治的处境）。梨洲开篇便引出孟子的治乱之论和胡翰的十二运之说，而二者之论颇有不合之处，对此梨洲已有自觉："仲子曰：'时未臻乎革，仲尼不能有为。仲尼没，今二千年犹未臻乎革也。'革在十二运之终，十二运告终，始复其常。前为四运，后为八运，参差多寡，无乃悬绝？以仲子之言为是耶？孟子所谓一治一乱者正相反；以仲子之言为非耶？"（黄宗羲：《易学象数论·卷六》）

　　［5］甲子既是干支纪年之第一年，亦为干支纪年六十年一轮回之意。

　　［6］大壮卦，系周易第三十四卦（䷡，乾下震上）。"上古穴居而野处，后世圣人易之以宫室，上栋下宇，

明夷待访录义疏

以待风雨，盖取诸大壮。"（《周易·系辞下》）

◎愚按：完备以待，恰合梨洲言等待时机之意。

前年壬寅夏，条具为治大法，未卒数章，遇火而止。今年自蓝水返于故居，整理残帙，此卷犹未失落于担头舱底，儿子某某请完之。冬十月，雨窗削笔，喟然而叹曰：昔王冕仿《周礼》，著书一卷，自谓"吾未即死，持此以遇明主，伊、吕事业不难致也"，终不得少试以死。冕之书未得见，其可致治与否，固未可知。然乱运未终，亦何能为？大壮之交，吾虽老矣，如箕子之见访，或庶几焉。岂因"夷之初旦，明而未融"，遂秘其言也？

癸卯 梨洲老人 识

既然大壮转瞬便至，治世之运即将开启，梨洲以为当下更要完备以待。壬寅年（1662年，康熙元年）夏日，梨洲逐条陈明治世之法，可惜未及完成便遭遇火灾。[1]而今（1663年，康熙二年），梨洲由蓝溪返回故居，整理残篇故纸，发现此书尚未丢失，又在儿子敦请之下完成，这便是此书来龙去脉。[2]

冬日雨夜，梨洲临窗写作，念及元朝王冕（1287—1359年）喟然而有所叹。[3]王冕仿《周礼》著书一册，是继《周礼》之志，若遇明主，则能够于当世复行伊尹、吕尚（姜子牙）先古之业。[4]然而，王冕之书，梨洲仅有耳闻、未曾得见，不知是否中用，毕竟依胡仲子推演，彼时乱运尚未结束，又能如何有一番作为？等待大壮这一转关时刻的到来，则可以如箕子得周武王见访，和盘托出治世之法。[5]虽然转关之机尚未到来，但既然已处在黎明前最黑暗的时刻，则不应再秘而不宣，而要坦言大义。[6]

疏证

[1] ◎愚按：时隔明嘉靖帝朱厚熜（1507—1567年）壬寅宫变（1542年）恰好两个甲子（《明史·卷一一四·后妃传二》）。更重要者，壬寅、癸卯之间（1662—1663年）的重要历史背景是明朝最后一位自称君临中国的永历帝于1662年被灭，明朝皇室南渡的余绪至此斩断。明朝自失去京师后，皇室南渡，避难浙东，而梨洲祖籍正在浙东。

明朝皇室南渡后，梨洲深度参与浙东抗清运动，"北兵入浙，孙嘉绩、熊汝霖等以一旅之师，画江而守。宗羲亦合子弟数百人，随诸军于江上，人呼之曰世忠营"（《海东逸史·卷十八·遗民》）；"颁监国鲁元年大统历，职方主事黄宗羲所造也"（《海东逸史·卷一·监国纪上》）；己丑秋，梨洲"往日本乞师，终以不得要领而还"（《海东逸史·卷八·列传五》）。

[2] ◎愚按：梨洲落款为癸卯年（1663年），当年陆周明（1608—1663年）去世，次年梨洲为其撰墓志铭，恰恰切近《明夷待访录》的历史语境，墓志铭亦论及十年来自己坚持的事业，可以由此一观其彼时心境："以乡曲之游侠与独行之儒比量，而贤夫侠者；以布衣之侠与卿相之侠比量，而难夫布衣。然时异势

殊，乃有儒者抱咫尺之义，其所行不得不出游侠之途，既无有士卿相之富厚，其所任非复闾巷布衣之事，岂不尤贤而尤难哉？十年以前，亦尝从事于此，心枯力竭，不胜利害之纠缠，逃之深山，以避相寻之急，此事遂止。"（黄宗羲：《陆周明墓志铭》）

[3] 宋濂（1310—1381年）曰："（王冕）乃携妻孥隐于九里山，结茅庐三间，自题为梅花屋，尝仿《周礼》著书一卷，坐卧自随，秘不使人观。更深入寂辄挑灯朗讽，既而抚卷曰：'吾未即死，持此以遇明主，伊、吕事业不难致也。'"（宋濂：《王冕》，载黄宗羲：《明文海·卷四〇四》）

[4] 孟子曰："汤之于伊尹，学焉而后臣之，故不劳而王；桓公之于管仲，学焉而后臣之，故不劳而霸。"（《孟子·公孙丑下》）

◎愚按：伊尹、吕尚之业便是兴王之业。王冕、胡翰心中所系，始终是王者归来之事。

[5] 箕子是殷朝三位仁人之一。"微子去之，箕子为之奴，比干谏而死"，孔子曰："殷有三仁焉"（《论语·微子》）。姬发推翻商纣王完成商周之变而成为周武王，探访殷商遗民箕子"问殷所以亡"进而"问以天道"，遂有"箕子明夷"（《周易·明夷》）。

◎愚按：梨洲题辞先举胡翰、王冕，又举箕子，非随意选材，泛泛之论。箕子以夏待夷（商周之际），王冕、胡翰以夷待夏（元明之际）。梨洲身处明清之际而对夷夏之辨深有体悟，揆诸过往，于宋、元、明三代颇为熟悉，专门撰写《宋元学案》与《明儒学案》。

由明儒而上推至宋元，想必天若假年，则有汉唐学案、先秦学案亦未可知。

[6] 明夷卦，系《周易》第三十六卦（䷣，离下坤上）。"物不可以久居其所，故受之以遁。遁者，退也。物不可以终遁，故受之以大壮。物不可以终壮，故受之以晋。晋者，进也。进必有所伤，故受之以明夷。"（《周易·序卦》）"明夷之谦，明而未融，其当旦乎。"（《左传·昭公五年》）"以为天子当贞观二五，利见大人，不谓夷之初旦，明而未融，虹霓扬辉，弃和取同。"（《后汉书·卷六七·党锢传·李膺》）

◎愚按：梨洲以"明夷"一卦冠名此书，非只模仿元明之际胡翰大壮之论，亦有去之未远的明人复社"同人"传统。同人卦系《周易》第十三卦（䷌，离下乾上）。天启年间，应社成立（复社前身），取"同人"之义，张溥（1602—1641 年）曰："推其同以及人，四海之大无不届也。"（《七录斋诗文合集上·同言序》）应社所处的背景正是同人卦的上一卦否卦（䷋，坤下乾上），即魏忠贤干政的昏暗时代。复社则对应复卦（䷗，震下坤上），相对于剥卦（䷖，坤下艮上）而言，有一阳来复之义（小野和子：《明季党社考》，第 237—238、251—252 页）。

全祖望诗曰："如此经纶遭世厄，奈何心事付天知。犹闻老眼盼大壮，岂料余生终明夷。"（全祖望：《鲒埼亭诗集·卷七·重定黄氏留书》）康熙十五年（1676 年），顾亭林致信黄宗羲："顷过蓟门，见贵门人陈、万二君，具谂起居无恙，因出大著《待访录》，读之再三，于是知天下之未尝无人，百王之敝可以复起，而三代之盛可以徐还也。天下之事，有其识者未必遭其时，而当其时者或无其识。古之君子，所以著书待后，有王者起，得而师之。"

◎愚按：顾亭林所论是世道与时变，亦含有德位之辨。因为有德无位的情况出现，所以孔子以《春秋》当王法，而黄宗羲以《明夷待访录》静待天命。美国哥伦比亚大学出版社1993年出版《明夷待访录》英译本，由狄百瑞译作"waiting for the dawn: a plan for the prince"，可谓得其要义。

梨洲是慨然以道自任之君子，无奈生逢乱世，近无汉地正统，远无三代之治，创作是书，恰因"悟已往之不谏，知来者之可追……问征夫以前路，恨晨光之熹微"（陶渊明：《归去来兮辞》）。问题随之而来，既为明夷待访，则所"待"者何？"坐待天明"（waiting for the dawn）。

"天明"者何？陈寅恪（1890—1969年）认为梨洲以箕子自比，等待清帝康熙（1654—1722年）之见访（陈寅恪：《柳如是别传》第三册，第844页）。然而，彼时康熙仅以童龄小儿登基（康熙二年时仅9岁），岂可以后见之明倒推此时梨洲心志，以为其一早便识得康熙日后雄主之资。狄百瑞所见不凡（Theodore de Bary, *Waiting for the Dawn*, pp. 177-178），以为明夷待访是等待如二帝三王之新君见访，不可坐实为当世新

题辞

君康熙（梁启超：《中国近三百年学术史》）。孔夫子不为卫君，黄梨洲非为清朝。"不要人夸好颜色，只留清气满乾坤。"（王冕：《墨梅》）梨洲虽有三代复还之治，未必要见用于当时。

《明夷待访录》完成的十年前，梨洲曾撰《留书》，其中所思、所论颇为相关："仆生尘冥之中，治乱之故，观之也熟；农琐余隙，条其大者，为书八篇。仰瞻宇宙，抱策焉往？则亦留之空言而已。自有宇宙以来，著书者何限？或以私意搀入其间，其留亦为无用，吾之言非一人之私言也，后之人苟有因吾言而行之者，又何异乎吾之自行其言乎？是故其书不可不留也。"（黄宗羲：《留书·自序》）

"尘冥之中"就是"明夷"之际。仰望星空，"抱策焉往"，心有天下算谋，而无处施展；但"吾非斯人之徒与而谁与"（《论语·微子》），终究要留下文字，纵然不能见用于世，亦可以留待后来者，勿使"后人哀之而不鉴之，亦使后人而复哀后人也"（杜牧：《阿房宫赋》）。

一、原君

有生之初，人各自私也，人各自利也；天下有公利而莫或兴之，有公害而莫或除之。有人者出，不以一己之利为利，而使天下受其利；不以一己之害为害，而使天下释其害。此其人之勤劳，必千万于天下之人。夫以千万倍之勤劳，而己又不享其利，必非天下之人情所欲居也。故古人之君，量而不欲入者，许由、务光是也；入而又去之者，尧、舜是也；初不欲入而不得去者，禹是也。岂古之人有所异哉？好逸恶劳，亦犹夫人之情也。

义解 全书凡二十一篇，所论涉及中国政治诸种专门制度，前三篇所论《原君》《原臣》和《原法》，实为政治宪法与君臣大义，意在探究中国政治基础规范。[1]

梨洲起调甚高，全书《题辞》以孟子开篇，正文篇首则以"有生之初"开始，谈人世之初，足见其志不在小，从一般人性处着手，纵贯截至明清之际的中国通史。[2] 人生之初的自然原点未必尽是仁人君子的超凡心性，人人都自然地心系一己利益。如此一来，没有人关心天下人的"公"业：天下人的"公利"无法兴起，天下人的"公害"无法破除。[3]

但梨洲没有停留在这个层面，他进而由人人自私的自然原点转向君子为公的人定原点（尧舜）。原来，"天下为公"只是少数君子的作为。梨洲与先秦原儒已颇有距离，然而他的主张却更适合在新时期的作为。必有仁人能挺身而出，使天下得以受享其利，尽收其害，可是这番勤劳必定与前文所述天下好逸恶劳之人情相悖。既是如此，统治者如何产生？[4]

梨洲基于上述人性论，引出三种可能的人生选择：第一种人身怀体量却不愿担当，究其缘故，正在于君主夙夜在公，忧心忡忡，故有意躲避君位，以图清净无扰。此种达能而隐逸者以许由、务光为最，尧让位许由，许由洗耳不受；汤放桀，让位务光，务光亦不受。[5]第二种人曾一度出任君主而终究自行退隐。尧禅让于舜，舜禅让于禹，均是此种功成身退、不眷恋红尘者。[6]第三种人一开始不愿意入仕，最后无法退出，最重要的例子便是禹。[7]"好逸恶劳"是人所共有的性情，因此，出山执掌天下是一件十分辛劳的事情，人们都避而不做。[8]

[1]司马迁曰："原始察终，见盛观衰。"（《史记·卷一三〇·太史公自序》）梨洲论近人多"不知本末，迷其向背"（黄宗羲：《汰存录》）。梨洲所录元末明初大儒宋濂一文，与其推本求源工夫有异曲同工之妙："明道之谓文，立教之谓文，可以辅俗化民之谓文，斯文也，果谁之文也？圣贤之文也，非圣贤之文也？圣贤之道充乎中、著乎外、形乎言，不求其成文而文生焉者也。不求其成文而文生焉者，文之至也。故文犹水与

木然，导川者不忧流之不延，而恐其原之不深；植木者不忧枝之不蕃，而虑其本之不培。培其本，深其源，其延且蕃也。"（宋濂：《文说》，载黄宗羲：《明文海·卷一三一》）

◎愚按：若以西人《圣经·旧约》开篇"太初"（arche）参照而观，亦知推本求源所念兹在兹者，既是作为起点的原点，又非静止于此，更是规范由此出发以后道路的原则。

［2］唐人柳宗元（773—819年）曾就人世之初发问："天地果无初乎？吾不得而知之也。生人果有初乎？吾不得而知之也。"（柳宗元：《封建论》）南宋陈亮（1143—1194年）尝言："昔者生民之初，类聚群分，各相君长。其尤能者，则相率而听命焉，曰皇曰帝。盖其才能德义足以为一代之君师，听命者不之焉则不厌也。"（陈亮：《陈亮集·问答上》）

◎愚按：追问人世之初的思路，可以追溯到孔子，孔夫子"祖述尧舜，宪章文武"（《礼记·中庸》），"述而不作，信而好古"（《论语·述而》）；实际是看中了"作为未来的过去"，在缥缈的远古中看到深远的未来，聚焦的起点并非人的自然原点，而是将三代作为政治起点、文明起点。

［3］狄百瑞将"公利"译作"common benefit"。

◎愚按：须知，梨洲同时代的十七世纪西方哲人所谓"公共福祉/国家"（common wealth/commonwealth），其要害在于"common"与"wealth"合成一词为"国家"，拆成词组即是作为国家的目的"公共福祉",此中要义或可对勘,相互发明。

[4]李贽(1527—1602年)曰:"夫私者人之心也,人必有私而后其心乃见,若无私则无心矣。"(李贽:《藏书·德业儒臣后论》)陈确(1604—1677年)系梨洲同门,亦曰:"彼古之所谓仁圣贤人者,皆从自私之一念,而能推而致之以造乎其极者也,而可曰君子必无私乎哉。"(陈确:《陈确集·私说》)

王夫之曰:"人则未有不自谋其生者也,上之谋之,不如其自谋;上为谋之,且弛其自谋之心,而后生计愈蹙。"(王夫之:《读通鉴论·隋文帝一一》)贺麟(1902—1992年)托名梁启超称费希特(Johann Gottlieb Fichte,1762—1814年)语,指出:"以杨子的为我为出发点,而以墨子的兼爱为归宿点。"(杨海文:《贺麟与"梁任公称费希特语"问题》)

◎愚按:李贽人心自私论颇为激进,梨洲却为公心留下空间,此其根本差异(另须指出,《明儒学案》中并无李贽位置)。再者,梨洲虽然讲明"人各自私",却非全然无"公",故曾致信陈确,论及与其不同见解:"气质人心,是浑然流行之体,公共之物也。人欲是落在方所,一人之私也。"(黄宗羲:《与陈乾初论学书》)

[5]《庄子·杂篇·让王》全录"让王"事例,记曰,"尧以天下让许由,许由不受","古之得道者,穷亦乐,通亦乐。所乐非穷通也,道德于此,则穷通为寒暑风雨之序矣。故许由娱于颍阳而共伯得乎

共首"。

韩非子论许由、务光等十二人曰:"此十二人者,皆上见利不喜,下临难不恐,或与之天下而不取,有萃辱之名,则不乐食谷之利。夫见利不喜,上虽厚赏无以劝之,临难不恐,上虽严刑无以威之,此之谓不令之民也。此十二人者,或伏死于窟穴,或槁死于草木,或饥饿于山谷,或沉溺于水泉。有民如此,先古圣王皆不能臣,当今之世,将安用之?"(《韩非子·说疑》)梨洲曰:"许由、务光相传遁世之学,孔子之所谓逸民者。"(黄宗羲:《破邪论·从祀》)

◎愚按:许由、务光之类既不为君,也不作臣,实为脱离政治秩序的非政治人,韩非为政治人,故多有抵牾。若揆诸西学资源,可见古罗马贺拉斯(Horace,前65—前8年)诗曰"远离俗务者幸福"(*Beatus ille qui procul negotis*)。柏拉图戏剧《理想国》中亦有强制有德者出任公职一说,正合此义。

[6]荀子曰:"义与利者,人之所两有也。虽尧舜不能去民之欲利,然而能使其欲利不克其好义也。"(《荀子·大略》)河间献王曰:"尧存心于天下,加志于穷民,痛万姓之罹罪,忧众生之不遂也。有一民饥,则曰此我饥之也;有一人寒,则曰此我寒之也;一民有罪,则曰此我陷之也。"(刘向:《说苑·君道》)"盖闻传书曰:神农憔悴,尧瘦臞,舜霉黑,禹胼胝。"(《淮南子·修务训》)

◎愚按:已品尝到权力滋味而能主动让位者,此例于世界史中难觅。尧、舜皆有乾卦上九"亢龙有悔"之象。揆诸现代政治，美利坚合众国国父乔治·华盛顿（George Washington，1732—1799年）连任两届总统后主动退出，实际为美国总统设立不成文之限任制（待第二次世界大战期间小罗斯福连任四届总统后，美国以第22条宪法修正案确认任何人不得担任总统超过两届），庶几近之。

[7] ◎愚按：尧、舜、禹齐名，然而又有很大不同，因此梨洲将其分置于两个传统之中。禹不再禅让，而是将王位传子，由此开启政权血缘继承的崭新模式，影响直至明清。

[8] 王夫之曰："夫天下有其大同，而抑有其各异，非可以臆说竟也久矣。其大同者，好生而恶死也，好利而恶害也，好逸而恶劳也。"（王夫之：《宋论·宋真宗三》）陈亮曰："三代以仁义取天下，本于救斯民，而非以位为乐也。"（陈亮：《陈亮集·问答上》）

◎愚按：由此观之，则圣人之忧劳远超于百姓。既然古人好逸恶劳之情没有差别，重点便不在于这一人情的共通，而在于圣人之所以为圣人的权变，或曰对人情的矫正。古人之君舍身为人，实乃圣人权变。换言之，三代以上之人君，正是因其大德才不得已就位，日后有德无位和无德有位的处境不可与之相提并论。

后之为人君者不然，以为天下利害之权皆出于我，我以天下之利尽归于己，以天下之害尽归于人，亦无不可；使天下之人不敢自私，不敢自利，以我之大私为天下之大公。始而惭焉，久而安焉。视天下为莫大之产业，传之子孙，受享无穷。汉高帝所谓"某业所就，孰与仲多"者，其逐利之情不觉溢之于辞矣。

　　古今之变的内容众多，君主公私之变就是一例。三代以上，君主权责一体而不能分离，地位虽高而辛劳尤甚。经古今之变转至三代以下，"天下为公"转变为"天下为家"，君国一体则君主以为天下之利必须尽归于自己，天下之害则尽赖于旁人。[1]力使天下之人不敢自私、自利，直以君主一己之大私为天下之大公。[2]初变之时，君主仍心有惭愧，久而久之，安然于此，非但难以自拔，亦不容他人言明行止。既然心安理得地以国家为私产，便希望依血统传于子孙，使一家受享无穷。[3]

　　汉高祖刘邦取得天下后建设未央宫。未央宫建成后，刘邦大宴群臣，为太上皇祝寿，并不无自豪地向其设问：年幼之时，自己体力不如兄长，常遭戏谑，被指于田间地头无所作为，而今夺得天下，成就一番家业，怎是兄长田间耕锄所能比拟？[4]高祖虽然身为立国之君，而其逐利之情一览无余。[5]

　　[1]尧对舜言："天之历数在尔躬。"（《尚书·尧典》《论语·尧曰》）商汤又言："朕躬有罪，无以万方；万方有罪，罪在朕躬。"（《论语·尧曰》）"昔者汤克夏而正天下，天大旱，五年不收，汤乃以身祷

一、原君

041

于桑林，曰：'余一人有罪，无及万夫；万夫有罪，在余一人。'"（《吕氏春秋·顺民》）

顾亭林曰："天下之私，天子之公也"（顾炎武：《郡县论五》），"合天下之私以成天下之公"（顾炎武：《日知录·卷三·言私其豵》）。崇祯曾于朝堂叹曰："朕非亡国之君，诸臣尽亡国之臣尔。"（《明史·卷二四·庄烈帝本纪二》《明史纪事本末·卷七九》）。

师经曰："昔尧舜之为君也，唯恐言而人不违；桀纣之为君也，唯恐言而人违之。"（刘向：《说苑·君道》）经三代上下之变，"天下为公"的理想被彻底逆转，一跃而为"朕即国家"（L'Etat c'est Moi）的历史样态。

◎愚按：君主古今之变后，一己之私充任天下大公，梨洲所批评的正是君主将一己之大私伪装成天下之大公。顾亭林所说是人人为己反而成就天下大公，与之颇为不同，更近乎现代经济学的假设，即认为人人为己反倒可以成就公共事业（伯纳德·曼德维尔：《蜜蜂的寓言：私人的恶行，公共的利益》；亚当·斯密：《国富论》）。狄百瑞将"公"译作"common good"。

作为一个平行考察，需要指出，参与十七世纪英国革命的士兵，不愿意称作"国家士兵"（common soldier），也是因为以一己之私为天下大公（雷蒙·威廉斯：《关键词：文化与社会的词汇》）。晚清以来，面临西方"富强"的局面，曾师从康有为的陈焕章（1881—1933 年）远赴哥伦比亚大学求学，以《孔门理财学》（*The Economic Principles of Confucius and His School*）取得博士学位，其文就是要在中国传统学问中处理好义利之辨、公私相合的问题。

[2]清人评梨洲之论曰："君乃天下之大害，向使无君，黎庶尚各得自私自利也。"（空空主人：《岂有此理》）三代以上，"天下非一人之天下，天下之天下也"（《吕氏春秋·贵公》）。"五帝官天下，三王家天下，家以传子，官以传贤，若四时之运，功成者去。"（《韩氏易传》）"五帝三王之治天下，不敢有君民之心。"（《春秋繁露·王道》）汤曰："此天子位，有道者可以处之，天下非一家之有也，有道者之有也。"（《逸周书·殷祝》）

三代以下，则以为"天下利害之权"皆出自君主，韩非子更直指赏罚二柄收归君主："明主之所导制其臣者，二柄而已矣。二柄者，刑德也。何谓刑德？曰：杀戮之谓刑，庆赏之谓德。为人臣者畏诛罚而利庆赏，故人主自用其刑德，则群臣畏其威而归其利矣。"（《韩非子·二柄》）此处所言"后之为人君者"是指夏商周三代以后的人世局面，直至明清未有改变。

尾形勇曰，"天下一家"在战国为"天下合一"之意，至汉代而变成"天下归于一家"（姚大力：《北方民族史十论》，第266页）。

[3]孟子曰："人不可以无耻。无耻之耻，无耻矣。"（《孟子·尽心上》）古人之君，以君位为天下计；今人之君，以君位为个人谋。

[4]嬴政既吞天下，乃召群臣而议曰："古者

五帝禅贤，三王世继，孰是？将为之。"博士七十人未对。鲍白令之对曰："天下官，则让贤是也；天下家，则世继是也。故五帝以天下为官，三王以天下为家。"嬴政仰天而叹曰："吾德出于五帝，吾将官天下，谁可使代我后者。"（《说苑·至公》）故曰："朕为始皇帝。后世以计数，二世、三世至于万世，传之无穷。"（《史记·卷五·秦始皇本纪》）刘邦（前256—前195年）曰："始大人常以臣无赖，不能治产业，不如仲力。今某之业所就孰与仲多？"（《史记·卷八·高祖本纪》）

◎愚按：三代以下的第一朝便是秦朝，始皇嬴政就透露了这种贪欲。始皇以天下为一己之私，已不必赘述。秦朝虽然二世而亡，然而这番家天下的思路并未终结。高祖刘邦虽代暴秦而起，如是所言，以国家（state）为私产（estate）。

梨洲独独举例代秦而起的汉高祖，旨在揭示，纵然曾经众望所归之君亦不过尔尔。然而，君主乃制礼作乐之人，而非寻欢作乐之人，此中有小大之别。视天下为一己之私产，则有被篡夺为他人之私产的可能。梨洲先列尧舜禹，再转入秦汉，正是暗示三代以上与三代以下的古今之变，一个是已经去之久远的理想传统，一个是仍在延续的事实传统。二者既然列出，便要试图抽出其中的变异主线。

［5］刘子曰："后世之视天下，以为利之所在，故篡夺之心生焉。"（黄宗羲：《孟子师说·卷七·"伊尹曰"》）较晚于黄宗羲的唐甄（1630—1704年）曾豪言：

"自秦以来，凡为帝王者，皆贼也。"（唐甄：《潜书·室语》）

此无他，古者以天下为主，君为客，凡君之所毕世而经营者，为天下也。今也以君为主，天下为客，凡天下之无地而得安宁者，为君也。是以其未得之也，屠毒天下之肝脑，离散天下之子女，以博我一人之产业，曾不惨然，曰："我固为子孙创业也。"其既得之也，敲剥天下之骨髓，离散天下之子女，以奉我一人之淫乐，视为当然，曰："此我产业之花息也。"然则，为天下之大害者，君而已矣。向使无君，人各得自私也，人各得自利也。呜呼！岂设君之道固如是乎？

义解

君主的古今之变，意味君主与天下主客关系的变异。古代君主，不过是天下的代理人，因此毕生经营，只是为了天下。三代以下的"今"世，君主与天下主客异位，天下之大，竟无安宁之所，端赖于君主一人霸占天下。[1]

三代以下直至明清的君主当其尚未夺取天下之时，便杀戮天下人，使众生流离失所，只为一人产业，毫无恻隐之心，言之凿凿，自称不过为其子孙奠定基业。既已取得天下，则盘剥天下人，再度使众生流离失所，只为一人淫乐，毫无羞愧之心，自称不过是产业所得之利息。[2] 原本设置君主的意义在于获得保全人的私利，而今反倒在无君的状态下，人人才得以保全。显然，今日君主之举早已违背设君之道、原君之义。[3]

一、原君

[1] 清人评曰："是以天下之亡，则匹夫弃妻子，背乡井，为一人博莫大之产业而肝脑涂地；天下之兴，则匹夫得地而耕，养妻生子，为一人之产业孳产花息也。"（空空主人：《岂有此理》）

◎愚按：如此一来，无论是否取得天下，天下民人都不得安宁；而既然天下为一人之私产，则世人皆有追逐可能。陈涉曰："王侯将相宁有种乎。"（《史记·卷四八·陈涉世家》）故有陈亮曰："田野村夫皆有南面称孤之心。"（陈亮：《陈亮集·问答上》）君主非但不能拯救黎民于水火，反而是水火灾祸的制造者。

思维至此，梨洲无奈叹言此种政治秩序尚不如人世之初，彼时人人自私、自利，仍得以保全。一旦君主盗取天下为一己私用，则天下为所有人觊觎，君主之权位与责任亦不再神圣。僭政是不幸的，且最危险（施特劳斯、科耶夫：《论僭政》）。三代以下，君主假借天下之名要求民人献身，梨洲重新回首人人自私、自利的初民时代，无意开历史倒车，亦非纯任人欲流肆人间伤天害理，而在于矫正政治秩序对天下苍生的背离。由此，便需要反思原君，重回君主制度的最初意义。

[2] 元人有诗曰："兴，百姓苦；亡，百姓苦。"（张养浩：《山坡羊·潼关怀古》）

[3] 李密（582—619年）问"王霸之略"，文中子（584—617年）答曰："不以天下易一民之命。"（《中说·天地》）吕新吾（1536—1618年）曰："圣人不

以天下易一人之命，后世乃以天下之命易一人之尊。"
（《呻吟语·治道》）孙宝瑄以为此语可括尽《原君》
与唐甄《潜书·室语》。

杨朱（约前395—前335年）曰："古之人损一
毫利天下不与也，悉天下奉一身不取也。人人不损一
毫，人人不利天下，天下治矣。"（《列子·杨朱》）

◎愚按：由梨洲所见君主因一己之私而禁止天下
人自私自利，反观杨朱之论，不亦可乎？

古者天下之人爱戴其君，比之如父，拟之如天，
诚不为过也。今也天下之人怨恶其君，视之如寇仇，
名之为独夫，固其所也。而小儒规规焉以君臣之义无
所逃于天地之间，至桀、纣之暴，犹谓汤、武不当诛之，
而妄传伯夷、叔齐无稽之事，乃兆人万姓崩溃之血肉，
曾不异夫腐鼠。

岂天地之大，于兆人万姓之中，独私其一人一姓
乎？是故武王圣人也，孟子之言，圣人之言也。后世
之君，欲以如父如天之空名，禁人之窥伺者，皆不便
于其言，至废孟子而不立，非导源于小儒乎？

义解

古今君主之变，不仅在于君主与天下关系的主客
异位，还在于君民关系的变化。古之君主，能够矫正
人情中的自私自利，慨然以道自任，为天下公利计，
所以能得到天下人的爱戴，而被比拟为天、为父。[1]
三代以下的今世君主，则被民人视作寇仇与独夫（*unus*

homo)，岂不正是得其所哉？[2]

小儒认为，君臣关系父子化就意味着这一政治关系成为人的第二自然，无所逃遁。[3] 此类小儒将话题引向如何看待桀纣，由此重新论定取代桀纣的汤武革命，并高扬伯夷、叔齐反对武王伐纣之事。[4] 天下之大，民人之众，岂可独独虑及其一家一姓之私利，而置天下苍生若罔闻？职是之故，梨洲重申武王为圣人，孟子之言亦为圣人之言。有二人所代表的圣人规范，后世君主便缺乏以天与父之名禁绝民人的正当理由。于是，后世之君便有诋毁孟子之言的政治行动，梨洲以为小儒也参与其中而为共谋。[5]

疏证

[1] 君主为天子，便是天的人间代理人，是可见的肉身之天。将君主比作父亲，则是君臣的父子喻。因为君臣可以比作父子，那么，"孝"便与"忠"有了贯通之处。有子曰："其为人也孝悌，而好犯上者，鲜矣；不好犯上，而好作乱者，未之有也。君子务本，本立而道生。孝悌也者，其为仁之本与！"（《论语·学而》）

◎愚按：晚明时期耶稣会士到华传教，以"天主""天父"译"God"，足以反证"天"与"父"在汉语士人中的地位。

[2] 孟子告齐宣王曰："君之视臣如手足，则臣视君如腹心；君之视臣如犬马，则臣视君如国人；君

之视臣如土芥，则臣视君如寇仇。"（《孟子·离娄下》）又曰："贼仁者，谓之贼；贼义者，谓之残。残贼之人，谓之一夫。闻诛一夫纣矣，未闻弑君也。"（《孟子·梁惠王下》）

◎愚按：古之君主因其有中人以上之德而不得已就任大位，今之君主截然殊途，无德有位，所以"殷纣为天子而称独夫，仲尼为匹夫而称素王"（《中论·贵验》），已暗含德位之辨。

[3]《庄子》中的孔子（与儒生笔下的孔子不同）曾言："臣之事君，义也，无适而非君也，无所逃于天地之间。"（《庄子·内篇·人间世》）程颐（1033—1107 年）曰："父子君臣，天下之定理，无所逃于天地之间。"（《二程集·河南程氏遗书卷五》）

◎愚按：孔夫子便曾劝解文学科的子夏："汝为君子儒，无为小人儒。"（《论语·雍也》）孔安国（前 156—前 74 年）注曰："君子为儒以明道，小人为儒则矜其名。"刘宝楠（1791—1855 年）解作："君子儒能识大而可大受，小人儒则但务卑近而已。君子小人以广狭异，不以邪正分。小人儒不必矜名，注说误也。"有小儒，也有孟子这般大儒。小儒无所逃遁，乃忘记孟子所言"域民不以封疆之界"（庶几可演绎为今人所谓"用脚投票"）。

[4]伯夷、叔齐反对以暴易暴，叩武王马而谏曰："父死不葬，爰及干戈，可谓孝乎？以臣弑君，可谓

仁乎？"（《史记·卷六一·伯夷列传》）武王已平殷乱，天下宗周，而伯夷、叔齐耻之，义不食周粟，遂饿死于首阳山。

盗跖曰："尧不慈，舜不孝，禹偏枯，汤放其主，武王伐纣，文王拘羑里。此六子者，世之所高也。孰论之，皆以利惑其真而强反其情性，其行乃甚可羞也。世之所谓贤士：伯夷、叔齐。"（《庄子·杂篇·盗跖》）韩非子曰："舜逼尧，禹逼舜，汤放桀，武王伐纣。此四王者，人臣弑其君者也，而天下誉之。"（《韩非子·说疑》）

黄生曰："汤武非受命，乃弑也"，"冠虽敝，必加于首；履虽新，必关于足。何者，上下之分也。今桀纣虽失道，然君上也；汤武虽圣，臣下也。夫主有失行，臣下不能正言匡过以尊天子，反因过而诛之，代立践南面，非弑而何也？"（《史记·卷一二一·儒林列传》）

◎愚按：以上盗跖、韩非、黄生之说俱出道、法两家立场，含涉梨洲所言妄传伯夷、叔齐之事。若论儒者立场，则曰："汤武革命，顺乎天而应乎人。"（《周易·革卦》）"太白旗悬独夫死，战亡将士幽魂潜。"（许仲：《封神演义》）

[5] 孟子之言深具革命性，明朝开朝国君朱元璋（1328—1398 年）"尝览《孟子》，至草芥、寇仇语"，谓"非臣子所宜言"，议罢其配享，诏"有谏者以大

不敬论"。故洪武五年（1372年）将孟子从文庙中移出，虽隔年便因文臣弹击而迎回，终于洪武二十七年（1394年）删《孟子》而颁行《孟子节文》（《明史·卷五〇·礼志四吉礼四》，《明史·卷一三九·钱唐传》）。日本德川幕府也认为《孟子》思想危险，一度封禁此书。

虽然，使后之为君者，果能保此产业，传之无穷，亦无怪乎其私之也。既以产业视之，人之欲得产业，谁不如我？摄缄縢，固扃镝，一人之智力，不能胜天下欲得之者之众，远者数世，近者及身，其血肉之崩溃在其子孙矣。昔人愿世世无生帝王家，而毅宗之语公主，亦曰："若何为生我家？"痛哉斯言！回思创业时，其欲得天下之心，有不废然摧沮者乎？

义解

　　假使后世君主能保有朝政为产业，传诸后嗣，也无怪乎俱视天下为一家一姓之私产。[1]如前所述，既然留下豁口，天下之人皆生窃天下为己有之心，于是各施其技，以智与力相夺，不肯罢休。君主既得天下，则视之如家传秘宝，捆绑锁锢[2]；但君位大宝又处处显明无处躲藏，以一人之智与力，如何应对络绎不绝的争夺者？[3]秦汉以降改朝换代，哪个不是鲜血淋漓？国祚绵长者不过延续数代，短命王者甚至殃及自身（魏晋南北朝、五代十国）。[4]

　　这一权力获取的双刃剑问题，至明朝仍然存在。崇祯帝时期，晚明面临李自成和满人崛起的忧患。李

一、原君

051

自成攻入京师后，崇祯帝于煤山自缢，此前长平公主年十六，将要大婚，因国内不安未能成婚，崇祯帝对公主叹为何生于帝王之家，不得保全性命。[5] 亡国之君，"人之将死，其言也善"，可谓痛苦的领悟。回首开朝国君创业之时，欲得天下人心而整齐政治，其志不在小，然而不能善始善终，恐怕并非一朝一代的特殊问题，而在于三代以下的某种顽固症结。[6]

疏
证

[1] 梨洲身后清民之际梁启超（1873—1929 年）曰："二十四史非史也，二十四姓之家谱也。"（梁启超：《中国史界革命案》）鲁迅曰："先前，听到二十四史不过是'相斫书'，是'独夫的家谱'一类的话，便以为诚然。"（鲁迅：《华盖集·忽然想到》，《鲁迅全集》第 3 卷，第 17 页。）

[2] 老子曰："夫代大匠斫者，希有不伤其手矣。"（《老子·第七十四章》）庄子曰："将为胠箧（qū qiè）、探囊、发匮之盗而为守备，则必摄缄縢（jiān téng），固扃鐍（jiōng jué），此世俗之所谓知也。然而巨盗至，则负匮、揭箧、担囊而趋，唯恐缄縢扃鐍之不固也。"（《庄子·外篇·胠箧》）

[3] 赵匡胤得天下后对将领说："人孰不欲富贵，一旦有以黄袍加汝之身，虽欲不为，其可得乎？"（《宋史·卷二五○·列传第九·石守信》）

刘宗周上疏崇祯曰："夫尧、舜之所以称圣者，以其不自用而取诸人也"，今陛下"圣明天纵，诸所擘画，动出诸臣意表，而不免有自用之心"。"夫天下可以一人理乎？恃一人之聪明，而使臣下不得尽其忠，则陛下之耳目有时而壅矣；凭一人之英断，而使诸大夫、国人不得衷其是，则陛下之意见有时而移矣。"（黄宗羲：《子刘子行状》）

◎愚按：须知，家天下的"第一滴血"一旦流下，一定会反噬其身。陈涉以"矫诈"而"首事"，鼓动反秦力量的集合，又暗含对其自身的否定；果不其然，其阵营中又先后有将领以"矫诈"之名反抗陈涉（董成龙：《〈史记·陈涉世家〉中的"首事"与"矫诈"》）。君主视天下为一家之私产，则意味着与天下人对立，有千万潜在的争夺者前赴后继，君主难以应付。

西哲托马斯·霍布斯（Thomas Hobbes，1588—1679 年）亦曾指出，一个人纵然实力超群，终究抵不过明枪暗箭和敌对者众，"最弱的人运用密谋或者与其他处在同一种危险下的人联合起来，就能具有足够的力量来杀死最强的人"（托马斯·霍布斯：《利维坦》第十三章）。

[4]南朝刘宋政权的宋顺帝刘準（469—479 年）被权臣萧道成（427—482 年）胁迫，禅让皇位，然而不肯出，被王敬则（435—498）阻拦。王敬则曰："出居别宫耳。官先取司马家亦如此。"帝泣而弹指曰："愿后身世世勿复生天王家！"（《资治通鉴·卷

一三五·齐纪一》，此文《宋书》《南史》均未记载，当为据意所补）既然刘宋开朝就是以权臣之身僭取政权，那么，刘宋以同样的方式亡国，又有什么奇怪？

隋炀帝杨广（569—618 年）去世后，孙子杨侗（604—619 年）被众臣推举为帝，随后被权臣王世充（？—621 年）所废，又获赐毒酒以绝后患，死前咒曰："从今以去，愿不生帝王尊贵之家。"（《隋书·列传第二十四》）

唐宣宗曰："若建太子，则朕遂为闲人。"（《资治通鉴·卷二四九·唐纪六五》）

◎愚按：父子之间尚且如此，遑论对于无血亲的臣民。

［5］李自成攻陷京师后，崇祯帝入寿宁宫，长平公主牵帝衣哭。帝曰："汝何故生我家！"以剑挥斫之，断左臂（《明史·卷一二一·公主传》）。崇祯帝命传皇太子、二皇子至，犹盛服入。上曰："此何时而不易服乎？"亟命持敝衣来，上为解其衣换之，且手击其带，告之曰："汝今日为太子，明日为平人。在乱离中匿迹藏名，见年老者呼之以翁，少者呼之以伯叔。万一得全，报父母仇，毋忘吾今日戒也。"（空空主人：《岂有此理》）此语出自帝王之口，沉痛极矣。

［6］朱元璋曰："凡古帝王以天下为忧者，唯创业之君，中兴之主，及守成贤君能之。其寻常之君，将以天下为乐，则国亡自此始。"（朱元璋：《皇明祖训》）

明夷待访录义疏

刘子曰："若一毫私意于其间，舍义而趋生，非道而富贵，杀不辜，行不义，而得天下，汩没于流行之中，不知主宰为何物，自绝于天，此世人所以不知命也。"（黄宗羲：《孟子师说·卷五》）唐甄曰："家国一破，无所逃于天地之间。"（唐甄：《潜书·远谏》）

◎愚按：明崇祯帝庙号原为思宗，南明首帝朱由崧（1607—1646 年）改其庙号为毅宗。梨洲用毅宗而非思宗，意在强调崇祯帝乃刚毅之君，恰如崇祯所言，"谥法真励世磨钝急务也"（孙承泽：《烈皇勤政记》），亦勘全书末篇《奄宦》，梨洲称其为哲王［狄百瑞译"a wise king"，与西方古典所谓哲人王（a philosopher king）不同，当吃紧〕。

是故明乎为君之职分，则唐、虞之世，人人能让，许由、务光非绝尘也；不明乎为君之职分，则市井之间，人人可欲，许由、务光所以旷后世而不闻也。然君之职分难明，以俄顷淫乐不易无穷之悲，虽愚者亦明之矣。

要澄清三代以下的王朝兴衰，就要明晰君主的古今之变，进而探原君主在三代以上的本义，确认君主的职分所在。[1] 如果能够明晰原君之义，就会使尧舜世道重返人间，人人虽然自私、自利，却不再争夺天下，定有才德之人再继许由、务光之志，虽有体量却不愿就天子位。但如果不能明晰原君之义，只将其视作天下之主，田野村夫皆有剑指君位的僭越之心，面对许由、务光，也只能望尘莫及了。非但如此，夺取天下永无止境，一时娱乐换来的终归是无穷之悲。[2]

[1]君主职分的要紧处不在于君臣有别，而在于君主之责，此为原君要旨。

[2]司马迁记曰："凡作乐者，所以节乐。君子以谦退为礼，以损减为乐，乐其如此也。"（《史记·卷二四·乐书》）

◎愚按：君主乃制礼作乐（yuè）者，不可为饮酒作乐（lè）之人。始皇帝未能传之万世以至无穷，却引来家人后嗣无穷之悲，不可不慎。

二、原臣

有人焉，视于无形，听于无声，以事其君，可谓之臣乎？曰：否。

杀其身以事其君，可谓之臣乎？曰：否。

夫视于无形，听于无声，资于事父也；杀其身者，无私之极则也。而犹不足以当之，则臣道如何而后可？

曰：缘夫天下之大，非一人之所能治，而分治之以群工。故我之出而仕也，为天下，非为君也；为万民，非为一姓也。吾以天下万民起见，非其道，即君以形声强我，未之敢从也，况于无形无声乎？非其道，即立身于其朝，未之敢许也，况于杀其身乎？不然，而以君之一身一姓起见，君有无形无声之嗜欲，吾从而视之听之，此宦官宫妾之心也；君为己死而为己亡，吾从而死之亡之，此其私昵者之事也。是乃臣不臣之辨也。

君主出现古今之变，相伴随的便是人臣的古今之变。[1]有人能够于相而未形处见到，于无声处听闻，万分周全，这恰恰是孩子侍奉父亲之道。为人臣者，不能以此道事君，唯其末流，以此事君，以私人关系侵染公共政治，政治由此败坏。[2]人臣不能以身许君，正是因为君臣关系不能适用这种极致的做法。天下辽远广阔，无法单凭一人之力安顿秩序，势必需要官僚集团分工合作，此即社会分工论。[3]

既然为仕是为了天下而非源于君臣之间的人身依附关系，那么一旦君主行非其道，人臣纵使受到形声强制也不能遵从，遑论无形无声的隐秘私欲？一旦君主行非其道，纵然立身于朝堂之上，人臣也不能许身于君主，否则便是与不仁之君一道背弃天下。

既然君主已非三代以上之君，为人臣者如果只为君主一人私欲，听之任之，便是宦官宫妾之心。如若君主只以天下为私产，亡国身死亦不过只是为了一己之私，为人臣者若从而死之，无关公义，不过是私人情谊，仍属佞幸之人。[4]以上诸种行径皆违背臣道。[5]

[1]孟子曰："今之所谓良臣，古之所谓民贼也"，"由今之道，无变今之俗，虽与之天下，不能一朝居也"。（《孟子·告子下》）

◎愚按：今日复今日，孟子所言的今日与梨洲所见的今日并没有多少区别，都属于三代以下的新传统。

[2]亲子之礼："为人子者，居不主奥，坐不中席，行不中道，立不中门。食飨不为概，祭祀不为尸。听于无声，视于无形。"（《礼记·曲礼上》）汉人伍被曰："臣闻聪者听于无声，明者见于未形，故圣人万举万全。"（《史记·卷一一八·淮南衡山列传》）老子曰："大音希声，大象无形。"（《老子·第

四十一章》）王弼（226—249年）注曰："听之不闻名曰希，不可得闻之音也。有声则有分，有分则不宫而商矣。分则不能统众，故有声者非大音也。"

◎愚按：伍被所言，系聪明者可识破历史先机，无涉于察言观色满足上欲。"视于无形""听于无声"是揣摩君心，满足其不便明言的内心欲望，实以仆妾自任，有别于老子"大音希声""大象无形"之说。

［3］孟子曰："有大人之事，有小人之事。且一人之身，而百工之所为备。如必自为而后用之，是率天下而路也。故曰，或劳心，或劳力；劳心者治人，劳力者治于人；治于人者食人，治人者食于人，天下之通义也。"（《孟子·滕文公上》）朱元璋曰："朕闻上古之君，天下者民从者四，曰：士、农、工、商而已。始汉至今，率民以六，加释、道焉。"（朱元璋：《大明太祖高皇帝御制文集·卷三》）

◎愚按：古代中国乃农业社会，因此孟子从士农之别着手论说社会分工。在西学系统中，柏拉图《理想国》卷一已讲明分工，亚当·斯密《国富论》中言"无形之手"遥控的人间秩序亦凭社会分工得以流转。

［4］孟子曰："以顺为正者，妾妇之道也。"（《孟子·滕文公下》）司马迁曰："非独女以色媚，而士宦亦有之。"（《史记·卷一二五·佞幸列传》）刘子曰："明主则寄之诸大夫，暗主则寄之左右。"（黄宗羲：《孟子师说·卷一·"故国"章》）刘子又论明熹宗"以一宫人成拒谏之名"，终致"荡陛下之心""蛊

陛下之志""盗陛下之威福"（黄宗羲:《子刘子行状·卷上》）。

[5]有关臣道，"君之所不臣于其臣者二：当其为尸，则弗臣也；当其为师，则弗臣也"（《礼记·学记》）。王夫之曰："制治于未乱，保邦于未危，乃可以为天子之大臣。"（王夫之:《读通鉴论·卷二三·唐肃宗四》）又曰："以天下论者，必循天下之公，天下非夷狄、盗逆之所可尸，而抑非一姓之私也。"（《读通鉴论·卷末叙论一》）顾亭林曰："易姓改号，谓之亡国。仁义充塞，而至于率兽食人，人将相食，谓之亡天下。"（顾炎武:《日知录·卷十三·正始》）

◎愚按：揆诸西学，可见君主两体论，以为君主以自然之身（body natural）而获公共位格（body politic），虽形式上合两位格于一人之身，却不可将自然身体（人格）一味等同于公共身体（国格）。盖因公共身体是国家象征，而自然身体终究不过是百年内可朽的个体肉身（康托洛维茨:《国王的两个身体：中世纪政治神学研究》）。

尤须申说者，崇祯帝自缢（1644年）后明亡，南明鲁王（1618—1662年）监国却终于投降清朝，梨洲师父刘子效仿伯夷、叔齐，绝食而死，自陈因由如下：

"北都之变，可以死，可以无死，以身在削籍也。南都之变，主上自弃其社稷，仆在悬车，尚曰可以死，可以无死。今吾越又降，区区老臣，尚何之乎？若曰身不在位，不当与城为存亡，独不当与土为存亡乎？

故相江万里所以死也。世无逃死之宰相，亦岂有逃死之御史大夫乎？君臣之义，本以情决，舍情而言义，非义也。父子之亲，固不可解于心，君臣之义，亦不可解于心。今谓可以不死而死，可以有待而死，死为近名，则随地出脱，终成一贪生畏死之徒而已矣。"（黄宗羲：《明儒学案·卷六二·蕺山学案·忠端刘念台先生宗周》）

其父尊素"遗命以蕺山刘忠正公宗周为师"，按梨洲自陈，刘子对其"有罔极之恩"（黄宗羲：《思旧录·刘宗周》；江藩：《国朝汉学师承记·卷八·黄宗羲》），影响至深。若以梨洲批评从君而死之论与宗周自绝之举对观，或见其隐晦批评乃师之处。梨洲作为明朝遗民在清朝生活，并允许儿子参与清朝政治生活，本身就是其态度的外在显现。其心迹或许正是"惟有王城最堪隐，万人如海一身藏"（苏轼：《病中闻子由得告不赴商州三首》）。

世之为臣者昧于此义，以谓臣为君而设者也。君分吾以天下而后治之，君授吾以人民而后牧之，视天下人民为人君橐中之私物。今以四方之劳扰，民生之憔悴，足以危吾君也，不得不讲治之、牧之之术。苟无系于社稷之存亡，则四方之劳扰，民生之憔悴，虽有诚臣，亦以为纤芥之疾也。夫古之为臣者，于此乎，于彼乎？

义解

三代以下为人臣者不通晓这一义理，不知前言君臣职分所在，以为臣如宫妾家奴一般，不过是君主附属，以为臣为君之私人而设，非为公共之天下。[1]本段具体陈明三代以下截至明末的人臣弊病。既然由君主授权治理天下民人，视天下苍生为君主橐[tuó]中之物，一旦国家危难，民生凋敝，足以危及君主的统治，就不得不讲究统治臣下之术。这番治理之术，已是君人南面之术（ *arcana imperii*, arts of empire/government ）的末流，不过是政权苟延残喘的维系之术。[2]如果无关乎社稷存亡，则纵然有诚臣在朝，也不会以为有什么顽疾，只会认为是小毛病。古之人臣并非如此，古今之变于此义大矣[3]。

疏证

[1]孙宝瑄曰："古君主之朝，非视其臣如奴隶也，敬之等宾客，是以上下相孚，情意相通。"（中华书局编辑部：《孙宝瑄日记》上册，第102页）三代以下的政治处境由君臣关系的衰败可见一斑：君非原君，臣非原臣，此论不独是古今之变的历史叙事，更是对事实有违规范的义理判断。梨洲知而未言的不仅是君臣关系，还有大臣之间的关系。既然君主以天下为私产，群臣便以为自己的职分是讨好君主，因此相互竞争，而难得真正着意于国祚久长。

周思兼（1519—1565年）曰："大臣之道，可以相济，而不可以相忌也。夫苟有相忌之心，则恶人之胜己，而乐其无成。恶其足以胜己，则所以排击而挤陷之者，

无所不用其谋；而乐其无成，则从中扼之，以害其功而后持其所短。"（周思兼：《原新法》，载黄宗羲：《明文海·卷一三一》）

◎愚按：周思兼一文旨在探原，但所探实为新法或曰变法之要害，文章评点王安石变法虽有取胜之义，终因起用小人、群臣倾轧而失败，然而其所述群臣相处之道，大可与本文君臣相处之道对观。梨洲另撰文指出，"君子尽去，而小人独存，是庄烈帝之所以亡国者"（黄宗羲：《汰存录》）。

［2］治天下，牧天下，仍是以天下为人君之私产，其气象已小；若行恶政，则愈加腐朽。

［3］孙思邈（约581—682年）曰："古之善为医者，上医医国，中医医人，下医医病。"（孙思邈：《千金要方·候诊》）扁鹊见蔡桓公，诊其病症，次第为"君有疾在腠理""在肌肤""在肠胃""在骨髓"（《韩非子·喻老》，《史记·卷一〇五·扁鹊仓公列传》），足见不可以无视纤芥（xiān jiè）之祸，否则积小成大，酿成大祸。由医人之理亦可窥见治国之理。

063

盖天下之治乱，不在一姓之兴亡，而在万民之忧乐。是故桀、纣之亡，乃所以为治也；秦政、蒙古之兴，乃所以为乱也；晋、宋、齐、梁之兴亡，无与于治乱者也。为臣者轻视斯民之水火，即能辅君而兴，从君而亡，其于臣道固未尝不背也。夫治天下犹曳大木然，前者唱邪，后者唱许。君与臣，共曳木之人也；若手不执绋，足不履地，曳木者唯娱笑于曳木者之前，从曳木者以为良，而曳木之职荒矣。

天下治乱，要义不在于一家一姓的兴衰荣辱，而在于亿兆斯民的忧乐。[1]基于此一基本命题，纵然桀、纣最终亡国，却有汤、武取而代之，可以视为治世；纵然秦始皇嬴政和蒙古分别促成了王朝的强盛，但究其政治逻辑不过是为一己私欲，所以只能归入乱世。至于两晋南北诸朝，尽是借篡夺僭越而夺取的政权，得位不正亦统治无方，无所谓治乱之世。[2]

为人臣者要深明此理。如果不在意亿兆斯民之水火，只关心君主的私家事业，纵然能够辅佐君主赢得一时兴盛，抑或随君一同殉国，也不过是佞幸家奴，而没有守卫真正的臣道。[3]君臣共治天下有如一同拖拽大木，如一同扛木，一方唱来一方和。如果只是嬉戏，手无绳索，脚不着地，那么这个职分便荒废了。[4]

[1]孟子曰："民为贵，社稷次之，君为轻。"（《孟子·尽心下》）范仲淹曰："先天下之忧而忧，后天下之乐而乐。"（范仲淹：《岳阳楼记》）

◎愚按：梨洲身处明清之际，身后不足三百年清帝逊位（1912年），明言"何忍因一姓之尊荣，拂兆民之好恶"（《清帝逊位诏书》），君主亲自点破其被迫退位的政治道理。

［2］治乱并不取决于事功，而取决于政治的德性。政治的德性则需要君臣各守其道。

［3］明末张捷（？—1645年）屡攻东林，终因南都失守而自缢于鸡鸣山。梨洲并未因其亡国时刻自缢之举而以为善，征引晏婴之论阐明此中义理关节："君为社稷死，则死之；为社稷亡，则亡之。若为己死而为己亡，非其私昵，谁敢任之？"（《春秋左传·襄公二十五年》；黄宗羲：《汰存录·卷十一》）

［4］朱子曰："古之君臣所以事事做得成，缘是亲爱一体。"（《朱子语类·卷八九·礼六冠昏丧》）

◎愚按：君主并非超然于人臣之上，不过是共治者之首，如西人所谓"同侪之首"（*primus inter pares*, first among equals，参见余英时：《朱熹的历史世界》，第20页）。

嗟乎！后世骄君自恣，不以天下万民为事。其所求乎草野者，不过欲得奔走服役之人。乃使草野之应于上者，亦不出夫奔走服役，一时免于寒饿，遂感在上之知遇，不复计其礼之备与不备，跻之仆妾之间而以为当然。万历初，神宗之待张居正，其礼稍优，此于古之师傅未能百一，当时论者骇然居正之受无人臣礼。夫居正之罪，正坐不能以师傅自待，听指使于仆妾，而责之反是，何也？是则耳目浸淫于流俗之所谓臣者以为鹄矣！又岂知臣之与君，名异而实同耶？

君不君，则臣不臣。君主作为人臣之首，其古今异变造成人臣的古今之变。骄君即为傲王（Superbus），不以天下万民为自己的志业。[1]这等傲王所希求的不过只是佞幸家奴，而非治世的肱股之臣。民间草野之人对于君主而言，不过是奔走服役者。一旦有人获得青睐，得以免于困苦，便深感君主知遇之恩，不再考虑仪礼是否完备，将合礼与非礼之辨抛诸脑后，以仆妾姿态对待君主，自我贬低。[2]

明万历初年，神宗对待张居正稍有优待，纵然相较古典君主对待人臣之礼遇未及百分之一，群臣便以为张居正有僭越之嫌。江陵之罪何在？流俗小儒指责其不能以仆妾之姿侍君，而竟以师傅自居。[3]殊不知，君臣二者，仅仅名异而实同。[4]

［1］老子曰："天地不仁，以万物为刍狗。"（《老子·第五章》）

◎愚按：老子所述乃三代之上鸿蒙混沌之时，梨洲所述乃三代以下乱世之象。

［2］汉唐时代，官员上朝可坐；有宋一代，官员上朝须站；明清之时，官员上朝须跪。此为君臣关系变化的缩影。

［3］孟子曰："汤之于伊尹，学焉而后臣之，故不劳而王。"孟子时君已不能如汤，在于"好臣其所教，而不好臣其所受教"（《孟子·公孙丑下》）。

◎愚按：以政统教的思路实已失之于下乘。司徒琳指出："在儒学复兴论（特别是开创东林运动的那班人）看来，张居正非但在皇帝倘被启蒙便决不会赞成的情形下，傲慢无礼地僭越皇权，而且为了私利，有意隔绝皇帝与可能启迪他的那些人的接触。"（司徒琳：《南明史》，第48页）

[4] 君主僭越一旦成为传统而定型，再想返归于限制君主的传统（拨乱反正）反倒被视为僭越，岂不荒谬（对勘《明夷待访录·奄宦下》）。

或曰：臣不与子并称乎？曰：非也。父子一气，子分父之身而为身。故孝子虽异身，而能日近其气，久之无不通矣；不孝之子，分身而后，日远日疏，久之而气不相似矣。君臣之名，从天下而有之者也。吾无天下之责，则吾在君为路人。出而仕于君也，不以天下为事，则君之仆妾也；以天下为事，则君之师友也。夫然，谓之臣，其名累变。夫父子固不可变者也。

义
解

君臣关系父子化由来已久，已深入人心。因此，梨洲欲切断二者的关系自然要大费一番周折。君臣不能与父子相比附，根本差异在于，君臣关系实为一种公共的地缘关系，变动不居；而父子关系则是一种私人的血缘关系，终生不改，累世不变。子凭血缘成为父亲分身，孝子继而分享其气质禀性，贴近其父而受不言之教；若有不孝者出，则自成一系，忘乎其父气性。[1]

君臣之间并无血缘依托，共同面对天下，人臣诚非人君之分身。君臣与父子，一公一私，不可相提并论。君臣关系的维系，在于携手致力的公共事业，一旦君主不再虑及天下苍生，自然就失去公共位格，而与人臣互为路人。君臣关系枢纽仅限于天下为公，若委身天子侍奉其私欲，则有悖作为公职的人臣之义，降格为其私人仆妾，填充人君私欲以成人之恶。[2] 若以天下事为业，则人臣大可以为君主师友而成人之美。[3] 是故，君臣关系变动不居，岂可与定格终生的父子关系相提并论？

疏证

[1] 董仲舒曰："王者爱及四夷，霸者爱及诸侯，安者爱及封内，危者爱及旁侧，亡者爱及独身。独身者，虽立天子诸侯之位，一夫之人耳，无臣民之用矣。如此者，莫之亡而自亡也。"（董仲舒：《春秋繁露·仁义法》）

朱元璋曰："朕闻古帝王之治天下，君为元首，臣为股肱，上下相资，同心一德。"（《大明太祖高皇帝御制文集·卷二》）张江陵执政期间，御史傅应祯曾上《披血诚陈肤议以光圣治疏》攻之，论及："君象元首，臣象股肱，而台谏者则又朝廷之耳目咽喉攸系也。耳目稍有所壅蔽，则聪明弗广，咽喉稍有所扼塞，则气脉不宣，台谏一不得其职，其为元首之害匪渺鲜矣。"（吴亮辑：《万历疏钞·第一卷圣治》）

[2] 汉博士狄山曰："臣固愚忠，若御史大夫

汤乃诈忠。"(《史记·卷一二二·酷吏列传》)

◎愚按：诈忠者，仅暗察君心以满足其私欲。

陈亮曰："孔子之作《春秋》，公赏罚以复人性而已。后世之用赏罚，执为己有以驱天下之人而已。非赏罚入人之浅，而用之者其效浅也。故私喜怒者，亡国之赏罚也；公欲恶者，王者之赏罚也。外赏罚以求君道者，迂儒之论也；执赏罚以驱天下者，霸者之术也。"(陈亮：《陈亮集·问答下》)

刘子曰："王霸之分，不在事功而在心术：事功本之于心术者，所谓由仁义行，王道也；只从迹上模仿，虽件件是王者之事，所谓行仁义者，霸也。不必说到王天下，即一国所为之事，自有王霸之不同，奈何后人必欲说'得天下方谓之王'也！譬之草木，王者是生意所发，霸者是剪彩作花耳。"(黄宗羲：《孟子师说》)

[3]人臣乃人君师友之论，将话题导向帝、王、霸、亡国之辨："帝者与师处，王者与友处，霸者与臣处，亡国与役处"(《战国策·燕昭王收破燕后即位》)，"同气者帝，同义者王，同力者霸，无一焉者亡"(《淮南子·泰族训》)。

帝者与师处，是知晓"古之王者，建国君民，教学为先"(《礼记·学记》)，"三人行必有我师焉，择其善者而从之，其不善者而改之"(《论语·述而》)。王者与友处，则"王者之民，皞皞如也"(《孟子·尽心上》)，君子"以文会友，以友辅仁"(《论语·颜渊》）。霸者与臣处，则"霸者之民，欢虞如也"（《孟子·尽心上》）。亡国与役处，则"以君之一身一姓起见，君有无形无声之嗜欲，吾从而视之听之，此宦官宫妾之心也"（对勘《明夷待访录·原臣》）。

三、原法

三代以上有法，三代以下无法。何以言之？二帝、三王知天下之不可无养也，为之授田以耕之；知天下之不可无衣也，为之授地以桑麻之；知天下之不可无教也，为之学校以兴之；为之婚姻之礼以防其淫；为之卒乘之赋以防其乱。此三代以上之法也，固未尝为一己而立也。

后之人主，既得天下，唯恐其祚命之不长也，子孙之不能保有也，思患于未然以为之法。然则其所谓法者，一家之法而非天下之法也。是故秦变封建而为郡县，以郡县得私于我也；汉建庶孽，以其可以藩屏于我也；宋解方镇之兵，以方镇之不利于我也。此其法何曾有一毫为天下之心哉，而亦可谓之法乎？

义解

原法即论古今之法变。三代以上有法，三代以下无法。三代上下法变之"法"（*nomos*）并非具体律法条例，而是统摄各种具体规章的根本大法，可谓规范朝野的政治宪法。[1]二帝、三王认为应该养天下黎民，授民以田而耕则可以食，授地以桑麻之则可以衣，心系供养黎民衣食，体贴天下苍生，可见敬重民人为二帝、三王之共识。[2]既然不仅要在物质上照料，还

三、原法

071

要在精神上养护，那就要设置学校以教化，订立婚姻之礼，以防男女淫乱，同时要收取足够的赋税，保障充足的军队防止生变。[3] 三代以上如是法制，未见繁杂条文而尽显天下为公之意。

三代以降，君主既然将王朝视为一姓之私产，其立法着眼于如何绵延统治（私欲），而非如何确保天下治平（公业）。这样的"一家之法"势必只能让民人因为畏惧而守法，却不能培育从善如流的心性自觉。[4] 因为有了这样的新法意，秦朝废封建而行郡县以防周朝末年诸侯并起之事再起，汉朝分封同姓王以防异姓造反，宋朝杯酒释兵权以防藩镇。[5] 这些政治制度的重大变革，竟然没有考虑天下的时势，而只是为了保障一姓统治的延续，如此之法果堪称法？质言之，法定未必等于正当。

疏证

[1] 管子曰："法者不可恒也，存亡治乱之所从出，圣君所以为天下大仪也。"（《管子·任法》）"法"即"谣俗"（《史记·卷一二九·货殖列传》"谣俗被服"，参见张文江：《古典学术讲要》，第39—96页）。章学诚论法变曰："三皇无为而自化，五帝开物而成务，三王立制而垂法，后人见为治化不同有如是尔。"（章学诚：《文史通义·内篇·原道上》）

◎ 愚按：西人卡尔·施米特（Carl Schmitt，1888—1985年）区分"宪法律"（Verfassungsgesetz）和"宪法"（Verfassung），前者系具体事务对应的诸法，后者系统摄具体诸法的抽象法意（卡尔·施米特：

《宪法学说》）。凡律法条例、规章制度一经问世，便引出相关行为是否合法（legality），以法制行，诚为设立法条之义。然若后撤一步，将立法本身视作一种行为，则立法本身亦应有上位法予以规范，此论则引向立法的抽象法意（立法法）。诉诸法意，则一切人间律令均应受此审查，律法是否合法，不因其得到上峰首肯或文案背书而一劳永逸，此论涉及法律本身是否合法的正当性（legitimacy）问题。

［2］二帝为唐尧、虞舜，三王实为四人，即夏禹、商汤、周文王、周武王。刘向曰："有文无武，无以威下；有武无文，民畏不亲；文武俱行，威德乃成；既成威德，民亲以服。"（《说苑·君道》）

◎愚按："文"乃"伟大导师"，"武"乃"伟大统帅"；周朝文、武二王虽为两人（persons），却系同一位格（person）的一体两面。

［3］子贡问政，子曰："足食，足兵，民信之矣。"（《论语·颜渊》）管子曰："藏于不竭之府者，养桑麻、育六畜也。"（《管子·牧民》）

［4］子曰："道之以政，齐之以刑，民免而无耻。道之以德，齐之以礼，有耻且格。"（《论语·为政》）子曰："夫民，教之以德，齐之以礼，则民有格心；教之以政，齐之以刑，则民有遁心。"（《礼记·缁衣篇》）孟子曰："若民，则无恒产，因无恒心。苟无恒心，放辟邪侈，无不为已。及陷于罪，然后从而刑之，是罔民也。"（《孟子·梁惠王上》）

朱元璋曰："朕仿古制以礼导人，后以律至诸司，

是绳不循轨度者，斯乃行刑也。且刑，圣人不得已而用者，为良善弗宁故也。"（《大明太祖高皇帝御制文集·卷二》）

[5] 柳子厚曰："（秦）有叛人而无叛吏……（汉）则有叛国而无叛郡……（唐）则有叛将而无叛州。"（柳宗元：《封建论》）顾亭林曰："古之圣人，以公心待天下之人，胙之土而分之国；今之君人者，尽四海之内为我郡县犹不足也，人人而疑之，事事而制之，科条文簿日多于一日，而又设之监司，设之督抚，以为如此，守令不得以残害其民矣。不知有司之官，凛凛焉救过之不给，以得代为幸，而无肯为其民兴一日之利者，民乌得而不穷，国乌得而不弱？"（顾炎武：《亭林文集·郡县论一》）

三代之法，藏天下于天下者也，山泽之利不必其尽取，刑赏之权不疑其旁落，贵不在朝廷也，贱不在草莽也。在后世方议其法之疏，而天下之人不见上之可欲，不见下之可恶，法愈疏而乱愈不作，所谓无法之法也。

后世之法，藏天下于筐箧者也，利不欲其遗于下，福必欲其敛于上。用一人焉则疑其自私，而又用一人以制其私；行一事焉则虑其可欺，而又设一事以防其欺。天下之人共知其筐箧之所在，吾亦鳃鳃然日唯筐箧之是虞，故其法不得不密，法愈密而天下之乱即生于法之中，所谓非法之法也。

义解

三代以上，天下为公，不必私藏筐箧，而应公之于众，可谓王者无私。既然天下为天下人之天下，山川日月之获与人间赏罚二柄不必专于君主一人。贵贱不以朝野相分别，而以公私论高下。[1]后人汲汲于律法增置，所图不过律法健全之虚名。以法网罗织法治，遮掩背弃公天下法意之实，诚为下流末端。

以此窥见三代以上，则以为法律空疏，不成体统，实为"无法之法"，疏而不漏，虽无法条而法意流行天下。[2]三代以下君主，执政天下如获至宝，以天下为宝藏，难免私藏之举，富贵必自己出。但是，天下治理岂能一人独成，不得不仰赖官僚集团从旁协理，以人臣相争维系朝堂。君主既以天下为私有，则蝇营不肯放手。不当之法愈加严密，而生活则悉数网罗。由此可见，三代以降，法律愈加严密，而不过为防富贵流散，脱于己手，实为"非法之法"，虽有众多法条，却违背公天下的根本法意。[3]

疏证

[1]汉臣宋昌斥周勃："所言公，公言之。所言私，王者不受私。"（《史记·卷一〇·孝文本纪》）

◎愚按："治天下不如安天下，安天下不如天下安。"（吕思勉：《中国通史》，第351页）五帝三王以降，"天下安"（五帝，天下自安）与"安天下"（三王，贤王安顿天下）都不复见于世，唯有"治天下"一途。故孟子言"一治一乱"，可见已洞悉时事与时势。"天下安"是天下的自性圆融，自成秩序（cosmos），所以是"藏天下于天下"。由"天下安"经"安天下"（道之以德），一旦进入"治天下"（道之以政）的历史阶段，"天下"不再自性圆融，而成为被规训与惩罚的客体，而"法"就成了外部秩序（*taxis*）。

［2］狄百瑞译"无法之法"为"law without laws"，虽无法条而存法意。孙宝瑄曰："《周礼》官多法密，而民无侵扰之患者，以封建之时，人有分地，君民相亲，上之耳目易周，百弊不作，故能行之。"（中华书局编辑部：《孙宝瑄日记》上册，第 96 页）

◎愚按：苏轼论王安石书法，"荆公书得无法之法"（苏轼：《跋王荆公书》），石涛（约 1642—1707 年）与梨洲同时代，论作画曰："至人无法，非无法也，无法而法，乃为至法。"（石涛：《画语录·变化章第三》）两人论书法作画"无法之法"，亦可对观梨洲人世之"无法之法"。

西人关于中世纪法律的论断，移用至此，可以帮助理解："法律是古已有之的；所谓新法律乃是一种语词矛盾，因为新法律要么是从古老的法律中以明确的或默示的方式推导出来的，要么就是与古老的法律相冲突——就此而言，此时的新法律便是不合法的。那个基本观念一如既往，毫无改变：古老的法律是真正的法律，而真正的法律就是古老的法律。因此，从中世纪的观点来看，制定新法律是根本不可能的，而且所有的立法与法律改革也只是对那些蒙遭违反的善的古老的法律的恢复。"（*Fritz Kern, Kingship and*

Law in the Middle Ages, p. 151）

［3］狄百瑞译"非法之法"为"unlawful laws"，虽法条具备而法意全无。孙宝瑄曰："立法以防弊，有弊生于法中者，复立法以防之。故中国防弊而弊愈多、西人防弊而弊日少者，中国为一家防，出于私也；西人为众人防，出于公也。"（中华书局编辑部：《孙宝瑄日记》上册，第140页）孙宝瑄又引孟德斯鸠（Montesquieu，1689—1755年）语："治民以法，法不善反驱民于恶。"（中华书局编辑部：《孙宝瑄日记》中册，第604页）

老子曰："法令滋彰，盗贼多有。"（《老子·第五十七章》）庄子曰："圣人不死，大盗不止。"（《庄子·胠箧》）宋儒之论颇有近于梨洲先声者，苏洵（1009—1066年）曰："古者以仁义行法律，后世以法律行仁义。夫三代之盛王，其教化之本出于学校，蔓延于天下，而形见于礼乐。下之民被其风化，循循翼翼，务为仁义以求避法律之所禁。故其法律虽不用，而其所禁亦不为不行于其间。下而至于汉、唐，其教化不足以动民，而一于法律。"（苏洵：《衡论·议法》）

陈亮曰："其后防人之多私而法日密，无其人而欲法之自行，盖取士任官不胜其条目之多，而人愈苟且，岂非欲法自行之心有以取之乎。"（陈亮：《陈亮集·人法》）王夫之曰："夫法者，本简者也，一部之大纲，数事而已矣；一事之大纲，数条而已矣。析大纲以为细碎之科条，连章累牍，援彼证此，眩于

三、原法

077

目而荧于心，则吏之依附以藏匿者，万端诡出而不可致诘。"（王夫之：《读通鉴论·梁武帝九》）

叶适（1150—1223年）曰："法令日繁，治具日密，禁防束缚至不可动，而人之智虑自不能出于绳约之内，故人材亦以不振。"顾亭林曰："自万历以上，法令繁而辅之以教化，故其治犹为小康。万历以后，法令存而教化亡，于是机变日增，而材能日减。"（顾炎武：《日知录·卷九·人材》）又曰："国将亡，必多制。夫法制繁，则巧猾之徒皆得以法为市，而虽有贤者不能自用，此国事之所以日非也"，"法行则人从法，法败则法从人"，"立法以救法，而终不善者也"（顾炎武：《日知录·卷八·法制》）。

吴元年（1367年），朱元璋有谕："法贵简当，使人易晓。若条绪繁多，或一事两端，可轻可重，吏得因缘为奸，非法意也。夫网密则水无大鱼，法密则国无全民。"（《明史·卷九三·刑法志一》）明人王樵（1521—1599年）《法原》亦演绎古今法变之大略（黄宗羲：《明文海·卷一三一》）。

◎愚按：孟子曾论及"非礼之礼""非义之义"（《孟子·离娄下》），责其名实不副，梨洲"非法之法"之论承绪此脉。有明一代，法律严苛，而梨洲并未点名。太祖定《大明律》，又布"诰"以补充，张贴"榜文"以示案例。建文帝即位后悄然废止，而成祖朱棣又逆反之。

论者谓一代有一代之法，子孙以法祖为孝。

夫非法之法，前王不胜其利欲之私以创之，后王或不胜其利欲之私以坏之。坏之者固足以害天下，其创之者亦未始非害天下者也。乃必欲周旋于此胶彼漆之中，以博宪章之余名，此俗儒之剿说也。

即论者谓天下之治乱不系于法之存亡。

夫古今之变，至秦而一尽，至元而又一尽。经此二尽之后，古圣王之所恻隐爱人而经营者荡然无具。苟非为之远思深览，一一通变，以复井田、封建、学校、卒乘之旧，虽小小更革，生民之戚戚终无已时也。

义解

有论者以为一代有一代之史（事），故一代有一代之法（意）。每朝的后世君主都会遵守开国祖宗所确立的祖制，以为这样的"法祖"就是合于礼法的孝行。[1]其实不然。开国太祖、太宗所确立的祖宗之法，极有可能受其私天下之欲熏染。后代或有破坏祖制律法之君，实不忍受律法牵绊而有所更易。坏法者，诚为作奸。立法者，其害尤甚。[2]

开国君主所立之法本就出于私天下之心。后代君主有所变更，并非由私天下而逆转为公天下，不过随时更易，因人喜好各有侧重而已。俗儒望文生义、相互剿（chāo）袭，纯以背离宪章祖宗为症结指责后代君主，徒劳名相之争，无益于正本清源，是无的放矢之论。既然三代以下君主以私欲治天下，无论延续抑或迁改，都不过拳拳用心于一姓之统治，而无关乎天下苍生。

另有论者以为天下治乱与律法或法意存亡无关，言外之意，端赖于朝堂是否安稳。梨洲以嬴秦、蒙元为枢纽，论及两重古今之变。秦、元虽一统天下却并不因此而成就治世，反倒恰因其一统天下，而使亿兆斯民失去天下。经过嬴秦、蒙元两次以夷变夏，远古圣王德政恻隐爱人之心至此已消失殆尽，若不于井田、封建、学校、卒乘等重要领域逐条复返而通变古今，徒劳琐碎变革，无益于世。梨洲所论是诸政治制度的全面变革，具体所述正是以下诸篇的核心任务。[3]

[1] 子曰："夫孝，始于事亲，中于事君，终于立身。"（《孝经·开宗明义章》）

[2] 朱元璋曰："自古国家，建立法制，皆在始受命之君。"（《皇明祖训》）朱元璋洪武三十年（1397年）厘定法则，成"画一之制"，"所以斟酌损益之者，至纤至悉，令子孙守之。群臣有稍议更改，即坐以变乱祖制之罪"（《明史·卷九三·刑法志一》）。

[3] 梨洲已点出周秦之变、宋元之变为中华历史上两次重要的古今之变。

即论者谓有治人无治法，吾以谓有治法而后有治人。自非法之法桎梏天下人之手足，即有能治之人，终不胜其牵挽嫌疑之顾盼。有所设施，亦就其分之所得，安于苟简，而不能有度外之功名。使先王之法而在，莫不有法外之意存乎其间。其人是也，则可以无不行

之意；其人非也，亦不至深刻罗网，反害天下。故曰
有治法而后有治人。

义解　　另有论者亦不崇法，以为有治世之君而无必治之
法。梨洲则以为先有治世之法而后有治世之君。[1] 若
法令制度混浊不得清明，纵有治世良才亦不免手脚受
困，瞻前顾后，难以树立超拔功业。纵然稍有作为，
亦不过是执行规定动作，无所创新。若得以保全先王
之法，虽然具体律令不复存在，但若法意有一息尚在，
纵然所遇非人，政治亦不至于网罗天下苍生。

疏证　　[1] 荀子曰："有乱君，无乱国；有治人，无治法。
羿之法非亡也，而羿不世中；禹之法犹存，而夏不世王。
故法不能独立，类不能自行，得其人则存，失其人则
亡。法者，治之端也；君子者，法之原也。故有君子，
则法虽省，足以遍矣；无君子，则法虽具，失先后之施，
不能应事之变，足以乱矣。不知法之义而正法之数者，
虽博，临事必乱。"（《荀子·君道》）"故法者，
治之具也，而非所以为治也，而犹弓矢，中之具，而
非所以为中也。"（《淮南子·泰族训》）

管子曰："有生法，有守法，有法于法。夫生法者，
君也；守法者，臣也；法于法者，民也。君臣上下贵
贱皆从法，此谓为大治。"（《管子·任法》）韩非子曰：
"法与时转则治，治与世宜则有功。"（《韩非子·心
度》）

孙宝瑄曰："君主之世，人重于法，故有治人而后有治法。民主之世，法重于人，故有治法而后有治人。"（中华书局编辑部：《孙宝瑄日记》上册，第274页）又曰："梨洲先生云：凡治天下，有治法而后有治人，为古今特识。三代下，罕有见及此者，惟《晋书》载汉孔融献议，有谓：古者敦庞，善否区别，吏端刑清政简，一无过失。百姓有罪，皆自取之。末世陵迟，风纪坏乱，政挠其俗，法害其教云云。盖争肉刑也。彼知法足以害教，政足以挠俗，则三代下人心多不善，法使之然，抑可知矣。"（中华书局编辑部：《孙宝瑄日记》上册，第220页）

◎愚按：荀子论有无（"有治人，无治法"），梨洲论先后（"有治法而后有治人"），二人所论并非截然对立。"有治法而后有治人"，可谓"世有伯乐，然后有千里马"，"虽有名马，只辱于奴隶人之手，骈死于槽枥之间，不以千里称也"（韩愈：《马说》）。西人现代政治思想中"制度决定论"当如此。

四、置相

有明之无善治，自高皇帝罢丞相始也。

义解 以上三篇多谈政治理念而兼及政治制度，以下诸篇多涉及具体政治制度。洪武十三年（1380 年），太祖以废除一位丞相（胡惟庸）为契机连带废除丞相制度，成为不可逆转的明朝祖宗之制，此乃三代以下中国政制一大变化。[1]梨洲以为明朝无善治，便自此始。[2]

疏证 [1] 丞相之制："秦官，以丞相为第一，主国柄。汉因之。唐以尚书令为真相，而左右仆射佐之，皆宰相职也。"（沈德符：《万历野获编·卷七·内阁·丞相》）宰相关系天下治乱安危，宰相之责，"掌承天子，助理万机"（《汉书·百官公卿表》）。程颐曰："天下重任，唯宰相与经筵；天下治乱系宰相，君德成就责经筵。"（程颐：《河南程氏文集·卷六》）

高皇帝太祖朱元璋开创明朝江山，洪武元年至十三年（1368—1380 年），李善长（1314—1390 年）、徐达（1332—1385 年）、汪广洋（？—1379 年）、胡惟庸（？—1380 年）四人先后出任丞相。朱元璋因胡惟庸案废中书省和丞相，自此皇帝直辖六部。"自洪武十三年罢丞相不设，析中书省之政归六部，以尚书任天下事，侍郎贰之。而殿阁大学士只备顾问，帝方自操威柄，学士鲜所参决。"洪武二十八年（1395年）敕谕群臣："国家罢丞相，设府、部、院、寺以分理庶务，立法至为详善。以后嗣君，其毋得议置丞相。臣下有奏请设立者，论以极刑。"（《明史·卷七二·职官志一》）

朱元璋曰："自古三公论道，六卿分职，并不曾设立丞相。自秦始置丞相，不旋踵而亡。汉、唐、宋因之，虽有贤相，然其间所用者多有小人，专权乱政。今我朝罢丞相，设五府、六部、都察院、通政司、大理寺等衙门，分理天下庶务，彼此颉颃，不敢相压，事皆朝廷总之，所以稳当。以后子孙做皇帝时，并不许立丞相。臣下敢有奏请设立者，文武群臣即时劾奏，将犯人凌迟，全家处死。"（《皇明祖训·祖训首章》）

◎愚按：《明夷待访录》开篇三章探原（《原君》《原臣》《原法》），区别三代以上与三代以下。本章论及置相，着眼于有明一代，区别于前朝。全书两大古今之变的历史关节跃然纸上。

［2］苏洵曰："近世之君抗然于上，而使宰相眇然于下，上下不接，而其志不通矣。"（苏洵：《衡论·远虑》）孙宝瑄曰："明太祖以胡惟庸之祸，而罢中书省，政归六部。可知世主改革政法，无往而不为身谋也。"（中华书局编辑部：《孙宝瑄日记》上册，第289页）

◎愚按：梨洲认为明朝无善治也是源于废相，善治与恶政相对。钱宾四接续梨洲此论而言："明代是中国传统政治之再建，然而恶化了。恶化的主因，便

在洪武废相。"（钱穆：《国史大纲》）

原夫作君之意，所以治天下也。天下不能一人而治，则设官以治之；是官者，分身之君也。孟子曰："天子一位，公一位，侯一位，伯一位，子、男同一位，凡五等。君一位，卿一位，大夫一位，上士一位，中士一位，下士一位，凡六等。"盖自外而言之，天子之去公，犹公、侯、伯、子、男之递相去；自内而言之，君之去卿，犹卿、大夫、士之递相去。非独至于天子遂截然无等级也。

义解

推原设置君主之意，正在于治天下。为此，则不能将天下交一人独揽，大小事务、上传下达，皆须庞大官僚集团方能维系政治系统的日常运作。君主由人而设，百官也以同样的方式被设置。如此看来，"官"实为另外一种意义的"君"，官既为君之分身，君便是官之一种。[1]孟子述先王之制，天子、公、侯、伯各一位，子与男同一位，则天子仅是五位之一位，并无区别于公、侯、伯、子、男之超然地位；君、卿、大夫、上士、中士、下士各一等，君主不过其中一等，并无超然于等级之外的不可及地位。[2]

疏证

[1]◎愚按：君由人作（artificial man，亦即韩非子所谓"人设"），而非自成（nature）。梨洲此处以官员为"分身之君"，意在强调君臣之间仅有统辖

大小、责任重轻之别。前文《原臣》已论臣非君主分身，与此处并不矛盾。但是周秦之变以后，天子乃是超然之君，独一无二，官亦不再是"分身之君"，而成为臣子。既然有君臣的名称之别，就要叩问他们的实际关联（晚清李滋然《明夷待访录纠谬》谓"策名委质"）。

在梨洲看来，关于这一问题的判断，背后又与三代上下的古今之变有关。三代以上，主张以社会分工论看待君臣关系；三代以下，主张以主客论、父子论看待君臣关系。宋儒程颐解《尧典》"克明俊德"："帝王之道也，以择任贤俊为本，得人而后与之同治天下"（《河南程氏经说·卷二》；此"同治"与清朝所谓"同治中兴"之"同治"不同）。宋儒与君主虽然有"共定国是"之举，但仍限于"得君行道"的范畴，未能改变三代以下君臣的主客关系（余英时：《朱熹的历史世界》）。

［2］孟子在提出"凡五等""凡六等"之前，首先指出周朝的爵禄制"其详不可得闻也"，因为"诸侯恶其害己也，而皆去其籍"（《孟子·万章下》）。"春秋经世先王之志，圣人议而不辩。"（《庄子·内篇·齐物论》）孟子所述有别于《礼记》："王者之制禄爵，公、侯、伯、子、男，凡五等。诸侯之上大夫卿、下大夫、上士、中士、下士，凡五等。"（《礼记·王制》）

◎愚按："王制"就意味着权力秩序的排定，或许正因如此，晚近有汉语学人将西方哲人柏拉图所谓希腊文"Politeia"（拉丁文"Respublica"，汉语通译为"理想国")试译为"王制"。孟子所述与《礼记·王制》之别，不仅在于其具体分级，更在于对孟子而言，君主与百官均是为天下谋公利，只不过岗位不同而已。天子（君）并非超然于各种等级之外；而在《礼记·王制》中，君主或天子置于超然地位。此一变动正是晚清李滋然《明夷待访录纠谬》痛批梨洲之所在。

昔者伊尹、周公之摄政，以宰相而摄天子，亦不殊于大夫之摄卿、士之摄大夫耳。后世君骄臣谄，天子之位始不列于卿、大夫、士之间，而小儒遂河汉其摄位之事，以至君崩子立，忘哭泣衰绖之哀，讲礼乐征伐之治，君臣之义未必全，父子之恩已先绝矣。不幸国无长君，委之母后，为宰相者方避嫌而处，宁使其决裂败坏，贻笑千古，无乃视天子之位过高所致乎？

追忆往昔，商之伊尹、周之周公，均以宰相摄政，与大夫摄卿之政、士摄大夫之政无异。后世君主为傲王，臣为佞幸，天子之位方才不与卿、大夫、士同列，意味着天子与诸侯绝缘，拥有不可拾级而上的超然地位。[1] 政治环境既已变迁，则有小儒以为君臣本即有如此云泥霄壤之别，而不识君臣关系之原貌。

于是，君主一旦驾崩，则不再如伊尹、周公摄政一般，而由宰相摄政。概因天下为一姓之天下，谨防权臣功高盖主，挟制天子。这样一来，父皇之丧实为储君之喜，未及哀悼便猝然登基，谨防他人僭夺。君臣之义未得尽，而父子之恩早已绝。新君若年幼登基，则仰赖血亲，母后干政，牝鸡司晨，以国事、天下事为家事，故外朝宰相无言以对，甘求自保。[2]此等怪状，全赖天子之位卓然独立于人间所致。

〔1〕苏洵已有洞察："夫汤、武之德，三尺竖子皆知其为圣人，而犹有伊尹、太公者为师友焉。"后世君主，"天子坐殿上，宰相与百官趋走于下，掌仪之官名而呼之，若郡守召胥吏耳"（苏洵：《衡论·任相》）。

◎愚按：以此反观，孟子之论自然便内含革命学说。

〔2〕后宫干政、外戚干政、宦官干政反复上演。

古者君之待臣也，臣拜，君必答拜。秦、汉以后，废而不讲，然丞相进，天子御座为起，在舆为下。宰相既罢，天子更无与为礼者矣。遂谓百官之设，所以事我，能事我者我贤之，不能事我者我否之。设官之意既讹，尚能得作君之意乎？

古者不传子而传贤，其视天子之位去留犹夫宰相也。其后天子传子，宰相不传子。天子之子不皆贤，尚赖宰相传贤足相补救，则天子亦不失传贤之意。宰相既罢，天子之子一不贤，更无与为贤者矣，不亦并传子之意而失者乎？

古人重礼，礼尚往来。臣拜，君必答拜，有来有往。[1]秦汉以降，答拜之礼已废，饶是如此，一旦丞相觐见，天子则从座中起身，若在舆则为下。经此一变，宰相地位已然大减。[2]何况宰相既罢，无所谓君臣往来，政出天子，所谓独裁是也，君臣往还之礼荡然无存矣。从此以后，设官分职，均为事君而作。百官贤与不肖，俱以君心为度量，凡能暗察君心私欲者方得势于朝堂。设官之意与作君之义均被抛诸脑后，把控天下只为一己之私。

三代以下家天下，天子传子，但是血缘继承原则的问题在于，皇子可以通过血缘继承皇位，却无法继承其政治德性，一旦在有限的血缘选择范围内无法产生有德的新君，那么王朝就会面临危险。在梨洲看来，宰相传贤不传子，恰恰可以弥补皇位血缘继承制在政治德性延续上的问题。宰相不能够血缘继承，必须选任贤者为之。若无宰相制度，则将失去规避血缘继承局限的传贤之制。皇帝传子已是一失着，宰相传贤又遭废弃，则是再失一着，不亦悲夫。[3]

疏证

[1]齐景公问政于孔子，孔子对曰："君君，臣臣；父父，子子。"（《论语·颜渊》）司马迁曰："夫不通礼义之旨，至于君不君，臣不臣，父不父，子不子。夫君不君则犯，臣不臣则诛，父不父则无道，子不子则不孝。此四行者，天下之大过也。"（《史记·卷一三〇·太史公自序》）在公共事业中，君臣要各安其位，各守其职；在家族关系中，父子要各安其分，各守其亲。

［2］"佐天子，总百官，平庶政，事无不统。宋承唐制，以同平章事为真相之任，无常员；有二人，则分日知印。以丞、郎以上至三师为之。其上相为昭文馆大学士、监修国史，其次为集贤殿大学士。或置三相，则昭文、集贤二学士并监修国史，各除。唐以来，三大馆皆宰臣兼，故仍其制。"（《宋史·卷一六一·职官志一》）

◎愚按：此一关节提及周秦之变和有明一代与有明以前的古今之变。百官为佐君而设，已与"万方有罪，罪在朕躬"（《论语·尧曰》）大相径庭。由古之罪己而转为今之罪人，此又一古今之变。

宋神宗赵顼（xū，1048—1085 年）与王安石（1021—1086 年）"共定国是"，开启宋朝君相关系新局。宋高宗赵构（1107—1187 年）谓秦桧（1090—1155 年）："朕岂能尽知天下人材？但付之宰相，宰相贤，则贤人皆聚于朝矣。"（李心传：《建炎以来系年要录·卷一二九》）宋高宗又曰："朕谓进用士大夫，一相之责也。一相既贤，则所荐皆贤。"（《宋史·卷三八〇·杨愿传》）虽然宋高宗没有做到这一点，却也折射出宰相可以辅佐、制衡君主。

［3］夏禹以降，君主选亲不选贤。唯有宰相留下了贤士继任的余地。宰相既罢，则一切事务皆仰仗于君主，若继任君主不贤，则一无贤者当朝，治世无处可寻。

或谓后之入阁办事，无宰相之名，有宰相之实也。

曰：不然。入阁办事者，职在批答，犹开府之书记也。其事既轻，而批答之意，又必自内授之而后拟之，可谓有其实乎？吾以谓有宰相之实者，今之宫奴也。盖大权不能无所寄，彼宫奴者，见宰相之政事坠地不收，从而设为科条，增其职掌，生杀予夺出自宰相者，次第而尽归焉。

义解

宰相既废，而事务犹存，天下之大，事无巨细，君主一人纵然宵衣旰食，必定仍力有不逮。小儒目睹丞相废而内阁起，以为内阁即是替代，纵无宰相之名，力担宰相之实。[1] 梨洲以为不然。内阁位不高而权重，职责所在为奏章起草意见，为君分忧，然而不过是自有衙署的书记员。内阁所拟批答意见，亦受制于内廷，而并不可任凭一己私意，归根究底只是工具之一环，怎可谓有宰相之实？宰相配之以公权，阁魁配之以奴役，二者都接近君主，却有云泥霄壤之别。[2] 虽说如此，梨洲恰以为宰相之权逐渐流落到奄宦宫奴手中。宰相之职虽然被废，然而宰相之事仍需人做，君主既然以王朝为私产，便要任用家奴佞幸来充任职事，荒谬之处在于，奄宦逐渐掌握了宰相之权。[3]

疏证

[1] 成化、弘治年间，有廷臣论："内阁之官乃相职也。"（《明宪宗实录·卷五七》）又有廷臣曰："我朝之有内阁，犹前代之有中书省也。"（《明经世文编·卷一二七》）明世宗朱厚熜（1507—1567 年）便以为"内

阁典司政本"(《明世宗宝训·卷六》),称严嵩(1480—1567年)"虽无相名,实有相权"(《明世宗实录·卷五一七》)。

内阁学士是皇帝的私人秘书,内阁地位于嘉靖之后跃升至六部之上:"嘉靖以后,朝位班次,俱列六部之上。"(《明史·卷七二·职官志一》)孙承泽曰:"内阁之职,同于古相,而所不同者,主票拟而不身出与事。"(孙承泽:《天府广记·卷十·内阁》)1380年,丞相制遭废,使皇帝与外廷高官隔离起来,亦为发展内阁和与正规官僚制平行的宦官官僚制之起点(牟复礼、崔瑞德编:《剑桥中国明代史》,第6页)。

◎愚按:设置内阁之举并非变相保留宰相之职而实相反,不过是收敛相权于君权之手,无异于明确世上再无独立相权,重臣亦不过君主的书记员而已——更何况内阁学士不过官居五品,而六部尚书均为二品。

梨洲身后,有清一朝,清世宗雍正(1678—1735年)之举则更进一步,废议政王大臣会议而置军机处,虽貌似明太祖之举而实过之;雍正以前,清帝并非一人独断,广受议政王大臣会议掣肘,仅继承人一事无法由皇帝一人定断便可见一斑,故在此意义上,雍正诚为僭主(朱维铮:《重读近代史》)。

[2]内阁学士即便因为掌控行政流程而貌似具有过往宰相的某种总揽之权,终究也没有宰相之名,名不正则言不顺,书记员行宰相之职本身就是僭越,而作为超然君主的佐臣,又怎么可能反倒成为制约君主

的宰相？

◎愚按：中华国故尚未开出黑格尔（Hegel，1770—1831年）之"主奴辩证法"，只知奴仆服从主人，不知获得奴仆承认的主人不过也是奴仆而已，唯有获得主人承认的主人方是主人，如此一来，终究也就没了主人（黑格尔：《历史哲学讲演录》；聂绀弩：《我若为王》）。

[3]"内阁之拟票，不得不决于内监之批红，而相权转归之寺人。于是朝廷之纪纲，贤士大夫之进退，悉颠倒于其手。"（《明史·卷七二·职官志一》）亦可对勘《明夷待访录·奄宦》。

有明之阁下，贤者贷其残膏剩馥，不贤者假其喜笑怒骂，道路传之，国史书之，则以为其人之相业矣。故使宫奴有宰相之实者，则罢丞相之过也。阁下之贤者，尽其能事则曰"法祖"，亦非为祖宗之必足法也；其事位既轻，不得不假祖宗以压后王，以塞宫奴。祖宗之所行未必皆当，宫奴之黠者又复条举其疵行，亦曰"法祖"，而法祖之论荒矣。使宰相不罢，自得以古圣哲王之行摩切其主，其主亦有所畏而不敢不从也。

义解

既然奄宦逐渐僭取宰相之权，阁臣执掌批答之事，势必受其牵绊。贤明的阁臣可以从中分割零星的行政职权，而不贤明的阁臣则只能够依照奄宦的喜怒哀乐行事。众人口口相传，国史落笔书写，皆以为阁臣执掌丞相之业，其实并非如此。废置丞相之后留下的权力空白，转由君主的佞幸奄宦来填补。[1]

阁臣在既有权力空间中无法施展，贤能者便只能诉诸历史资源，以法祖之名保卫自己的权力，究其思维，未必以为祖宗之法皆是良法，不过以"法祖"之名作权宜之计，用法先王的名义来压制后王，旨在打击狐假虎威的奄宦，徐徐图谋现实政治空间中的一席之地。怎料奄宦中有智巧者亦用"法祖"之名逐条批驳阁臣所谓的祖制并非祖制，争夺祖制已成为现实政争的延伸，不复有压制奄宦的可能。[2]回望历史，若宰相得以存立，则可以用真正的"法祖"即古典圣明哲王来磨砺时王，当朝君主亦有所忌惮而审慎收敛。

疏证

［1］废除丞相之制表明，君主更相信作为近侍的奄宦内官，而廷臣不过是不能与之同心共欲的朝堂外臣。

［2］◎愚按："法祖"问题涉及"法先王"与"法后王"（《荀子·儒效》）之争。须知，调用历史资源的利弊皆在于，后世之人，无论属于何种派别，持有何种政治立场，均可择取征引，化为己用（可谓"道可盗"）。如此一来，祖制就成了任人打扮的小姑娘。因此，为了争夺此世政治空间，双方展开了有关历史资源的解释权之争，"法祖"的本义也就面目全非了。

具体到明朝，朱元璋注重开国创制的问题，洪武二年（1369年）开始编撰《皇明祖训》，六年方成，亲自作序，将国事、天下事总于家事之中，将"国法"合于"家法"之内。明末廷臣与奄宦的"法祖"之争，并非关乎远古三代，实是如何理解王朝自身的祖宗之法。

宰相一人，参知政事无常员。每日便殿议政，天子南面，宰相、六卿、谏官东西面以次坐。其执事皆用士人。凡章奏进呈，六科给事中主之，给事中以白宰相，宰相以白天子，同议可否。天子批红。天子不能尽，则宰相批之，下六部施行，更不用呈之御前，转发阁中票拟，阁中又缴之御前，而后下该衙门，如故事往返，使大权自宫奴出也。

义解

以上为废相后的制度批评，以下为重新置相后的制度建议。梨洲提议设置宰相一人和无定额的参知政事，外加六部行政首脑均掌行政权，谏官则执掌监察权，以上诸大臣每日东西两侧就座，而天子坐北朝南，一同于朝堂之上共议国是。[1] 前后所用之人俱为士人。[2]

梨洲设计的办事程序是：凡有章奏呈上，六科给事中上报宰相，宰相再上报天子，由天子决定，若无暇则交由宰相代为决定，最后交六部执行。[3] 明朝废除宰相设置内阁之后的程序是：直接上呈至天子处，天子无暇处理，则交由内阁草拟意见上呈天子，随后返回天子处，再下发内阁衙门执行。因为奄宦是天子近侍，其中来回均经其手。宰相之权实则流落于奄宦之手。

[1]唐初以三省长官为宰相，合议军国大事于政事堂，但又另择其他官员参加议政，名号"参议朝政""参议得失"等。以后又出现"同中书门下三品""同中书门下平章事"等头衔，同归宰相之列（《新唐书·卷四六·百官志一》）。唐朝"参知机务""参知政事"之设，亦为宋朝沿用。参知政事"掌副宰相，毗大政，参庶务"（《宋史·卷一六一·职官志一》）。明开国后亦置平章政事、参知政事，洪武九年（1376年）未废相而先废平章政事、参知政事（《明史·卷七二·职官志一》）。梨洲提议重置宰相，即复返洪武十三年以前之政制，涉及明朝以前和有明一代的古今之变。

[2]孟子曰："无恒产而有恒心者，惟士为能。"（《孟子·梁惠王上》）

◎愚按：对勘《明夷待访录》中的《田制》与《奄宦》章节，梨洲将执事希望寄托于士人之手，甚至设计以士人作武事，又以士人为侍从而使君主远离奄宦。然而，士人亦人也，人性幽暗昏惑之处，士人亦在所难免，焉知士人尽善尽美耶？

[3]给事中以殿中给事（执事）得名，秦始置。揆诸唐、宋政制，给事中为谏言官，御史为监察官，交相呼应。唐朝给事中之职，隶门下省，"掌侍左右，分判省事，察弘文馆缮写雠校之课。凡百司奏抄，侍

中既审，则驳正违失"（《新唐书·卷四七·百官志二》）。"给事中四人，分治六房，掌读中外出纳，及判后省之事。若政令有失当，除授非其人，则论奏而驳正之。凡章奏，日录目以进，考其稽违而纠治之。故事，诏旨皆付银台司封驳。官制行，给事中始正其职，而封驳司归门下。"（《宋史·卷一六一·职官志一》）

明设吏、户、礼、兵、刑、工六科与六部相对，每科设都给事中、左右给事中、给事中。六科"掌侍从、规谏、拾遗、补阙、稽察六部百司之事"，可封还制敕，钞发章疏，稽察违误（《明史·卷七四·职官志三》）。张居正改革之考成法，使六科监察之权受制于内阁。顾亭林曰："明代虽罢门下省长官，而独存六科给事中以掌封驳之任。旨必下科，其有不便，给事中驳正到部，谓之科参。六部之官，无敢抗科参而自行者。故给事中之品卑，而权特重。"（顾炎武：《日知录·卷九·封驳》）

宰相设政事堂，使新进士主之，或用待诏者。唐张说为相，列五房于政事堂之后：一曰吏房，二曰枢机房，三曰兵房，四曰户房，五曰刑礼房，分曹以主众务，此其例也。四方上书言利弊者及待诏之人皆集焉，凡事无不得达。

梨洲进而主张宰相当设政事堂，由新科进士入主，或起用待诏者。唐人张说（667—730 年）为相之时将政事堂列为五房：一曰吏房，二曰枢机房，三曰兵房，四曰户房，五曰刑礼房，分门别类负责政务，便是可循之前例。[1]洞悉利弊与待诏受命者聚集于此，则天下之事无不上下通达。

[1] 政事堂为唐初设立，长官称同中书门下平章事。"初，三省长官议事于门下省之政事堂，其后裴炎自侍中迁中书令，乃徙政事堂于中书省。开元中，张说为相，又改政事堂号'中书门下'，列五房于其后：一曰吏房，二曰枢机房，三曰兵房，四曰户房，五曰刑礼房，分曹以主众务焉。"（《新唐书·卷四六·百官志一》）

宋承唐制："宰相不专任三省长官，尚书、门下并列于外，又别置中书禁中，是为政事堂，与枢密对掌大政。"（《宋史·卷一六一·职官志一》）

◎愚按：依和田清（1890—1963年）之论，中国官制一大特色是"波纹式的循环发生"。天子近臣逐渐获得权力，僭居朝中大臣之上，取而代之后又被新的近臣跃居其上。朱永嘉谈历代中央决策机构演化亦合此论："不断地由内制外，当内廷外朝化后，又有新的内朝机构来制衡它。"（朱永嘉：《明代政治制度的源流与得失》，第25页）尚书省原为汉代内朝文书班底，此后外朝化而取代丞相；中书顺势在内朝崛起，随后又逐步外朝化，成为中央决策首脑。

五、学校

学校，所以养士也。然古之圣王，其意不仅此也，必使治天下之具皆出于学校，而后设学校之意始备。非谓班朝、布令、养老、恤孤、讯馘，大师旅则会将士，大狱讼则期吏民，大祭祀则享始祖，行之自辟雍也。盖使朝廷之上，闾阎之细，渐摩濡染，莫不有《诗》《书》宽大之气。天子之所是未必是，天子之所非未必非，天子亦遂不敢自为非是，而公其非是于学校。是故养士为学校之一事，而学校不仅为养士而设也。

义解

三代以上"言公"，天下是天下人之天下，学问则是天下之公器，不能为得官爵者私有。所谓"士"，实乃以学问为志业之人。梨洲指出，三代以下直至当世，学校只知物质层面的养士，而古代圣王视域中的学校意义远不止于此。[1]教化之事既然归于王者，可见政教紧密相关，教化及作为其担纲者的学校，所担负之责也便是王政使命。[2]学校乃诗教、礼教、乐教之所。教化关乎政治，但不能取代行政，将学校转变为行政机构。因此，强调学校的重要地位，并非使学校变成整顿朝纲（班朝）、发布命令（布令）、尊养老人（养老）、体恤孤儿（恤孤）、计检战功[讯馘（guó）]

之所[3]，亦非出征前召集将士、审案断狱、召集吏民、行礼祭奠先祖之所[4]。

无论朝堂抑或民间，学校乃风尚制造之所，耳濡目染，让朝野谣俗如沐春风，涵泳于《诗经》《尚书》的宽大气象之中。学校承担教化之责，即提供判断力的权威机构，决断是非。因此，天子纵然是权力秩序之担纲者，其所行未必正当；学校断不能以天子之是非为是非，而应当有独立的价值判断。三代以上，天子深知其意，将是非交由学校公论。所以，学校的功能岂止是养士这一节？[5]

[1]"夏曰校，殷曰序，周曰庠。"（《孟子·滕文公上》）"济济多士，文王以宁。"（《诗经·大雅·文王》）"古人之言，所以为公也，未尝矜于文辞而私据为己有也。"（章学诚：《文史通义·言公上》）"能为师然后能为长，能为长然后能为君。"（《礼记·学记》）

◎愚按：先秦之士本为文武兼备之士（雷海宗：《中国文化与中国的兵》）。

[2]"春秋教以《礼》《乐》，冬夏教以《诗》《书》。"（《礼记·王制》）"化民成俗，其必由学"，"古之王者，建国君民，教学为先"（《礼记·学记》）。欧阳修曰："学校，王政之本也。古者致治之盛衰，视其学之兴废。"（欧阳修：《吉州学记》）朱元璋曰："治国以教化为先，教化以学校为本。"（《明太祖实录·卷

四六》）

◎愚按：梨洲寄厚望于学校，以为"斯文在兹"（《论语·子罕》），则"斯害也已"（《论语·为政》）。教化（Bildung）之用，不可不察。梨洲身后，晚清张之洞（1837—1909 年）面临西学，反观中华文明："世运之明晦，人才之盛衰，其表在政，其里在学。"（张之洞：《劝学篇》）

［3］班朝："班朝治军，莅官行法，非礼威严不行。"（《礼记·曲礼上》）讯馘："出征，执有罪，反，释奠于学，以讯馘告。"（《礼记·王制》）郑玄（127—200 年）注："讯馘，所生获断耳者。"

［4］师旅："我徒我御，我师我旅。"（《诗经·小雅·黍苗》）郑玄注："五百人为旅，五旅为师。"后因用以指军队。狱讼："凡万民之不服教而有狱讼者，与有地治者听而断之，其附于刑者，归于士。"（《周礼·地官·大司徒》）郑玄注："争罪曰狱，争财曰讼。"祭祀："上事天，下事地，尊先祖而隆君师，是礼之三本也。"（《史记·卷二三·礼书》）辟雍："天子立辟雍何？所以行礼乐、宣德化也。辟者，璧也，象璧圆，以法天也。雍者，雍之以水，象教化流行也。"（班固：《白虎通·卷六·辟雍》）

◎愚按：统治之大端，盖乎战争与和平。以上所谓师旅、狱讼和祭祀，皆指向统治者战争与和平的技艺。和平的技艺（神道设教，祭祀）与战争的技艺（对外师旅，对内狱讼），作为政治事务，自有其行政场所掌管日常运行，未必在学校施展。毕竟，学校并非行政场所，不处理具体政治事务（政统），而旨在担纲道统。

[5] 孟子曰：“若夫豪杰之士，虽无文王犹兴。”（《孟子·尽心上》）熙宁三年（1070 年），宋神宗与司马光议论新法，谈及孙叔敖对楚庄王说：“君臣不合，国是无由定矣。夏桀、殷纣不定国是，而以合其取舍者为是，以为不合其取舍者为非，故致亡而不知。”（刘向：《新序·杂事二》）梨洲曰：“天下之议论不可专一，而天下之流品不可不专一”，“宋之洛、蜀，议论之异也，非流品之异也；汉之党人、宦官，其异在流品，不在议论”（黄宗羲：《汰存录》）。胡适曰：“黄梨洲不但希望国立大学要干预政治，他还希望一切学校都要做成纠弹政治的机关。国立的学校要行使国会的职权，郡县立的学校要执行郡县议会的职权。”（胡适：《黄梨洲论学生运动》，《胡适文集》第 3 册，第 287 页）

◎愚按：梨洲此论近乎主张“学校议院化”（小野和子：《明季党社考》，第 297 页）。学校非只考试之所，亦负有监督纠察之责。章太炎（1869—1936 年）提出行政、考试、监察三总统说。孙中山（1866—1925 年）结合华夏传统与西学三权分立之说，创制五权宪法，除西人所谓立法、行政与司法三权外，又设监察院与考试院。虽执行流于形式，其复返学校之古意仍不可谓不高远。

三代以下，天下之是非一出于朝廷。天子荣之，则群趋以为是；天子辱之，则群摘以为非。簿书、期会、钱谷、戎狱，一切委之俗吏。时风众势之外，稍有人焉，便以为学校中无当于缓急之习气。而其所谓学校者，科举嚣争，富贵熏心，亦遂以朝廷之势利一变其本领，而士之有才能学术者，且往往自拔于草野之间，于学校初无与也，究竟养士一事亦失之矣。

义解

三代以上，论定天下是非者为学校；三代以下，论定天下是非者一跃而为朝廷。既然天下已由公天下变为家天下，天子誓要垄断政权，必行兼收教权之术才可以长久。[1]学校成为天子之私人门客。由此可知，全书前六章安排，前三章探原，后三章具言中央政权与教权（《学校》《取士》），兹事体大。

既然由天子论定是非，将教权交出，学问也不再是天下之公器（"言公"），而成为君主的政权保障工具（"习文法吏事而又缘饰以儒术"），只想着尊崇君主的政治正确（political correctness），而不去考虑三代以上关于政治正当（political right）的讨论（对勘《明夷待访录·原法》古今之"法"变）。官府文书（簿书）、约期聚集（期会）、钱粮赋税（钱谷）、军政讼狱（戎狱），悉由流俗胥吏承担，而与士人无关。[2]如若稍有人不合时势风气，便以为学校只顾漫谈空议、无关痛痒，不知轻重缓急。如此一来，民人读书科举只为博得君主宠幸，学校遂成为科举竞争甚嚣尘上之所，势利之情就此扭转学校本义要领（本领）。[3] 学校也不再培养有恒心的士子，无论立心的命义，还是养士的最基础职责，都不复实现。有才能的学者也往往于草莽中自行涌现，与学校无关。

疏证

[1] 李斯（约前 284—前 208 年）建议秦始皇："人善其所私学，以非上之所建立。今皇帝并有天下，别黑白而定一尊。"（《史记·卷六·秦始皇本纪》）苏洵曰："治天下者定所尚，所尚一定，至于万千年而不变，使民之耳目纯于一，而子孙有所守，易以为治。"（苏洵：《几策·审势》）

◎愚按：秦始皇之治，奉行"以法为教""以吏为师"（《韩非子·五蠹》，《史记·卷六·秦始皇本纪》）的政教原则。中华政教由秦皇至汉武，中经汉初无为而治的黄老之学，终成于汉武"罢黜百家，表彰六经"（《汉书·卷六·武帝纪》），虽将"法教"一举更易为"儒教"（《史记·卷一二四·游侠列传》），但仍奉"以吏为师"的原则，所谓儒表法里便是儒教的形式与官家法术之士为师的质料相结合。究其根本，无改于孟子已然揭示的战国传统，"好臣其所教，而不好臣其所受教"（《孟子·公孙丑下》）。于是，"茫茫宇宙，腐儒蚓结"（黄宗羲：《陆周明墓志铭》）。

梨洲极强的革命性于此呼之欲出，《原君》《原臣》已剥离君臣关系父子化之后营造的虚假的亲亲之恩，仅将君臣关系固定于公共事务的尊尊之义的相互关系，结合此篇，梨洲已打破君—亲—师三位一体于君主的格局。

[2]梨洲主张文书等工作应由士人接管，取代胥吏（参见《明夷待访录·胥吏》）。

[3]"科举必由学校，而学校起家，可不由科举。"（《明史·卷六九·选举志一》）

于是学校变而为书院。有所非也，则朝廷必以为是而荣之；有所是也，则朝廷必以为非而辱之。伪学之禁，书院之毁，必欲以朝廷之权与之争胜。其不仕者有刑，曰："此率天下士大夫而背朝廷者也。"其始也，学校与朝廷无与；其继也，朝廷与学校相反。不特不能养士，且至于害士，犹然循其名而立之，何与？

义解

官办学校没有履行学校本身的道统担纲之责，终究南辕北辙。既然学校无法独立担纲是非论定之责，唯有在官学体系之外别求新声，民间书院迭次兴起[1]。书院之兴就是在挑战统归于朝廷的教权。王朝颇为警惕，必以其是为非，以其非为是。[2]宋朝有伪学逆党之禁，明朝则有废书院之举，当政者必以官家权威对所谓伪学与书院予以打击[3]，凡不愿出仕朝堂者，皆被视作煽动天下士子与朝廷对抗[4]。最开始，学校与朝廷分掌学与政，并无瓜葛；而至此，朝廷与学校势不两立，非但不能培育士子，反倒构陷迫害，仍以古代学校之名而立之，有何意义？

[1]"礼失而求诸野。"(《汉书·卷三〇·艺文志》)

◎愚按：春秋战国系"道术将为天下裂"(《庄子·杂篇·天下》)的第一阶段，礼乐流散于民间（周秦之际）；学校变为书院，实为道术将为天下裂的第二阶段，盖因教权统于学校，而学校又失之于政权，竟终究走向教化的反面，沦为反智的政治工具。

[2]梨洲记录万历朝王锡爵（1534—1611年）与顾宪成（1550—1612年）之争，王锡爵谓："内阁所是，外论必以为非；内阁所非，外论必以为是。"顾宪成反称："外论所是，内阁必以为非；外论所非，内阁必以为是。"(《明儒学案·卷五八·东林学案一》)

◎愚按：此处所论与梨洲所论为同一事，但王、顾二人实出于两种截然相反之判断，王锡爵与一般俗儒所见相同，而顾宪成则与梨洲同。

[3]宋宁宗赵扩（1168—1224年）庆元二年（1196年）将朱熹（1130—1200年）之学斥为伪学。宋宁宗、宋理宗时期："韩侂（tuō）胄袭秦桧余论，指道学为伪学。""宁宗庆元间，蔡元定以高明之资，讲明一代正学，以尤袤、杨万里之荐召之，固以疾辞，竟以伪学贬死，众咸惜之。理、度以后，国势日迫，贤者肥遁，迄无闻焉。"(《宋史·卷一五六·选举志二》)

"嘉定以来，正邪贸乱，国是靡定，自帝继统，首黜王安石孔庙从祀，升濂、洛九儒，表章朱熹《四书》，丕变士习，视前朝奸党之碑、伪学之禁，岂不

大有径庭也哉。"（《宋史·卷四五·理宗本纪五》；全祖望补：《宋元学案·卷九七·庆元党案》）

嘉靖、万历年间皆有废书院之令，而以万历七年（1579 年）张居正（1525—1582 年）废书院为顶峰。明神宗朱翊钧（1563—1620 年）万历三十二年（1604年）建成东林书院，虽然最后遭阉人魏忠贤（1568—1627 年）废除，但当时"闻风而起者"不少，"毗陵有经正堂，金沙有志矩堂，荆溪有明道书院，虞山有文学书院"（《明儒学案·卷五八·东林学案一·端文顾泾阳先生宪成》）。

[4]"寰中士夫不为君用。其罪至抄札。""贵溪儒士夏伯启叔侄断指不仕，苏州人才姚润、王谟被征不至，皆诛而籍其家。'寰中士夫不为君用'之科所由设也。"（《明史·卷九三·刑法志一》；《明史·卷九四·刑法志二》）朱元璋曰："'率土之滨，莫非王臣'成说，其来远矣。寰中士夫不为君用，是外其教者，诛其身而没其家，不为之过。"（《大诰三编·苏州人材第十三》）顾亭林曰："秦以焚书而《五经》亡，本朝以取士而《五经》亡。"（顾炎武：《日知录·卷一·朱子周易本义》）

◎愚按：朱元璋所谓"不仕者有刑"，并非致力于人尽其才，而是要将天下士子尽收斛中，不愿野有遗才终致放虎归山，保证政教两权不受任何挑战。此一说法与子路明知"道之不行"而坚持"不仕无义"（《论语·微子》）之说大相径庭，不可同日而语。

西人有言，文化灭亡或经由文化监狱，或经由娱乐文化（波兹曼：《娱乐至死》）。前者可见于古典时代，后者可见于晚近，不可不察，不可不慎。西人亦有批驳政权压抑教化之论，或可一观："教育处处都受到奴役，处处都腐蚀了群众的精神，它以自己本国宗教偏见的重担压抑着所有的孩子们的理性，并以政治的偏见窒息着有志于更广阔的教育的青年们的自由精神。"（孔多塞：《人类精神进步史表纲要》，第122页）

东汉太学三万人，危言深论，不隐豪强，公卿避其贬议。宋诸生伏阙搥鼓，请起李纲。三代遗风，惟此犹为相近。使当日之在朝廷者，以其所非是为非是，将见盗贼奸邪慑心于正气霜雪之下，君安而国可保也。乃论者目之为衰世之事，不知其所以亡者，收捕党人，编管陈、欧，正坐破坏学校所致，而反咎学校之人乎？

东汉繁盛时期有太学生三万人。[1]这些太学生危言深论，不惧豪强，反倒使朝堂上的公卿有所忌惮。[2]宋朝太学生在王朝危难之际，也挺身而出，高呼起用李纲（1083—1140年）。[3]太学生此举，仍有三代遗风。[4]世风日下，端赖学校以天子是非为是非。如果能够复兴学校的正气霜雪，让盗贼奸邪不敢作为，就不至于君死国灭，自然可以有君安国保的别样局面。但小儒、俗儒不通晓学校古今之变的局面，以为坏政者是书院，于是东汉有党锢之案，宋朝也有谪放陈东（1086—1127 年）、欧阳澈（1091—1127 年）之事。[5]究其根底，端赖学校堕落，怎可归咎于学校中人？[6]

疏证

[1] 太学建立于西汉武帝的立教时刻（马端临：《文献通考·卷四二·学校考三》）。

[2] 子曰："邦有道，危言危行；邦无道，危行言孙。"（《论语·宪问》）孟子曰："独孤臣孽子，其操心也危，其虑患也深，故达。"（《孟子·尽心上》）又曰："孔子成《春秋》而乱臣贼子惧。"（《孟子·滕文公下》）朱元璋曰："凡广耳目，不偏听，所以防壅蔽而通下情也。今后大小官员，并百工伎艺之人，应有可言之事，许直至御前闻奏。"（《皇明祖训》）

[3] 南宋高宗赵构被迫起用李纲为宋室南渡后首位丞相（梨洲则于明室南渡后坚持抗清），不久又将其罢免。陈东有言："在廷之臣，奋勇不顾，以身任天下之重者，李纲是也，所谓社稷之臣也。"（《宋史·卷四五五·忠义列传十》）

李纲念及古语"愿与诸君共定国是"（李纲：《梁溪集·卷五八·表札奏议二十》），亦曾论孔融（153—208 年）以窥当世："使融不死，操内有所惮，其敢图九锡建魏国，而其后卒移汉祚乎？"（李纲：《李纲全集》，第 1422 页）朱子谓之："有能奋然拔起于其间，如李公之为人，知有君父而不知有其身，知天下之有安危而不知其身之有祸福，虽以谗间窜斥，屡濒九死，以其爱君忧国之志，终有不可得而夺者，是亦可谓一世之伟人矣。"（朱熹：《晦庵先生朱文公文集·卷七九·邵武军学丞相陇西李公祠记》）

［4］太学生此举，仍有三代遗风。然而，太学生已然堕落，可由建炎一事谈起："金人取太学生博通经术者三十人，人给三百千，俾治装。太学生投状愿往者百余人。比至军前，金人谓之曰：'金国不要汝等作大义策论，各要汝等陈乡土方略利害。'诸生有川人、闽、浙人者，各争持纸笔，陈山川险易，古人攻战据取之由以献。又妄指倡女为妻，要取诣军前。后金人觉其苟贱，复退者六十余人。士之无守有如此者。"（李心传：《建炎以来系年要录·卷二》）

［5］全书明确点出"党人"一词，仅此一例。一般认为明亡于党争，梨洲却未将其列为本书专章。虽然此处梨洲并未言明明朝的东林党案，但其父黄尊素遭构陷，涉及家仇国恨，下笔至此自然心有戚戚。梨洲晚年在自题画像中概括其一生行迹："初锢之为党人，继指之为游侠，终厕之于儒林，其为人也，盖三变而至今。"

梨洲自以为不存在所谓"东林党"，即便君子相聚，也不过是为了铲除阉党（黄宗羲：《留书·朋党》）。梨洲论及高攀龙与顾泾阳："复东林书院，讲学其中。每月三日远近集者数百人，以为纪纲世界，全要是非明白。小人闻而恶之，庙堂之上，行一正事，发一正论，俱目之为东林党人。"（黄宗羲：《明儒学案·卷又曰："今天下之言东林者，以其党祸与国运终始，小人既资为口实，以为亡国由于东林，称之为两党，即有知之者，亦言东林非不为君子，然不无过激，且依附者之不纯为君子也，终是东汉党锢中人物。嗟乎！此襄（yì）语也"，"逆奄之乱，小人作《东林点将录》《天鉴录》《同志录》以导之，凡海内君子，不论有无干涉，一切指为东林党人"（黄宗羲：《明儒学案·卷五八·东林学案一》）。

钱一本曰："后世小人，动以党字倾君子，倾人国，不过小人成群，而欲君子孤立耳！或有名为君子，好孤行其意，而以无党自命者，其中小人之毒亦深。"（黄宗羲：《明儒学案·卷五九·东林学案二》）

[6]梨洲直指，问题不是书院从民间而起，扰乱王朝大政，恰恰在于教权（良知，判断力）统于学校，而学校又失之于政权。豪杰之士不忍心看到这种局面，就起于草莽，以匡时弊，虽然针对具体的政策在批评朝政，却恰恰是心系王朝安危。要害是学校遗忘立校的初心，致使世道衰微，不能归罪于欲救时弊的书院。

嗟乎！天之生斯民也，以教养托之于君。授田之法废，民买田而自养，犹赋税以扰之；学校之法废，民蚩蚩而失教，犹势利以诱之。是亦不仁之甚，而以其空名跻之曰"君父，君父"，则吾谁欺？

天下人将教化（"人之异于禽兽者"）与养育二事托付于君主，与这二事相关的便是田制和学校制度。就田制而言，废封建而行郡县，民人不再受田于天子，自行买田却又要上交赋税，不堪其扰（对勘《明夷待访录·田制》章节）；就学校制度而言，民人失去教化，也便失去了"异于禽兽者"的微弱精神。官家自身以天下为私产，所以也不可能以德性教化引导民人，因其注重私产，便以势利引导乃至诱惑民人[1]，何其不仁，再去反观比君作父的说法，诚为自欺欺人之论。

[1]可谓在"道之以政，齐之以刑"之外，又添一诱之以利。"利诚乱之始也"（《史记·卷七四·孟子荀卿列传》），"放于利而行，多怨"（《论语·里仁》）。

郡县学官，毋得出自选除；郡县公议，请名儒主之。自布衣以至宰相之谢事者，皆可当其任，不拘已仕、未仕也。其人稍有干于清议，则诸生得共起而易之，曰："是不可以为吾师也。"其下有五经师，兵法、历算、医、射各有师，皆听学官自择。

既已陈明三代以上与三代以下的学校之变，又已指出汉、宋、明的学校腐败，梨洲便要提出自己有关学校的制度设计。郡县的学官不应由行政长官任命，而应由郡县公共议定，请名儒出任。[1]无论是普通白衣，抑或曾经出任宰相而致仕者，都可以出任学官。

无已仕、未仕的限制便意味着学官选择没有政治标准，名儒皆可授教，则打破嬴秦以降"以吏为师"之政统，保障学校成为清议之所，不受权力秩序的干扰。[2] 一旦遇到行政力量干预学校的情况，就可以一哄而起，重申师不可由官定。至于五经与兵法、历算、医、射各科讲师，学官可以自行择任。[3]

疏证

[1] 汉武帝时，庐江文翁（前 187—前 110 年）为蜀郡守而兴学化蜀，"至武帝时，乃令天下郡国皆立学校官，自文翁为之始会"（《汉书·卷八九·循吏传》）。"学校有二：曰国学，曰府、州、县学。"（《明史·卷六九·选举志一》）

[2] 近人孟森（1869—1938 年）曰："论劾蒙祸，濒死而不悔者，在当时实极盛，即被祸至死，时论以为荣，不似后来清代士大夫，以帝王之是非为是非，帝以为罪人，无人敢道其非罪。故清议二字，独存于明代。"（孟森：《明清史讲义》上册，第 176 页）

[3] 顾亭林曰："学校之设，听令与其邑之士自聘之，谓之师，不谓之官，不隶名于吏部。"（顾炎武：《亭林文集·郡县论九》）

凡邑之生童皆裹粮从学，离城烟火聚落之处士人众多者，亦置经师。民间童子十人以上，则以诸生之老而不仕者充为蒙师。故郡邑无无师之士，而士之学行成者，非主六曹之事，则主分教之务，亦无不用之人。

一个城邑的生员都随身携带粮食就学，即便是城镇的边缘地带，只要士人众多，就要设置经师之职。民间童子，只要十人以上，就要请无官职在身的长者就任启蒙教师。[1]如此一来，郡邑之中，所有士子皆有教师传道授业，其中学与行或有成就者[2]，要么能主理六曹之事，要么能分管教化之务，人尽其才[3]。

[1] 开蒙之师，有祛除蒙昧之责，启蒙之后方"可与共学"（《论语·子罕》）。

[2] 特意强调学与行，是强调践履的工夫。"礼者，履也。"（《白虎通·卷八·情性》）陆游曰："纸上得来终觉浅，绝知此事要躬行。"（陆游：《冬夜读书示子聿》）

[3] 东汉尚书始设六曹治理国事。宋徽宗赵佶（1082—1135年）在位时，州县亦设六曹，分别为兵曹、刑曹、工曹、礼曹、户曹、吏曹，故俗以六曹统称地方胥吏。

学宫以外，凡在城在野寺观庵堂，大者改为书院，经师领之；小者改为小学，蒙师领之，以分处诸生受业。其寺产即隶于学，以赡诸生之贫者。二氏之徒，分别其有学行者，归之学宫，其余则各还其业。

学校之外，凡是城镇与乡野的寺庙、道观、庵堂，大的要改造成书院，设置经师授课引领；小的就改成小学（章句训诂之学），由启蒙教师授课。将其产业改归学校，赡养贫困学生。[1] 以上是对建筑（宗教之场所）、产业（宗教之物质）的处置，至于佛道两教的信徒，则将有学成或行迹者留下，改归学校，其余的则命其还俗。[2]

[1] 梨洲特意指出寺庙、道观、庵堂三处，它们是男女僧侣与道士修行之所，代表佛、道两教。既然要将其建筑拆毁，改为书院，就意味着以儒教处置佛道两教。朱元璋虽曾入庙为僧，开国后却限制佛教。1391 年甚至谕令合并佛寺，对佛教造成极大伤害。永乐帝则恢复了一些寺庙的独立地位（卜正民：《明代的社会与国家》，第 216 页）。不过朱元璋已经对士、农、工、商的四民划分有所补充，添入释、道而成六民（《大明太祖高皇帝御制文集·卷一三》）。

依思想而论，朱子曰："佛学至禅学大坏。"梨洲进而曰："至棒喝而禅学又大坏。"（黄宗羲：《明儒学案·卷五八·东林学案一》）

[2] 减少出家者，有利于国计民生（参见《明夷待访录·财计三》）。

太学祭酒，推择当世大儒，其重与宰相等，或宰相退处为之。每朔日，天子临幸太学，宰相、六卿、

五、学校

115

谏议皆从之。祭酒南面讲学，天子亦就弟子之列。政有缺失，祭酒直言无讳。天子之子年至十五，则与大臣之子就学于太学，使知民之情伪，且使之稍习于劳苦，毋得闲置宫中，其所闻见不出宦官、宫妾之外，妄自崇大也。

正因如此，梨洲谈及重置宰相后，转入关于学校的讨论，并将太学的首长（教权）视作与宰相（政权）同等重要，因此要由当世大儒出任，或由致仕的宰相担任。[1]每逢初一（朔），天子要率宰相、六卿和谏官（对勘《明夷待访录·置相》，即朝政主要决策者）同来，由祭酒南面讲学[2]君子统治讲"君人南面之术"，以坐北朝南为尊，天子临幸太学，仍以祭酒为尊，行弟子礼。政若有失，祭酒直言不讳，似有监察监督之用。[3]

非但天子如此重视，天子之子年至十五，就要与大臣之子一同进入太学（虑及接班人问题，培养接班人的德性），远离近侍、佞幸、小人（"亡国与役处"），得见并体认天下黎民苍生疾苦。若一味闭锁于幽宫之中，所见所闻不过宦官、宫妾，则妄自尊大。[4]

[1]程颐曰："天下重任，唯宰相与经筵；天下治乱系宰相，君德成就责经筵。"（《河南程氏文集·卷六》）政教无所分，政即教，教即政（此政教部分，是三代以上故事，与家天下之下将学校教权统归政权不同）。

[2]祭酒："博士祭酒一人，六百石。本仆射，中兴转为祭酒。"（《后汉书·志二五·百官志二》）"祭酒本非官名，古时凡同辈之长皆曰祭酒。盖饮食聚会，必推长者先祭。胡广曰：古礼，宾客得主人馈，则老者一人举酒以祭，示有先也。"（赵翼：《陔余丛考·卷二六·祭酒》）

◎愚按：太学首长取"祭酒"之名，"祀兹酒"（《尚书·酒诰》），酒是祭天之物，祭酒便是通天、解天之人。或可对勘柏拉图笔下的"会饮"（symposium），那是一个喝酒聚会的场合，却在讨论关于人与城邦的根本问题（柏拉图：《会饮》；对观下文"乡饮酒礼"）。

[3]古制："大学之礼，虽诏于天子，无北面，所以尊师也。"（《礼记·学记》）王介甫曰："道隆而德骏者"，"虽天子北面而向焉，而与之迭为宾主"（王安石：《虔州学记》）。梨洲心意是道统高于政统。参照前文《原臣》一章，"以天下为事，则君之师友也"，"帝者与师处"，天子居于弟子之列（政权服从教权），是有重复五帝之治的宏大志业。上行下效，在中央层面如此，各地自然会效法，如此天下靡然向学之风可以盛矣。

[4]◎愚按：知民情才能导民德、成民治。

郡县朔望，大会一邑之缙绅士子。学官讲学，郡县官就弟子列，北面再拜。师弟子各以疑义相质难。其以簿书期会，不至者罚之。郡县官政事缺失，小则

纠绳，大则伐鼓号于众。其或僻郡下县，学官不得骤
得名儒，而郡县官之学行过之者，则朔望之会，郡县
官南面讲学可也。若郡县官少年无实学，妄自压老儒
而上之者，则士子哗而退之。

义解

　　每逢初一、十五（望），郡县就将一邑的缙绅之
子聚在一起。一邑的缙绅之子相聚一团，砥砺切磋，
质疑辩难，十分重要。[1]既然是因共学而相会，则应
当以学官为尊，郡县官虽然是一郡一县的地方行政长
官，也应当居于弟子之列，北面行礼。[2]郡县官以政
事文案和政务期限为借口不参与郡县集会，就会受到
处罚。因此，学官作为教权的持有者，进而拥有监察权，
一旦郡县行政长官有小的过失，就监察纠正；一旦有
大的过失，就公之于众，意在为政为民。

　　至于偏僻之地，如果一时之间无法邀得名儒出任
学官，逢初一、十五之会，可由郡县官员中言与行俱
有过人之处者代为讲学；但郡县官手执政权，未必通
达学问，如果行政官员年少轻狂，并无实学，却试图
以政压教，则会被士子轰下台去。

疏证

　　[1]子曰："十室之邑，必有忠信如丘者焉，不
如丘之好学也。"（《论语·公冶长》）十户人家的
小共同体都可以有忠信如仲尼之人，如果能像仲尼一
般好学，则良善社会指日可待。自万历时代起，士绅
被地方化而被认为与国家无关，于是有"郡绅""邑

绅""乡绅"等术语出现；《明实录》1588年的记载中首次出现"乡绅"（卜正民：《为权力祈祷：佛教与晚明中国士绅社会的形成》，第19页）。

［2］朱子曰："学校则遴选实有道德之人，使专教导，以来实学之士，裁减解额、舍选谬滥之恩，以塞利诱之涂"，"古之太学主于教人而因以取士，故士之来者，为义而不为利"（朱熹：《学校贡举私议》）。

曾子曰："君子以文会友，以友辅仁。"（《论语·颜渊》）郭隗曰："帝者之臣，其名，臣也，其实，师也；王者之臣，其名，臣也，其实，友也；霸者之臣，其名，臣也，其实，宾也；危国之臣，其名，臣也，其实，虏也。今王将东面，目指气使以求臣，则厮役之材至矣；南面听朝，不失揖让之礼以求臣，则人臣之材至矣；西面等礼相亢，下之以色，不乘势以求臣，则朋友之材至矣；北面拘指，逡巡而退以求臣，则师傅之材至矣。如此则上可以王，下可以霸，唯王择焉。"（刘向：《说苑·君道》）

◎愚按：《论语》前两篇先"学而"，后"为政"。梨洲在政与学之间的安排，足见其教权高于政权，教化秩序（道统）高于权力秩序（治统）的倾向。

择名儒以提督学政，然学官不隶属于提学，以其学行名辈相师友也。每三年，学官送其俊秀于提学而考之，补博士弟子；送博士弟子于提学而考之，以解礼部，更不别遣考试官。发榜所遗之士，有平日优于学行者，学官咨于提学补入之。其弟子之罢黜，学官以生平定之，而提学不与焉。

义解 主管教育部门的提督学政要由名儒出任，而不能是技术官僚。[1]然而学政与学官的关系不是必然的上下级关系，而依照学问、行迹与辈分，彼此砥砺，互为师友。至于选才，每三年，学官选拔优秀学生，交于提学考试，补为博士弟子；再送博士弟子，交于提学考试，中试者即送往礼部，不再专设考官。如果没有中榜，但平时学问、行迹颇为优越，学官可以向提学建议，补录出仕（对勘《明夷待访录·取士下》梨洲提议的诸种取士之法）。[2]平日里弟子的罢黜，学官则可自行定夺，提学不得干涉。

疏证 [1]"大司乐，掌成均之法，以治建国之学政，而合国之子弟焉。"（《周礼·春官·大司乐》）梨洲建议，实为拒斥以吏为师，主张以师为吏。

[2]"博士弟子"是汉代博士所传授之弟子，为明清时代生员的别名。

学历者能算气朔，即补博士弟子。其精者同入解额，使礼部考之，官于钦天监。学医者送提学考之，补博士弟子，方许行术。岁终，稽其生死效否之数，书之于册，分为三等：下等黜之；中等行术如故；上等解试礼部，入太医院而官之。

义解

梨洲特意将学习历法之人和学医之人单独列出，二者都颇为特别。[1] 梨洲认为要选拔精通历法，能够计算节气和朔望的士子，直接送入礼部考核，通过的便分配到钦天监任职。[2] 将学医的士子送于提学考察，补为博士弟子后方能真正行医（由学而行）。每到年末，查验其行医后的存亡率和治愈率，记录在册，分为上、中、下三等，上等者参与礼部的考试，可以进入太医院行医；中等者保持不变；下等者则要停止行医。

疏证

[1] 行医与历法，或涉人命（治人之学），或关天命（通天之学），故梨洲特意申说。历法重要，故《史记》八书以《历书》与《封禅书》紧贴，而置中间位置，因为"绝地天通"的历法问题也是立教问题，关乎王朝的正当性，也关乎治世的营建。

[2] 历法问题还直接涉及梨洲所在明清之际"天崩地解"的处境，晚明即遭遇西方传教士携带天文学入主钦天监，此天非仅是自然之天（相对于地利、人和），更是超然之天（统摄天地人三材）。

◎愚按：明代钦天监分天文科、漏刻科、回回科和历科。梨洲身后，杨光先（1597—1669 年）曰："宁可使中夏无好历法，不可使中夏有西洋人。"康熙四年（1665 年），杨光先上书获准，致使汤若望被判凌迟（未执行），南怀仁被流放，是为康熙历狱（《清史稿·卷二七二·汤若望杨光先南怀仁列传》）。

121

凡乡饮酒，合一郡一县之缙绅士子。士人年七十以上，生平无玷清议者，庶民年八十以上，无过犯者，皆以齿南面，学官、郡县官皆北面，宪老乞言。

义解

太学首长的祭酒之称，与通天和酒都有关系；地方的乡饮酒之礼，也与酒和集会有关。为示隆重，乡大夫要先在学校与贤者饮酒，这便是乡饮酒礼。[1] 据梨洲设计，郡县缙绅士子齐集乡饮酒礼，生平清白无瑕且年满七十的士人和年满八十的无过庶人，皆以其年长资质坐北朝南，学官与郡县官皆北面相向，以之为楷模，祈求倾听其言说。[2]

疏证

[1]孔子曰："吾观于乡，而知王道之易易也。"（《礼记·乡饮酒义》）

"乡饮酒之礼者，所以明长幼之序也。"（《礼记·射义》）梨洲所论，亦有明制为本："《记》曰：'乡饮酒之礼废，则争斗之狱繁矣。'故《仪礼》所记，惟乡饮之礼达于庶民。自周迄明，损益代殊，而其礼不废。洪武五年，诏礼部奏定乡饮礼仪，命有司与学官率士大夫之老者，行于学校，民间里社亦行之。十六年，诏班《乡饮酒礼图式》于天下，每岁正月十五日、十月初一日，于儒学行之。"（《明史·卷五六·礼志十》）

◎愚按：洪武时期，乡饮酒礼的座次有长幼之序和官民之别；梨洲所设，将官民之别统于长幼之序。

秦汉以后,乡饮酒礼一直存续,直至道光二十三年(1843年),乡饮酒礼费用被拨为军费,才遭下令禁止(彭林:《吾观于乡,而知王道之易易:乡饮酒礼》)。另,梨洲在康熙二十八年(1689年)拒绝参加绍兴府的乡饮酒礼之邀。

[2]"乡饮酒之礼,六十者坐,五十者立侍,以听政役,所以明尊长也。六十者三豆,七十者四豆,八十者五豆,九十者六豆,所以明养老也。民知尊长养老,而后乃能入孝弟。民入孝弟,出尊长养老,而后成教,成教而后国可安也。君子之所谓孝者,非家至而日见之也,合诸乡射,教之乡饮酒之礼,而孝弟之行立矣……乡饮酒之义,立宾以象天,立主以象地,设介僎以象日月,立三宾以象三光。古之制礼也,经之以天地,纪之以日月,参之以三光,政教之本也。"(《礼记·乡饮酒义》)

◎愚按:据《礼记·乡饮酒义》,年满六十便可入座;而梨洲的方案中,士人当满七十,庶人则要超过八十。周礼为治世之礼,今人不能超越,要等而下之,况且孔子"七十而从心,所欲不逾矩"(《论语·为政》)。至于庶人,则要求再年长十年,因为士人受教化之功。

凡乡贤名宦祠,毋得以势位及子弟为进退。功业气节则考之国史,文章则稽之传世,理学则定之言行。此外乡曲之小誉,时文之声名,讲章之经学,依附之事功,已经入祠者皆罢之。

义解

　　既然生者的人间秩序不能按照权力排定，那么逝者的此世追忆也不能按照生者的权势论定。乡贤与官员的祠堂，不能因其权势和后人的官位进退而变改。[1]恒定的考察原则应当是：论立功，则考究国史；论立言，则关注传世；论立德（"尊德性"），则审查其言行。按照这一考察原则，乡间小有声誉的人，一时盛名的人，为科考写经学讲义之人，依附他人取得事功之人，即便已经奉入祠堂，也要罢黜。[2]

疏证

　　[1]◎愚按：此为乡贤名宦之事，对明末政局影响颇大的历史追认事件，就是明世宗嘉靖帝上位后的"大礼议"。

　　[2]杜甫曰："王杨卢骆当时体，轻薄为文哂未休。尔曹身与名俱灭，不废江河万古流。"（杜甫：《戏为六绝句·其二》）

　　凡郡邑书籍，不论行世藏家，博搜重购。每书钞印三册，一册上秘府，一册送太学，一册存本学。时人文集，古文非有师法，语录非有心得，奏议无裨实用，序事无补史学者，不许传刻。其时文、小说、词曲、应酬代笔，已刻者皆追板烧之。士子选场屋之文及私试义策，蛊惑坊市者，弟子员黜革，见任官落职，致仕官夺告身。

义解

　　梨洲先论生者的乡饮酒之礼，再论逝者的祠堂，此处转向作为文明传承载体的书籍。无论是通行于世，还是私藏于家，郡邑都要广泛搜寻书籍，重金购置。每本书抄录印制三册：一册上交宫禁中藏书之所，一册送入太学，一册留存当地。[1] 然而，广泛搜集，多加印制，并不等于无所不收、不加选择。

对于未经历史检验的时人文集，有四种不许传播刻印[2]：或于师道无传承，或于历史无补益，或于我无心得，或于人世无用途。此四种时文，于己于人、于进德于修业皆无所益，故不得传刻。除此之外，已经刊刻的时文、小说、词曲和代笔之作，都应当销毁刻板，使之彻底绝迹。既然学校沦为进身之所，科举就成了进身之策。因此，科举应试之文或私自猜测的试题与讲义蛊惑市场，如果参与其中，生员就革去功名，官员则就地免职，已经退休的就撤销授官经历，进而取消退休待遇。[3]

疏证

[1] 班固曰："昔仲尼没而微言绝，七十子丧而大义乖"，迄孝武世，"于是建藏书之策，置写书之官，下及诸子传说，皆充秘府"（《汉书·卷三〇·艺文志》）。司马迁曰："藏之名山，副在京师，俟后世圣人君子。"（《史记·卷一三〇·太史公自序》）

[2] 梨洲所论即某种意义的出版审查（品位审查），但与营造文化监狱的政治审查不同。

[3] 子曰："古之学者为己，今之学者为人。"（《论语·宪问》）应试文章流于八股，意在揣测考试，

而忽略了学究天人、叩问古今的文道追求。

民间吉凶，一依《朱子家礼》行事。庶民未必通谙其丧服之制度，木主之尺寸，衣冠之式，宫室之制，在市肆工艺者，学官定而付之；离城聚落，蒙师相其礼以革习俗。

 义解

前文已述，谣俗就是包括朝野在内的一切规范，重定礼仪和谣俗就是重定人间秩序。梨洲以为，民间吉礼（面向当下和未来）和凶礼（面向过去）都应依照《朱子家礼》执行。[1] 至于丧服制度、牌位尺寸、寿衣样式、衣冠家的制式，庶民未必通晓，可以由学官规定，交付市场上的工艺匠人制作。城镇边缘的聚落，则由启蒙之师依据礼仪损益习俗。总之，或由学官，或由蒙师，看护共同体，将民间礼俗纳入一个等级系统中，与国礼互为镜像。

疏证

[1] 北宋时期，官僚士大夫推动礼仪教化民俗实践，家礼修撰日趋接近庶民层面，并由此促成国家层面的礼制下移和官方礼制的庶民化。在勾连家礼与国礼的背景下，朱子的《朱子家礼》既有助于广大士子与庶民修礼，也有助于王朝推行礼教崇化导民，该书涉及普通庶民生活实际、规范冠婚丧祭诸事和日常居家生活，可以成为士子与庶民的通礼（王美华：《家礼与国礼之间：〈朱子家礼〉的时代意义探析》）。

凡一邑之名迹及先贤陵墓祠宇，其修饰表章，皆学官之事。淫祠通行拆毁，但留土谷，设主祀之。故入其境，有违礼之祀，有非法之服，市嚣无益之物，土留未掩之丧，优歌在耳，鄙语满街，则学官之职不修也。

五、学校

义解 学官不仅要掌握生者的教学，还要掌管一地的名迹和先贤的陵墓、祠堂，加以修饰，予以发扬，拆毁淫祠。"淫"即僭越，淫祠为不合礼的僭越之祠，故应一律拆毁。与前述已刻之书处置之法一致。[1]土地神（社）与五谷神（稷）的祭祀要保留，二者合为社稷之神（今人以"社稷"言政权）。[2]朝野上下的人间礼仪均由学官执掌，如果有不合礼的祭祀、不符合制式的服饰，买卖无益之物（对勘《明夷待访录·财计三》），有没能得到合宜葬礼的死者，到处都是靡靡之音和粗鄙俗语[3]，那便是学官失职。

127

疏证 [1]子曰："举直错诸枉，能使枉者直。"（《论语·颜渊》）又曰："举直错诸枉，则民服；举枉错诸直，则民不服。"（《论语·为政》）

◎愚按：距梨洲最近之淫祠正是阉人魏忠贤之生祠，而魏忠贤与梨洲有国仇家恨。

[2]"天子祭天地，诸侯祭社稷，大夫祭五祀。"（《礼记·王制》）孙诒让（1848—1908年）曰："夫祭稷者，祭稷之神，非祭稷也。物必有神主之，其神

既主是物，正宜用物以祭，报其生育之恩。"（《周礼正义》，第1320页）

〔3〕"慎终追远，民德归厚矣。"（《论语·学而》）"子在齐闻《韶》，三月不知肉味。"（《论语·述而》）丧期优歌与满街鄙语，俱相反。

六、取士（上）

取士之弊，至今日制科而极矣。故毅宗尝患之也，为拔贡、保举、准贡、特授、积分、换授，思以得度外之士。

乃拔贡之试，犹然经义也，考官不遣词臣，属之提学，既已轻于解试矣。保举之法，虽曰以名取人，不知今之所谓名者何凭也，势不得不杂以贿赂请托；及其捧檄而至，吏部以一义一论试之，视解试为尤轻矣。准贡者用解试之副榜，特授者用会试之副榜。夫副榜，黜落之余也。其黜落者如此之重，将何以待中式者乎？积分不去赀郎，其源不能清也；换授以优宗室，其教可不豫乎？

凡此六者，皆不离经义，欲得胜于科目之人，其法反不如科目之详，所以徒为纷乱而无益于时也。

梨洲讲明原君、原臣、原法后转入置相、学校与取士，明晰教与学关乎国体。科举原本内含促使社会上下流动之意，至明末已走向闭塞而百害丛生。科举取士[1]，虽然意图将天下士子收归斛中，却颇有弊端，到了明朝则登峰造极[2]。崇祯帝深感于此，便实行了拔贡、保举、准贡、特授、积分、换授等办法，在通常的科举之外另选人才，制度之外不拘一格，有意拔取奇异之士。由此而下，梨洲具体陈明崇祯帝推行的六种取士办法及其弊病所在。

既然是在制度之外选拔卓异人才，便要有更高的标准，然而事实却相反，六种制度外的选拔反而比制度内的选拔更容易，甚至选用制度内被淘汰的人士，终究与设置这一选拔方式的初衷南辕北辙。

其一，拔贡。拔贡所考仍为科举所考的经义，却没有翰林做考官，只是由提学测试，难度显然低于解试（乡试）。[3] 其二，保举。保举之法是要选拔已经颇有声誉的人才（"以名取人"），然而名声所依凭的未必是真才实学，可能由贿赂请托而来。况且此类人士响应征召而至，吏部仅测试一道经义、一道策论，难度依然低于解试。[4] 其三，准贡。解试有正榜，有副榜，副榜可以贡入国子监，所以称"副贡"或"准贡"。其四，特授。会试也有副榜，可以破格授予教职，所以称"特授"。既然二者都是未能中榜之人，何德何能可以获得优待？未中榜者尚且如此，中榜者又当何如？[5] 其五，积分，针对富人和官员而定。明代国子监有积分考核之制，但入贡国子监又有捐纳财资一途（"赀郎"，汉时以家资入郎官，移用至此），若不能澄清国子监的入学标准，则可能造成用财富换取功名的腐败现象。其六，换授，即由亲王或郡王保举的宗室出任官职。但要先学道而后任职，如果只是一味强调优待，就可能忽略了受优待者的前期准备，"教"既不"豫"，这样的优待反倒会滋生腐败。

以上六种办法，都没有脱离经义，具体手段尚不如常规科考详尽严密，却想要选拔出常规科考无法选拔出来的卓绝之人，只不过是增添混乱而无济于事。

表 2　取士制度与度外之法

制度	常科（解试、会试、殿试）					
度外	拔贡	保举	准贡	特授	积分	换授
度外之弊	轻于解试		不及中式		赀郎	其教不豫

疏证

［1］明朝 1370 年开科举（1373 年废而改行荐举制，长达十年）。科举有常科与制科（制举）之别，常科举常人，制科举非常之人。梨洲此处以制科泛指科举。

王夫之曰："夫贡举者，一事而两道兼焉。选天下之才，任天下之事，以修政而保国宁民，此一道也。别君子于小人，荣之以爵，养之以禄，俾天下相劝于善，而善者不抑，不善者以悛，此又一道也。"（王夫之：《读通鉴论·卷二二·玄宗》）

"选举之法，大略有四：曰学校，曰科目，曰荐举，曰铨选。学校以教育之，科目以登进之，荐举以旁招之，铨选以布列之，天下人才尽于是矣。明制，科目为盛，卿相皆由此出，学校则储才以应科目者也。其径由学校通籍者，亦科目之亚也，外此则杂流矣。然进士、举贡、杂流三途并用，虽有畸重，无偏废也。"（《明史·卷六九·选举志一》）

◎愚按：中国古代社会经历了由世袭社会到选举

社会的阶段（何怀宏：《世袭社会及其解体——中国历史上的春秋时代》《选举社会及其终结——秦汉至晚清历史的一种社会学阐释》），世袭君主之下为科举官员。欧洲人以为官僚制（科层制）由中国发起，即今人所谓公务员制度之渊源。

［2］梨洲又曰："科举之弊，未有甚于今日矣。"（黄宗羲：《破邪论·科举》）顾亭林曰："秦以焚书而《五经》亡，本朝以取士而《五经》亡。今之为科举之学者，大率皆帖括熟烂之言，不能通知大义者也。"（顾炎武：《日知录·卷一·朱子周易本义》）又曰："唐人以诗取士，始有命题分韵之法，而诗学衰矣。"（顾炎武：《日知录·卷二一·诗题》）

◎愚按：或可对勘西人所言，毁灭文化有两种办法，要么设置文化监狱，要么娱乐文化使之去魅（波兹曼：《娱乐至死》）。

［3］拔贡之试或选贡之制，起于元而成于明，清朝改明朝选贡为拔贡（清朝拔贡之制始于顺治元年，1644年）、准贡、特授。

［4］◎愚按："以名取人"故有如何定名之难。然而，对照《学校》一节，梨洲提倡"郡县公议，请名儒主之"，彼处又当如何确定何种儒生为"名儒"？

［5］元朝时就曾规定选取一部分考中会试副榜的士子充任教职。明朝太宗以来，也曾取会试副榜士子充任教职，"会试有副榜，大抵署教官"（《明史·卷六九·选举志一》）。

唐进士试诗赋，明经试墨义。所谓墨义者，每经问义十道，五道全写疏，五道全写注。宋初试士，诗、赋、论各一首，策五道，帖《论语》十帖，对《春秋》或《礼记》墨义十条，其《九经》、《五经》、《三礼》、《三传》、学究等，设科虽异，其墨义同也。

义解

唐朝科举主要是进士科和明经科，进士科考查诗赋，明经科则要求笔答经义。所谓笔答经义，即每部经典考查经义十道，其中五道全部写注（经典的解释），另五道全部写疏（对经典解释的解释），实为对学术史的考察。[1]

宋初考察士子[2]，诗、赋、论各一道，策论五道，补足《论语》的十处经文，笔答《春秋》或《礼记》的经义十条。《九经》、《五经》、《三礼》、《三传》、学究等，科目不同，但都要笔答经义。[3]

疏证

[1]有唐一代，"明经之别，有《五经》，有《三经》，有《二经》，有学究一经，有《三礼》，有《三传》，有史科"（《新唐书·卷四四·选举志上》）。

"自唐以来，所谓明经，不过帖书、墨义，观其记诵而已。"宋初"凡进士，试诗、赋、论各一首，策五道，帖《论语》十帖，对《春秋》或《礼记》墨义十条。凡《九经》，帖书一百二十帖，对墨义六十条。凡《五经》，帖书八十帖，对墨义五十条。凡《三礼》，对墨义九十条。凡《三传》，一百一十条"（《宋史·卷一五五·选举志一》）。

[2]五代科举由武人子弟把持，明经科所取人数远多于进士科，但应试者仅知"帖书墨义"（补足经文，笔答经义），少见"举笔能文者"（马端临：《文献通考·卷三〇·选举考三》；余英时：《朱熹的历史世界》，第206页）。

"宋初承唐制"，"神宗始罢诸科，而分经义、诗赋以取士，其后遵行，未之有改"（《宋史·卷一五五·选举志一》）。

[3]《五经》：西汉以《诗》《书》《礼》《乐》《易》为《五经》。《九经》，有唐一代开科选举，明经科列有《九经》："凡《礼记》《春秋左氏传》为大经，《诗》《周礼》《仪礼》为中经，《易》《尚书》《春秋公羊传》《穀梁传》为小经。"（《新唐书·卷四四·选举志上》）

《三礼》："郑众传《周官经》，后马融作《周官传》，授郑玄，玄作《周官注》。玄本习《小戴礼》，后以古经校之，取其义长者，故为郑氏学。玄又注小戴所传《礼记》四十九篇，通为《三礼》焉。"（《后汉书·卷七九下·儒林列传下》）

《三传》：《左传》《公羊传》《穀梁传》。

学究，宋时为礼部贡举十科之一（《宋史·卷一五五·选举志一》）。朱子论进士与学究两科曰："进士科则试文字，学究科但试墨义。有才思者多去习进士科，有记性者则应学究科。凡试一大经者，兼一小经。每段举一句，令写上下文，以通不通为去取。"（《朱王安石改法，罢诗赋、帖经、墨义，中书撰大义式颁行，须通经有文采，乃为中格，不但如明经墨义粗解章句而已。然非创自安石也，唐柳冕即有"明《六经》之义、合先王之道者，以为上等；其精于传注，与下等"之议。权德舆驳曰："注疏犹可以质验；不者，有司率情，上下其手，既失其末，又不得其本，则荡然矣。"其后宋祁、王珪累有"止问大义，不责记诵"之奏，而不果行，至安石始决之。

义解

王安石变法，罢去作诗赋、写经文、答经义，中书省拟定经籍大义的撰写格式，务必经义贯通、兼有文采，才算通过，不再如明经科笔答经义那样只是粗略了解章句。不过，这一设想并非源自王安石，唐人柳冕（约 730—804 年）已有相关议论，认为通晓六经大义，合于先王之道的论述是上等之作，而汲汲于传注名家解释者为下等之作，主张废除专注于学术史的注疏研究，而转向经典大义、先王之道的阐发。[1]

权德舆（759—818 年）收到柳冕来信，针锋相对回以相反意见，他的主要担心是，注疏的学术史梳理尚有客观标准可以检验，如果只是发论大义，则言人人殊，主管部门很容易因其私情而判定高下，科举既丢掉了作为末的考试方式，又失去了作为本的考查目的。[2]此后，宋儒宋祁（998—1061 年）、王珪（1019—

1085 年）也曾上奏，强调应当测试大义，而非机械重复前人所述。[3] 但最终，权德舆、宋祁、王珪等人的论述均未能实行，直至王安石最终决断。[4]

［1］柳冕与韩愈（768—824 年）、柳宗元（773—819 年）一道推动古文运动，主张文道并重。柳冕曰："文章之道不根教化，别是一技耳"，"经术尊则教化美，教化美则文章盛，文章盛则王道兴"，而对屈原以来的辞赋，则持论偏激，斥为"亡国之音"，"魏、晋江左，随波而不反"（柳冕：《谢杜相公论房杜二相书》）。

又曰："文章本于教化，形于治乱，系于国风。"（柳冕：《与徐给事论文书》）又曰："夫文章者，本于教化，发于情性。本于教化，尧舜之道也；发于情性，圣人之言也"，"圣人之道，犹圣人之文也。学其道，不知其文，君子耻之；学其文，不知其教，君子亦耻之"（柳冕：《答徐州张尚书论文武书》）。

又曰："有司试明经，奏请每经问义十道，五道全写疏，五道全写注。其有明圣人之道、尽六经之义，而不能诵疏与注，一切弃之。恐清识之士无由而进，腐儒之生比肩登第，不亦失乎？阁下因从容启明主，稍革其弊，奏为二等：其有明六经之义、合先王之道者，以为第一等；其有精于诵注者与精于诵疏者，以为次等，不登此二科者，以为下等。不亦善乎？"（柳冕：《与权侍郎书》，《全唐文·卷五二七》）

［2］权德舆任职期间，曾掌握取士大权，最终获得"词宗""文宗"的大名（赖瑞和：《唐后期三大

类词臣的升迁与地位——以白居易、元稹、权德舆、李德裕为例》）。权德舆曰："明经者，仕进之多数也。注疏者，犹可以质验也。不者，悦有司率情，下上其手，既失其末，又不得其本，则荡然矣。无乃然乎？"（权德舆：《权载之文集·答柳福州书》）

[3] 宋祁曰："教不本于学校，士不察于乡里，则不能核名实。有司束以声病，学者专于记诵，则不足尽人材。""三场：先策，次论，次诗赋。通考为去取，而罢帖经、墨义，士通经术、愿对大义者，试十道。"（《宋史·卷一五五·选举志一》）

王珪于宋亡不出仕，足不出乡里，也曾上奏："唐自贞观讫开元，文章最盛，较艺者岁千余人，而所收无几。咸亨、上元增其数，亦不及百人。国初取士，大抵唐制，逮兴国中，贡举之路浸广，无有定数。比年官吏猥众，故近诏限四百人，以惩其弊。且进士、明经先经义而后试策，三试皆通为中第，大略与进士等，而诸科既不问经义，又无策试，止以诵数精粗为中否，则其专固不达于理，安足以长民治事哉？前诏诸科终场问本经大义十道，《九经》《五经》科止问义而不责记诵，皆以著于令。言者以为难于遽更，而图安于弊也。惟陛下申敕有司，固守是法，毋轻易焉。"（《宋史·卷一五五·选举志一》）

[4] 王安石变法涉及科举者："罢诗赋、帖经、墨义，士各占治《易》《诗》《书》《周礼》《礼记》一经，兼《论语》《孟子》。每试四场，初大经，次兼经，大义凡十道，次论一首，次策三道，礼部试即增二道。"

（《宋史·卷一五五·选举志一》）

王安石之后的朱熹也曾提议废除记诵："欲革其弊，则制科当诏举者，不取其记诵文词，而取其行义器识，罢去词业六论，而直使待对于廷，访以时务之要，而不穷以隐僻难知之事。词科则当稍更其文字之体，使以深厚简严为主，而以能辨析利害、敷陈法度为工。"
（朱熹：《学校贡举私议》）

故时文者，帖书、墨义之流也。今日之弊，在当时权德舆已尽之。向若因循不改，则转相模勒，日趋浮薄，人才终无振起之时。若罢经义，遂恐有弃经不学之士，而先王之道益视为迂阔无用之具。余谓当复墨义古法，使为经义者全写《注》《疏》《大全》、汉宋诸儒之说，一一条具于前，而后申之以己意，亦不必墨守一先生之言。由前则空疏者绌，由后则愚蔽者绌，亦变浮薄之一术也。

或曰："以诵数精粗为中否，唐之所以贱明经也，宁复贵其所贱乎？"

曰："今日之时文，有非诵数时文所得者乎？同一诵数也，先儒之义学，其愈于饾饤之剿说亦可知矣。非谓守此足以得天下之士也，趋天下之士于平实，而通经学古之人出焉。昔之诗赋亦何足以得士，然必费考索，推声病，未有若时文，空疏不学之人皆可为之也。"

今世之文主要是科举的八股文，皆是写经文、答经义之流。今世取士之弊，权德舆早已说尽，而今世复又出现，真可谓"今日"复"今日"，"今日"何其多。长此以往，因循不改，士子相互模仿，日益浮夸，人才无从振导起兴。然而如果废除写经文、答经义，则会只知六经注我，不读经典而空谈大义，更以为先王之道"迂远而阔于事情"。[1]

因此，梨洲以为，应当恢复答经义的古法，要作答经义，就要先全部写下注疏，将三部《大全》中汉宋诸儒的注疏逐一罗列[2]，而后在此基础上阐发己意，不必墨守一家之言。只讲经义容易心性空疏无所学，由注疏可以廓清；只讲注疏容易心智愚蔽无所思，由经义则可以廓清。二者皆试，就能够考察士子的学与思。明晰诸种解释统绪而能阐发己意，不贸然以己度人，亦不墨守成见。[3]梨洲以为此法或可挽救当世浮躁轻薄的取士之法。

反对派或许会认为梨洲这是在重复已经被历史所淘汰的制度。唐朝以明经科不如进士科就在于其以背诵程度为标准，而今反倒重视明经，有开历史倒车之嫌。但梨洲所识在于，既然总归要记诵，那么与其去考究时下杂乱无章的流俗小文，不如去诵读先儒大义之作。仅凭记诵手段，当然无法将天下才俊尽收彀中，但可以提供一种风向，引导天下士子趋于平实。士子便不再汲汲追求科考时文，而是沉淀心性，通经学古。

唐朝重视进士科的诗赋，也未必能够选拔治国理政之才，却通过诗赋的一番规则，要求士子费心考索，推究声律，由此淘汰一些心性不稳之人。时下的八股文却不同，有一套死板的模式，饱食终日、无所用心的士子也有可能通过科考出仕为官，这便失去了科举取士的本义。[4]

［1］司马迁记曰："（孟子）适梁，梁惠王不果所言，则见以为迂远而阔于事情。"（《史记·卷七四·孟子荀卿列传》）

［2］明成祖朱棣任上，下令编纂了三部大全，即《四书大全》（四书概念为朱熹合成《论语》《孟子》《大学》《中庸》后才出现）、《五经大全》和《性理大全》。

［3］子曰："学而不思则罔，思而不学则殆。"（《论语·为政》）

［4］子曰："群居终日，言不及义，好行小慧，难矣哉！"（《论语·卫灵公》）又曰："饱食终日，无所用心，难矣哉。"（《论语·阳货》）顾亭林曰："饱食终日，无所用心，难矣哉。今日北方之学者是也。群居终日，言不及义，好行小慧，难矣哉。今日南方之学者是也。"（顾炎武：《日知录·卷一三·南北学者之病》；鲁迅：《北人与南人》，《鲁迅全集》第5卷，第456—459页）

七、取士（下）

　　古之取士也宽，其用士也严；今之取士也严，其
用士也宽。古者乡举里选，士之有贤能者，不患于不知。
降而唐宋，其为科目不一，士不得与于此，尚可转而
从事于彼，是其取之之宽也。

　　《王制》：论秀士，升之司徒，曰选士；司徒论
选士之秀者，升之学，曰俊士；大乐正论造士之秀者，
升之司马，曰进士；司马论进士之贤者，以告于王而
定其论。论定然后官之，任官然后爵之，位定然后禄
之。一人之身，未入仕之先，凡经四转；已入仕之后，
凡经三转，总七转，始与之以禄。

　　唐之士，及第者未便解褐入仕，吏部又复试之。
韩退之三试于吏部无成，则十年犹布衣也。宋虽登第
入仕，然亦止是簿尉令录，榜首才得丞判，是其用
之之严也。宽于取则无枉才，严于用则少幸进。

　　古人取士，宽取严用，则行为有度，其始也微，
其成也巨；今人取士，严取宽用，其始也巨，其成也微。
古人取士，乃用乡举里选之选举。既然是乡举里选，
就是于熟人社会中选拔，不必忧虑有贤德或才能而无
人识的局面。[1]及至唐、宋，考查科目众多，士人未

 七、取士（下）

141

必科科擅长，可择其一而任事，可谓取士宽松。[2]

《礼记·王制》论次：乡大夫考察的有德行道艺者（秀士），选拔到司徒（执掌邦教）那里，则成为选士；司徒选拔选士中的优秀者升入大学，即为俊士。被选拔至司徒处者不必为乡服徭役，被选拔到大学者不必为司徒服徭役，即为造士。大乐正（乐官之长，掌国子之教）选定造士中的优秀者至司马处，即为进士（可进受爵禄）；司马选定进士中的贤德者，上报天子，各言其长，以为之定论。[3]论定后，则可以为试用为官，进而获命爵位，最后得食君禄。[4]如此程序，入仕之前已经历四步，入仕后又经历三步，一共七步才得以食君之禄，不可谓不严格。

表3 《礼记·王制》取士之法

取士者	乡学	司徒	大学	大乐正	大司马
取士阶段	秀士	选士	俊士	造士	进士

唐宋的科举并不单独设置一科，众多科目可供选择，进身之途未被垄断。然而，唐朝进士及第之人还未来得及褪去庶民衣着，又要面临吏部的复试。唐儒韩愈曾三次科举未中，第四次科举终于考中进士后，却又三次未能通过吏部的考试，十年之间仍是一介布衣。[5]宋朝虽然没有那么严格，一旦高中进士，便可以出任官职，但也不过是主簿、县尉、县令、录事参军这类低级官员，纵然状元也不过获任丞判（通判）。[6]

科举取士之严，可见一斑。取士之法未必宽容，所谓宽取严用，不过相较于任用士子尤其谨慎而言。严于用则少幸进，故严于用，方能遏制潜在的恶。

[1]子曰："君子居易以俟命，小人行险以侥幸。"（《礼记·中庸·第十四章》）又曰："不患人之不己知。"（《论语·学而》，《论语·宪问》）

[2]唐科举："其科之目，有秀才，有明经，有俊士，有进士，有明法，有明字，有明算，有一史，有三史，有开元礼，有道举，有童子。而明经之别，有《五经》，有《三经》，有《二经》，有学究一经，有《三礼》，有《三传》，有史科。"（《新唐书·卷四四·选举志上》）

[3]"命乡论秀士，升之司徒，曰选士。司徒论选士之秀者而升之学，曰俊士。升于司徒者不征于乡，升于学者不征于司徒，曰造士……大乐正论造士之秀者以告于王而升诸司马，曰进士。司马辨论官材，论进士之贤者以告于王而定其论。论定然后官之，任官然后爵之，位定然后禄之。"（《礼记·王制》）

[4]"凡官民材，必先论之，论辨，然后使之。任事，然后爵之；位定，然后禄之。"（《礼记·王制》）

[5]"凡择人之法有四：一曰身，体貌丰伟；二曰言，言辞辩正；三曰书，楷法遒美；四曰判，文理优长。四事皆可取，则先德行；德均以才，才均以劳。得者为留，不得者为放。五品以上不试，上其名中书门下；六品以下始集而试，观其书、判。已试而铨，

察其身、言；已铨而注，询其便利而拟；已注而唱，不厌者得反通其辞，三唱而不厌，听冬集。厌者为甲，上于仆射，乃上门下省，给事中读之，黄门侍郎省之，侍中审之，然后以闻。主者受旨而奉行焉，谓之'奏受'。视品及流外，则判补。皆给以符，谓之'告身'。凡官已受成，皆廷谢。"（《新唐书·卷四五·选举志下》）

韩愈自谓："四举于礼部乃一得，三选于吏部卒无成。"（韩愈：《上宰相书》）

[6] 洪迈（1123—1202年）《容斋随笔》曰："本朝自太平兴国以来，以科举罗天下士，士之策名前列者，或不十年而至公辅，吕文穆公蒙正、张文定公齐贤之徒是也……盖为士者知其身必达，故自爱重而不肯为非，天下公望亦以鼎贵期之，故相与爱惜成就，以待其用。至嘉祐四年之制，前三名始不为通判，第一人才得评事、签判，代还升通判，又任满，始除馆职。王安石为政，又杀其法，恩数既削，得人衰矣。"（马端临：《文献通考·卷三一·选举考四》）

◎愚按：容斋与梨洲言事则一，论是非则相反。

今也不然。其所以程士者，止有科举之一途，虽使古豪杰之士若屈原、司马迁、相如、董仲舒、扬雄之徒，舍是亦无由而进取之，不谓严乎哉？一日苟得，上之列于侍从，下亦置之郡县，即其黜落而为乡贡者，终身不复取解，授之以官，用之又何其宽也！严于取，则豪杰之老死丘壑者多矣；宽于用，此在位者多不得其人也。

义
解

梨洲明言取士之法的古今之变。今世考核士子唯
有科举一法。如果不参加科举，则无所进取，这恰恰
是太过严苛的取士之法。这种办法之下，怎会再有豪
杰之士？[1]梨洲列举屈原、司马迁、司马相如、董仲舒、
扬雄五人，纵然此类豪杰生当此世，也只有科举一条
路可走。[2]这些不世大才尚且如此艰难才获得选任，
何况后辈？

一旦科举高中，上等者就可以位列君主的文学侍
从，能跟随皇帝左右；下等者也可以分配至郡县；会
试不中而被举荐到国子监成为贡生者，纵然终生不再
参试，也能够居有官位。与严格选拔相较，任用何其
宽松。严格选拔，则有更多豪杰之士可能老死于乡间
丘壑，无处施展；宽松任用，在位者多不能以德相配。[3]

疏
证

[1]孟子曰："若夫豪杰之士，虽无文王犹兴。"
（《孟子·尽心上》）

[2]屈原叹曰："亦余心之所善兮，虽九死其犹
未悔。"（屈原：《离骚》）扬雄曰："先是时，蜀
有司马相如，作赋甚弘丽温雅，雄心壮之，每作赋，
常拟之以为式。又怪屈原文过相如，至不容，作《离
骚》，自投江而死，悲其文，读之未尝不流涕也。以
为君子得时则大行，不得时则龙蛇，遇不遇命也，何
必湛身哉！乃作书，往往摭《离骚》文而反之，自岷
山投诸江流以吊屈原，名曰《反离骚》。"（《汉书·卷
八七·扬雄传上》）

◎愚按：除屈原外，梨洲所列四人均是西汉名士。

七、取士（下）

145

由上文可知，扬雄可贯通屈原、相如二人，司马迁与董仲舒则有问学之谊。

[3] 明代取士大略："状元授修撰，榜眼、探花授编修，二、三甲考选庶吉士者，皆为翰林官。其他或授给事、御史、主事、中书、行人、评事、太常、国子博士，或授府推官、知州、知县等官。举人、贡生不第、入监而选者，或授小京职，或授府佐及州县正官，或授教职。此明一代取士之大略也。"（《明史·卷七〇·选举志二》）

◎愚按：严于选拔、宽于任用的结果便是：要么没有权力，终生无缘上流；要么权力不受限制，任意作为。由一个极端折返而转入另一个极端，譬如你我，苟无限制，安能不自甘堕落？大洋而外有截然相反之论，或可对勘其政治权力的限制论，移用至取士问题未尝不可："如果人都是天使，就不需要任何政府了。如果是天使统治人，就不需要对政府有任何外来的或内在的控制了。"（亚历山大·汉密尔顿、约翰·杰伊、詹姆斯·麦迪逊：《联邦党人文集》第51篇）

流俗之人，徒见夫二百年以来之功名气节，一二出于其中，遂以为科法已善，不必他求。不知科目之内，既聚此百千万人，不应功名气节之士独不得入，则是功名气节之士之得科目，非科目之能得功名气节之士也。假使士子探筹，第其长短而取之，行之数百年，则功名气节之士亦自有出于探筹之中者，宁可谓探筹为取士之善法耶？究竟功名气节人物，不及汉唐远甚，徒使庸妄之辈充塞天下。岂天下之不生才哉？则取之之法非也。吾故宽取士之法，有科举，有荐举，有太学，有任子，有郡邑佐，有辟召，有绝学，有上书，而用之之严附见焉。

义解 既已谈及上古与唐宋，又转入明朝二百年来新朝故事，梨洲感慨不已，叹息古今之变。以为明朝立国二百余年，科举取士所得者不乏功名气节之人才，由此佐证科举办法已经完备，这正是流俗小儒之见。须知，科举制开科考试，吸引百千万人来，怎会独独拒功名气节者于门外？然而，最终人们所得见，无非功名气节者适应科考，而非科考将其筛选出来。两者相差甚大，不可不察。

梨洲进而言之，参加科举的士子众多，即便以抽签较短长之法随机取士，只要推行数百年，则亦有一些功名气节之士得以选中，却万万无法以抽签取士为善法。最终，功名气节之士远远不及汉唐，平庸妄言之徒充塞天下。怎可以此诘问天不生英才？根由所在正是取士之法诚为非法之法。[1]因此，梨洲提出破解之法，要宽取严用。宽取之术颇多，分列八项：科举、荐举、太学、任子、郡邑佐、辟召、绝学、上书，以下具言之。

疏证 [1]前文《原法》已经指出，无法之法的上古时代已然不可复返，既已进入有法时代，不可不用心琢磨合法之法，规避非法之法（"有治法而后有治人"）。

此外，既然上述问题均是明朝之失，而明朝确实已经成为前朝，遗民梨洲总结过失，提出救弊之法，所救未必朱姓明朝一朝（参见《原君》《原臣》之义理），而是"悟已往之不谏"的中国历代科举之得失，为未来作打算。

科举之法，其考校仿朱子议：第一场，《易》《诗》《书》为一科，子、午年试之；《三礼》兼《大戴》为一科，卯年试之；《三传》为一科，酉年试之。试义各二道，诸经皆兼《四书》义一道。答义者先条举注疏及后儒之说，既备，然后以"愚按"结之。其不条众说，或条而不能备，竟入己意者，虽通亦不中格。有司有不依章句移文配接命题者，有丧礼服制忌讳不以为题者，皆坐罪。

第一，梨洲首论科举之法。考校之法[1]，遵仿朱子倡议[2]。依其提议：第一场含三科，每三年一试，是考虑到士子可以集中攻克，每科测试经义各两道，各部经典兼及《四书》义理一道。[3]次第如下：

（1）以《易》《诗》《书》为一科，子、午年考试。

（2）以《三礼》兼《大戴礼记》为一科，卯年考试，《三礼》为《周礼》《仪礼》《礼记》（《小戴礼记》）。

（3）以《三传》为一科，酉年考试，分别是《左传》《公羊传》《穀梁传》。

表 4　朱子议科举之经学三科

序号	1	2	3	4	5	6	7	8	9	10	11	12
年份	子年	丑年	寅年	卯年	辰年	巳年	午年	未年	申年	酉年	戌年	亥年
科目	《易》《诗》《书》	—	—	《三礼》《大戴》	—	—	《易》《诗》《书》	—	—	《三传》	—	—

　　作答经义的应试士子，需要条陈经义注疏及后人解说（经典与解释），既已明晰综述，便可在层累解释统绪之上另立己说，以"愚按"作结。有人但以六经注我，而不知当先行我注六经之文，皆不中格。掌权执事者若不依章句而臆断文本以迎合命题[4]，因忌讳丧礼而不测试相关问题，皆当论罪。

　　[1] 考校："比年入学，中年考校。"（《礼记·学记》）

　　[2] 荀子曰："儒者在本朝则美政，在下位则美俗。"（《荀子·儒效》）朱子基于明道先生的熙宁之议，提出梨洲所引的科举设想。梨洲据朱子倡议，非仅从义理而论，亦有政治背景：朱子章句集注已成明朝官定教科书，朱子学乃官学。

　　朱子曰："其所以教者，既不本于德行之实；而所谓艺者，又皆无用之空言。至于甚弊，则其所谓空言者，又皆怪妄无稽，而适足以败坏学者之心志。是以人材日衰，风俗日薄……议者不知其病源之所在，反以程试文字之不工为患，而唱为混补之说以益其弊……盖尝思之，必欲乘时改制以渐复先王之旧，而善今日之俗，则必如明道先生熙宁之议，然后可以大正其本，而尽革其末流之弊……所以必分诸经、子史、时务之年者，古者大学之教，以格物致知为先，而其考校之法，又以九年知类通达、强立不反为大成……夫如是，是以教明于上，俗美于下，先王之道得以复明于世，而其遗风余韵又将有以及于方来，与夫规规然固守末流之弊法，而但欲小变一二于其间者，利害相绝固有间矣。草茅之虑，偶及于此，故敢私记其说，以为当路之君子其或将有取焉。"（朱熹：《学校贡举私议》）

〔3〕朱子曰："其治经必专家法者，天下之理固不外于人之一心，然圣贤之言则有渊奥《尔雅》而不可以臆断者，其制度、名物、行事本末又非今日之见闻所能及也。故治经者必因先儒已成之说而推之。借曰未必尽是，亦当究其所以得失之故，而后可以反求诸心而正其缪……若合所当读之书而分之以年，使天下之士各以三年而共通其三四之一，则亦若无甚难者。"（朱熹：《学校贡举私议》）

〔4〕朱子曰："其命题所以必依章句者，今日治经者既无家法，其穿凿之弊已不可胜言矣，而主司命题又多为新奇以求出于举子之所不意，于所当断而反连之，于所当连而反断之，大抵务欲无理可解，无说可通，以观其仓卒之间趋附离合之巧。"（朱熹：《学校贡举私议》）

第二场，周、程、张、朱、陆六子为一科，孙、吴武经为一科，荀、董、扬、文中为一科，管、韩、老、庄为一科，分年各试一论。

科举第一场所考系五经之学，第二场则由经学而转入子学，分为四科：

其一，周敦颐（1017—1073 年）、程颐（1033—1107 年）、程颢、张载（1020—1077 年）、朱熹、陆九渊（1139—1193 年）六子为一科。六子皆宋儒。

其二，孙子、吴起为一科，考《孙子兵法》与《吴起兵法》。[1]

其三，荀子、董仲舒、扬雄、文中子（王通，584—617 年）为一科。

其四，管子、韩非子、老子、庄子为一科。

[1] 司马迁记曰："世俗所称师旅，皆道《孙子》十三篇，《吴起兵法》，世多有，故弗论，论其行事所施设者。"（《史记·卷六五·孙子吴起列传》）

第三场，《左》《国》《三史》为一科，《三国》《晋书》《南北史》为一科，新旧《唐书》《五代史》为一科，《宋史》、有明《实录》为一科，分年试史论各二道。答者亦必掫事实而辨是非。若事实不详，或牵连他事而于本事反略者，皆不中格。

科举第二场考子学，第三场则由子学转入史学，亦分为四科：

其一，《左传》《国语》，《三史》即"前三史"（《史记》《汉书》和《后汉书》）。

其二，西晋陈寿（233—297年）所撰《三国志》，唐房玄龄（579—648年）等所撰《晋书》，唐李延寿所撰《南史》《北史》。

其三，五代刘昫（888—947年）所撰《旧唐书》、宋薛居正（912—981年）等所撰《旧五代史》，宋欧阳修等所撰《新唐书》《新五代史》。

其四，元脱脱等所撰《宋史》，有明一朝历代官修的《明实录》。

以上四科分年份考试，每科各考史论两道。答题者若事实本身不详，或牵扯其他事件，主次不分，顾左右而言他，皆不通过；应首先详述史事，进而论从史出，由史事出发明辨是非，非只单纯记诵史事。

第四场，时务策三道。凡博士弟子员遇以上四年仲秋，集于行省而试之，不限名数，以中格为度。考官聘名儒，不论布衣、在位，而以提学主之。明年会试，经、子、史科，亦依乡闱分年，礼部尚书知贡举。登第者听宰相鉴别，分置六部各衙门为吏，管领簿书；拔其尤者，仿古侍中之职，在天子左右，三考满常调，而后出官郡县；又拔其尤者为各部主事。落第者退为弟子员，仍取解试而后得入礼闱。

义解

科举第三场考史学，进入第四场则由经、子、史三部转入时务（current affairs）。[1]第四场考时务策，子年、卯年、午年、西年举行乡试（解试，秋闱），这四年的仲秋，士子集聚省城考试时务策，名额不限，合格即可录用。考官则不必拘泥于在位与否，只要是名儒便可，由提学主持其事。第二年（丑年、辰年、未年、戌年）举行会试，经、子、史三科仍依乡试年份考试，由礼部尚书主持其事。[2]

及第者由宰相鉴别，分置六部各衙门为吏，管领簿书；优秀卓异者，被擢升至天子左右，如古之侍中；三轮考核通过即可外放郡县长官，优异者则可以升任各部主事。考试落第者被退回做弟子员，须重新参加乡试方可进入会试，如此则有进有退，并不妨碍进取之路，只是严防滥用。

疏证

[1]子曰："山梁雌雉，时哉时哉。"（《论语·乡党》）孟子曰："孔子，圣之时者也。孔子之谓集大成。"（《孟子·万章下》）

◎愚按：至于晏子（约前578—前500年）所说"识时务者为俊杰，通机变者为英豪"（冯梦龙：《新列国志·第六十九回》）已是一大退变，今人所识时务已是原义之末流，可谓投机之别名。董仲舒以"天人三策"回答武帝，朱子以为由测试时务策方可以"为当世之用"。（朱熹：《学校贡举私议》）

[2]"考功，掌官吏考课、黜陟之事，以赞尚书。

凡内外官给由，三年初考，六年再考，并引请，九年通考，奏请综其称职、平常、不称职而陟黜之。"（《明史·卷七二·职官志一》）

荐举之法：每岁郡举一人，与于待诏之列。宰相以国家疑难之事问之，观其所对，令廷臣反覆诘难，如汉之贤良、文学以盐铁发策是也。能自理其说者，量才官之；或假之职事，观其所效而后官之。若庸下之材剿说欺人者，举主坐罪，其人报罢。若道德如吴与弼、陈献章，则不次待之，举主受上赏。

义解

第二，梨洲次论荐举之法。各郡每年推举一人，所举者往往是有特别技艺之人，等待天子诏令。此法显然是非常规的进取之路，意在将天下异禀奇才收入彀中。[1]宰相亲自主持，以国家疑难大事提问，居中旁观士子与群臣廷辩。此举仿照汉昭帝刘弗陵时期（前86—前74年）的盐铁会议（前81年），征召而来的贤良、文学与政府官员辩论。[2]根据廷辩所展示出的才华，能够自圆其说者，赐以相应官职，或者先命其代行某事，见得成效后再正式加官。但如果所荐人选并无实才，推荐人便要获罪，从而确保推荐人严肃对待此事。如若有吴与弼（1391—1469年）、陈献章（1428—1500年）这样的道德大儒，就可以不按照既定的次序对待，举荐者受重赏。[3]

[1]仲尼有言："礼失而求诸野。"(《汉书·卷三〇·艺文志》)

[2]《明夷待访录》站在历史的此端，回望彼端故事，想必深知其中滋味。梨洲心中必有感慨，如果朝堂之上能有廷辩声音，国祚或可绵长。

◎愚按：通过盐铁会议的记录《盐铁论》，可以看到这场廷辩不仅是对经济政策的探讨，更是对立国以来得失的总结，尤其关乎对武帝经验与教训的历史评价问题。

[3]梨洲曰："有明之学，自白沙始入精微。其吃紧工夫，全在涵养。"(黄宗羲：《明儒学案·卷五·白沙学案上》)

◎愚按：这两个例子并非随意拈来。吴与弼，明朝抚州崇仁人，故其开宗之学为崇仁学派。吴与弼一生不应科举，若按照常规办法，无法为天下所用。梨洲《明儒学案》开篇即是"崇仁学案"(《明儒学案》卷一至卷四)，而崇仁学案第一人便是吴与弼。陈献章，明朝新会白沙人，据梨洲所言，陈白沙出于吴与弼之学，然而别开生面，另有宗派。《明儒学案》中，紧随"崇仁学案"之后者便是"白沙学案"(《明儒学案》卷五、卷六)。

太学之法：州县学每岁以弟子员之学成者，列其才能德艺以上之，不限名数，缺人则止。太学受而考之，其才能德艺与所上不应者，本生报罢。凡士子之在学者，积岁月累试，分为三等：上等则同登第者，宰相分之为侍中属吏；中等则不取解试，竟入礼闱；下等则罢归乡里。

第三，梨洲论太学之法。荐举之法是在学校体制之外寻找非常之人，太学之法则是在学校体制之内寻找非常之人，两者略有不同。各州县学校每年推荐生员中学有所成之人，罗列德艺，上报太学，名额没有上下限制，宁缺毋滥。这显然是要将德艺双馨者上呈太学，以选拔才能卓越者。

与荐举之法相同，太学需要考核其德艺是否与所报相同，如若相左则退回。太学就读的士子，经过岁考、月考，总计成绩，分为三等：成绩上等者，相当于考中进士，宰相分配其担任侍中的下属官吏；成绩中等者，相当于通过了乡试，直接就能参加会试；成绩下等者，退回乡里。

任子之法：六品以上，其子十有五年皆入州县学，补博士弟子员，若教之十五年而无成则出学。三品以上，其子十有五年皆入太学，若教之十五年而无成则出学。今也大夫之子与庶民之子同试，提学受其请托，是使其始进不以正，不受其请托，非所以优门第也。公卿之子不论其贤否而仕之，贤者则困于常调，不贤者而使之在民上，既有害于民，亦非所以爱之也。

义解

　　第四，梨洲论任子之法，亦即取士选才过程中对公卿大臣后嗣的优待之法，与平民士子进取之路平行，可谓以双轨之制选拔人才。六品以上、三品以下的官员，其子十五岁便可进入州学、县学，补为生员，如若十五年来学无所成，则要退出而无所怨言。三品以上的官员，其子优待更多，十五岁便可进入太学（这一点与天子之子相同，参见《明夷待访录·学校》），成为太学生，亦受十五年学有所成之限，否则应予退出。[1]

　　梨洲所想，显然并非明目张胆为公卿大臣的后代提供方便的进取之路，而是使其不至于干扰平民的进取。公卿大臣之子与平民子弟一同应试，如果提学受到请托予以照顾，则是不公；如果不予以照顾，又没有体现出对在朝者的优待，实际上也不可避免夹杂私人情谊。这样一来，很容易因为名额所限而压制某些有贤能的平民士子。

　　因此，采用双轨之制，实则将公卿的归公卿，平民的归平民，意在以规定之途限制对平民的压制。公卿之子单独为一选拔系统，而不至于贤或不贤都能具有官位，否则贤者受制于常规限定，而不贤者占据上位贻害民人，亦损及自身，而与优待在朝者的初衷相悖。

疏证

　　[1] ◎愚按：此处年限设定颇值玩味，均以十五岁为入学年限，或因孔子"十有五而志于学"，而

十五年学无所成则罢归，想必亦以孔子"三十而立"
（《论语·为政》）为标准。对观前文《学校》篇所论：
"士人年七十以上，生平无玷清议者，庶民年八十以上，
无过犯者，皆以齿南面，学官、郡县官皆北面，宪老
乞言。"足见，从"志于学"到"而立"，最后到士
子七十无过犯可以为郡县长老（孔子"七十而从心，
所欲不逾矩"），都以孔子为模范。

郡县佐之法：郡县各设六曹，提学试弟子员之高
等者分置之，如户曹管赋税出入，礼曹主祀事、乡饮
酒、上下吉凶之礼，兵曹统民户所出之兵、城守、捕寇，
工曹主郡邑之兴作，刑曹主刑狱，吏曹主各曹之迁除
资俸也。满三考升贡太学，其才能尤著者，补六部各
衙门属吏。凡廪生皆罢。

第五，梨洲论郡县佐之法。郡县仿照中央六部，
设置六曹：户曹、礼曹、兵曹、工曹、刑曹和吏曹。
六曹职能也与中央六部的职能对应：户曹主管赋税进
出的经济问题；礼曹主管祭祀、吉凶和乡饮酒之礼，
关乎人伦和教化；兵曹主管统兵、防卫和抓捕的保安
问题；工曹主管郡邑建设的工程问题；刑曹主管刑狱
的司法问题；吏曹主管升迁、任命的人事和薪俸。

郡县提学可以选拔测试优等之士，分置六曹任职。
通过三次考核（前面已讲，计九年）的人便可进入太
学；才能卓异之士，可以补入中央六部为属吏。此外，

158

明夷待访录义疏

不再设置由王朝供给膳食的生员（"凡廪生皆罢"）。

辟召之法：宰相、六部、方镇及各省巡抚，皆得
自辟其属吏，试以职事，如古之摄官。其能显著，然
后上闻即真。

绝学者，如历算、乐律、测望、占候、火器、水
利之类是也。郡县上之于朝，政府考其果有发明，使
之待诏。否则罢归。

第六，梨洲论辟召之法。宰相、六部、方镇及各
省巡抚等中央与地方大员均可自行征召属吏，以若干
事务试验其能力，大略相当于古代的摄官，即代理官
员。才能显著之士，便可以上报正式任命为官。[1]

第七，梨洲论绝学之法。有通晓绝学之士，就是
掌握天文历算[2]、乐律[3]、测望、占候、火器、水利[4]
之类的绝艺。郡县将通晓绝学之士上报朝廷，测试核
验果然有所发明，则等待天子诏令。若徒有虚名而无
其实，则罢归。

[1] ◎愚按：至此，梨洲具体陈明六种取士办法。
其中，科举之法与任子之法是双轨并行（公卿之子与
平民之子），荐举之法与太学之法照顾到了学校体制
内外的非常之人，郡县佐之法与辟召之法是在各个层
级的行政系统中弹性地任用非常之人。

[2] 天文历算与测望非但是绝学，还长期是禁学。

有明一代，对于天文学的管控颇为严格。明太祖朱元璋登基后几年就下诏严禁民间学习历法，同时严禁钦天监官的子孙不学习历法（陈美东：《中国科学技术史·天文学卷》，第617页）。

"国初，学天文有厉禁，习历者遣戍，造历者殊死。"（沈德符：《万历野获编·卷二〇·历法·历学》）礼部尚书范谦（1534—1597年）曾经进言："历为国家大事，士夫所当讲求，非历士之所得私。律例所禁，乃妄言妖祥者耳。"（《明史·卷三一·历志一》）"明神宗时，西洋人利玛窦等入中国，精于天文、历算之学，发微阐奥，运算制器，前此未尝有也。"（《明史·卷二五·天文志一》）

［3］"古先圣王，治定功成而作乐，以合天地之性，类万物之情，天神格而民志协。盖乐者心声也，君心和，六合之内无不和矣。是以乐作于上，民化于下。秦、汉而降，斯理浸微，声音之道与政治不相通，而民之风俗日趋于靡曼……稽明代之制作，大抵集汉、唐、宋、元人之旧，而稍更易其名。凡声容之次第，器数之繁缛，在当日非不烂然俱举，第雅俗杂出，无从正之。"（《明史·卷六一·乐志一》）

［4］水利："明初，太祖诏所在有司，民以水利条上者，即陈奏。"（《明史·卷八八·河渠志六》）

上书有二：

一，国家有大事或大奸，朝廷之上不敢言而草野言之者，如唐刘蕡、宋陈亮是也，则当处以谏职。若为人嗾使，因而挠乱朝政者，如东汉牢修告捕党人之事，即应处斩。

一，以所著书进览，或他人代进，看详其书足以传世者，则与登第者一体出身。若无所发明，纂集旧书，且是非谬乱者，如今日赵宦光《说文长笺》、刘振《识大编》之类，部帙虽繁，却其书而遣之。

第八，梨洲论上书之法。向君主上书有两种方式，或者谏言，或者进书。国家遇到重大事件（往往是危机）或者大奸大佞，朝堂之上无人敢言，当此之时，如若民间有戆直敢言之士，就应当授之以谏官之职，帮助朝堂监察纠偏。[1]唐人刘蕡（fén，？—848 年）[2]和宋人陈亮[3]都是此类典范。以上唐、宋两例均是为国家社稷着想、直言敢谏之人，此类人当充任谏官。但如果是被人唆使，因而挠乱朝政者，即应处斩，东汉牢修告捕党人之事就是例子。[4]

另一种办法则是上呈著作以资借鉴考察。无论作品由作者本人上呈，抑或由他人代呈，一经审查而被判定为传世佳作，便可由此获赐与进士等同之资。作品既然是文明积累的文献，朝廷以此厚待，自得言路广开，亦有文明积淀、政治清明之功效。然而，若经审查发现所呈之书不过是前人之述的当代汇编，无所发明创见，甚或是非判断有误，纵然文字繁多，也应该将其退回，不予重用。明人赵宦光[5]和刘振[6]便

义解

161

是例子。梨洲所论并非限制出版的书报审查制度，而是重申评定优劣、安定学风的审查办法。

［1］孔子曰："礼失而求诸野。"（《汉书·卷三〇·艺文志》）周武帝时期三老曰："木受绳则正，后从谏则圣。自古明王圣主，皆虚心纳谏，以知得失，天下用安。"（杜佑：《通典·卷二〇·职官二》）

［2］刘蕡所处之时，"宦人握兵"，"外胁群臣，内劚侮天子"，他得以"举直言极谏"，以《春秋》明王道，向唐文宗李昂（809—840年）直谏，言论激切，士林感动。太和初（827年）举贤良方士，然而，刘蕡终因宦官从中作梗，未能登科，当年及第登科者李郃（808—873年）叹曰："蕡逐我留，吾颜其厚邪！"（《新唐书·卷一七八·刘蕡传》）

梨洲身后三百年，毛泽东诗曰："千载长天起大云，中唐俊伟有刘蕡。孤鸿铄羽悲鸣镝，万马齐喑叫一声。"（毛泽东：《七绝·刘蕡》）

［3］宋孝宗赵昚（shèn，1127—1194年）隆兴初年（1163年），南宋朝廷欲与金人媾和，唯陈亮坚持不可，上书《中兴五论》，终究未被朝廷采纳。宋孝宗淳熙五年（1178年），陈亮接连三次上书，感动士林，皇帝欲加官，陈亮笑而对曰："吾欲为社稷开数百年之基，宁用以博一官乎。"（《宋史·卷四三六·儒林列传六》）

［4］东汉张成之子犯案，李膺（110—169年）

将其处死，张成遂与宦官结党，其弟子牢修诬告李膺等人："养太学游士，交结诸郡生徒，更相驱驰，共为部党，诽讪朝廷，疑乱风俗。"（《后汉书·卷六七·党锢列传》）由此引发东汉第一次党锢之争（对勘《明夷待访录·学校》）。

◎愚按：梨洲所列东汉李膺、晚唐刘蕡、南宋陈亮三例，均处于王朝由盛而衰乃至强弩之末的历史转关，又均涉及反对宦官干政之论。

[5]赵宧（yí）光（1559—1625年，容易误写作"赵宦光"）著有《说文长笺》。顾亭林指责赵宧光："好行小慧，以求异于先儒。"（顾炎武：《日知录·卷二一》）另有评价曰："其书用李焘《五音韵谱》之本，而《凡例》乃称为徐锴、徐铉奉南唐敕定，殊为昧于源流。所列诸字，于原书多所增删。增者加方围于字外，删者加圆围于字外。其字下之注，谓之'长语'，所附论辨，谓之'笺文'，故以'长笺'为名。然所增之字，往往失画方围，与原书淆乱。所注所论，亦疏舛百出。"（《四库全书总目提要·卷四三》）

[6]关于万历、崇祯年间之人刘振的《识大编》，梨洲又曰："刘振之《识大编》，茅元仪之《武备志》，皆公（按：即范景文）所指授书。"（黄宗羲：《思旧录·范景文》）他指出刘振受范景文（1587—1644年）鼓舞。

刘振曾以明末三案（梃击案、红丸案、移宫案）抨击东林党人："东林所持梃击、红丸、移宫三案皆非。

彼《三朝要典》之假借，当非其所借之人，不宜非其所借之言。"（李清：《三垣笔记·弘光》）

《三朝要典》为明熹宗天启年间所编，针对明神宗万历时期的梃击案（皇太子朱常洛遇袭），明光宗泰昌时期的红丸案（朱常洛即位后因病服红丸而骤死），光宗去世后长子朱由校（1605—1627年）尚未即位，其母李选侍不愿搬出乾清宫而被强迫移宫（移宫案）。梨洲曰：《识大编》"载三案之要，以为《要典》为圣书，腾口剿说，海内著述家犹不敢直黜其非，而有证据之者"，"文词芜秽"（黄宗羲：《黄梨洲文集·五军都督府都事佩于李君墓志铭》），"其人非作手，猥杂不足观"（黄宗羲：《思旧录·范景文》）。

八、建都

或问："北都之亡忽焉，其故何也？"

曰："亡之道不一，而建都失算，所以不可救也。"

义解 有人若问：明朝的北京政权迅速失守，究其原因何在。梨洲则答曰，亡国因素众多，其中建都失算致明亡无可挽救。[1]

疏证 [1]"洪武初，建都江表，革元中书省，以京畿应天诸府直隶京师……成祖定都北京，北倚群山，东临沧海，南面而临天下，乃以北平为直隶，又增设贵州、交趾二布政使司。仁、宣之际，南交屡叛，旋复弃之外徼。终明之世，为直隶者二：曰京师，曰南京。"（《明史·卷四〇·地理志一》）

"自古建立都邑，率在北土，盖不止我朝，而我朝近边为甚。"（章潢：《图书编·卷三五》）沈德符（1578—1642年）曰："宋时人主龙潜时，封国登极后，例升为府……文皇帝从燕起，已改北平布政司为北京。"（沈德符：《万历野获编·卷一·列朝·龙潜旧邸》）

所谓北都（今北京），与南都（今南京）相对而言。

朱元璋率兵攻占集庆，改称应天府。1368年，朱元璋将"元大都"更名为"北平"，以示北方平定。明朝建国后，争议建都于何地，洪武元年（1368年）以应天府为南京，以开封府为北京，1369年以皇帝故乡临濠（今安徽凤阳）为中都（至1375年）。洪武十一年（1378年）南京定名为京师。

南京西面、北面为长江，东面有紫金山，形势险要。有明一代，前两帝朱元璋、朱允炆（1377—？）都以南京为国都，后来朱棣夺走侄子朱允炆之位，1403年改北平府为称顺天府，1421年正月正式迁都北京顺天府，以之为京师。自此，明朝采用双京制，南京应天府为留都，却已不复政治中心之地位。

"古者祖有功而宗有德"（《孔子家语·庙制》），祖宗之法为王朝基业。1538年，嘉靖帝将朱棣的庙号由"太宗"更改为"成祖"，足以彰显其再起新传统的二次建国地位。关于定都北京一事，成祖之后，仁宗朱高炽（1378—1425年）、宣宗朱瞻基（1398—1435年）一度反复，正统六年（1441年）终成为定制。

◎愚按：在冷兵器时代，政治取决于军事，而军事复又取决于地理。梨洲对建都一事做军事地理学或政治地理学考察。太祖朱元璋于南京创业，定都南京；燕王朱棣称帝后改都北京。既然定都、迁都之意、贯穿洪武一朝，其所变化的不仅是都城，还在于两种政治传统（吴晗：《明代靖难之役与国都北迁》）。

梨洲既论建都北京为失算，而北京并非太祖建国之都，似亦说明梨洲以为成祖传统不可延续。20 世纪，中华民国由南京改都北京，岂独地理变革？梁启超接续梨洲之论，主张复都南京，此为后话。

夫国祚中危，何代无之？安禄山之祸，玄宗幸蜀；吐蕃之难，代宗幸陕；朱泚之乱，德宗幸奉天。以汴京中原四达，就使有急而形势无所阻。当李贼之围京城也，毅宗亦欲南下，而孤悬绝北，音尘不贯，一时既不能出，出亦不能必达，故不得已而身殉社稷。向非都燕，何遽不及三宗之事乎？

义解

历代王朝皆有中途危机，故时有中危之论。一旦遭遇中途危机，王朝或是中道崩殂，或是转危为安（遂亦有中兴时刻与中兴之论）。唐朝至少有三次中途危机，分别发生在唐玄宗李隆基（685—762 年）、唐代宗李豫（726—779 年）和唐德宗李适（742—805 年）时期。梨洲以有唐三帝为例，以君主临幸讲述其逃难之事，是为尊者讳。

首先，唐朝经历了贞观之治和开元盛世的中兴之后，遭遇安史之乱（755—763 年）。安禄山（703—757 年）起兵后，主攻洛阳、潼关，直取国都长安，行将逼近长安时，唐玄宗被迫由陕入蜀。[1] 其次，继安史之乱后，吐蕃发难（763 年），长安陷落前，唐代宗避难于陕州（今河南陕州区）。[2] 最后，泾源节度使兵变（783 年）拥立朱泚（742—784 年），迫使德宗由咸阳逃至奉天（今陕西乾县）。[3]

　　紧随其后，梨洲之论由唐朝转入宋朝，宋朝以汴京为都，终究失势于夷狄。主要原因是汴京乃广阔平原，一览无余，四通八达，没有天然屏障可以依据。[4]梨洲再由宋朝转入明朝，直言末代国君崇祯帝之事。李自成包围京师，毅宗无法传递消息，号召勤王。崇祯十七年（1644 年），面临李自成围困京师之局，崇祯帝有意南渡，然而因围困而与外界音讯全无，孤悬宫中而无法出，纵然出宫出京，亦难以安然南渡，终不得已而殉国。[5]如果不是以北京为首都，何尝不会像唐代三帝那样暂时逃难，最终实现复国？[6]

　　[1] 开元中，李林甫上奏曰："文士为将，怯当矢石，不如用寒族、蕃人，蕃人善战有勇，寒族即无党援。"结果是："禄山竟为乱阶，由专得大将之任故也。"（《旧唐书·卷一〇六·李林甫传》）天宝十四年（755 年），安禄山发起叛乱，"举兵以诛国忠为名"（《旧唐书·卷一〇六·杨国忠传》）。杉山正明（1952—2022 年）以为安史之乱使唐朝从一个跨地域、多族群的"帝国"萎缩为一个"王国"（杉山正明：《蒙古颠覆世界史》，第 217 页）。

　　[2] 广德元年（763 年），吐蕃入寇，"天子为之出奔，害几不救"（王夫之：《读通鉴论·卷二三·肃宗》）。

　　[3] 建中四年（783 年），朱泚发动泾源兵变。

唐朝借吐蕃兵讨伐朱泚，次年平叛，然而此后吐蕃多番叛乱。

〔4〕北宋以为"大梁四方所凑，天下之枢，可以临制四海"（《宋史·卷九三·河渠志三》），故以大梁为国都。开宝九年（976 年），赵匡胤有意迁都洛阳："吾将西迁者无它，欲据山河之胜而去冗兵，循周、汉故事，以安天下也。"李怀忠谏言："东京有汴渠之漕，岁致江、淮米数百万斛，都下兵数十万人，咸仰给焉。陛下居此，将安取之？且府库重兵，皆在大梁，根本安固已久，不可动摇。"（李焘：《续资治通鉴长编·卷一七》）

〔5〕李建泰疏请南迁，毅宗答复，"国君死社稷，朕将焉往？"（《明史·卷二四·庄烈帝本纪二》）

〔6〕梨洲批评以北京为都造成王朝致命一击。改都一事源于明朝皇帝异变，成祖政变而一改太祖统绪。梨洲或许是在把明朝政治之得失引向有明一朝的太祖与成祖两个传统之辨。

◎愚按：不过，明朝永乐帝以北京为首都，恰恰出于建立大帝国开疆拓土的考虑，而不是要任由北京做一个临近边疆的易攻难守之地。"在历史上的这一时刻，北京似乎是能够充分供养大批戍军和大量平民的北方的唯一大城市，通过把北京定为京师，永乐帝就能够部分地实现他建立一个扩张的和外向性的帝国的幻想，这个帝国包括边陲和内地，既有汉族人，又有非汉族人。因此，地处战略要冲和曾为两个非汉族

帝国首都的北京就明的新都来说似乎是实际的和顺理成章的选择。"（牟复礼、崔瑞德编：《剑桥中国明代史》，第264页）

或曰："自永乐都燕，历十有四代，岂可以一代之失，遂议始谋之不善乎？"

曰："昔人之治天下也，以治天下为事，不以失天下为事者也。有明都燕不过二百年，而英宗狩于土木，武宗困于阳和，景泰初京城受围，嘉靖二十八年受围，四十三年边人阑入，崇祯间京城岁岁戒严。上下精神敝于寇至，日以失天下为事，而礼乐政教犹足观乎？江南之民命竭于输挽，大府之金钱靡于河道，皆都燕之为害也。"

有人指出：永乐帝以北京为都之后，以之为都的一共十四位皇帝，如果国祚安危真的受到迁都的影响，又何至于历十四代之久方才显现？怎可把十四代之后的衰落归咎于十四代之前的创制？

梨洲以为，这种说法显然是认为失国者是骤然失国，与王朝的传统脉络毫无关联，是只见支流，不见本源，只见结果，不问原因。梨洲提示，要充分意识到：古人治理天下，以治天下为志业，如果日日思虑失天下之事，唯恐天下有失，那么天下又岂能不失？朝野之间，上上下下，念兹在兹的不过是外敌将至，惴惴不安，如此一来，又怎么会关心礼乐政教之事？[1]

明朝一共十六位皇帝（共十七个年号，其中英宗朱祁镇失而复得，是明朝历史上第六、八两任皇帝，所以一人拥有两年号），以北京为都的二百年光景里已有五位皇帝遭遇危机：第六位皇帝英宗朱祁镇（1427—1464 年）、第七位皇帝代宗朱祁钰（1428—1457 年）[2]、第十位皇帝武宗朱厚照（1491—1521 年）、第十一位皇帝世宗朱厚熜（1507—1567 年）[3] 和第十六位皇帝毅宗崇祯[4]。

从上到下，满脑所想无非寇至，整日忧虑恐惧丢失天下，则未遑礼乐政教之大端。除此之外，以北京为都还会产生更大的经济压力。[5] 江南物资须运输而至（"输挽"），可谓劳民；明清时督抚及至中央财政所收之金钱先行投入于河道运输，此皆国都远离南方之弊。[6] 综上，因为定都北京，使京师迫近外患兴起之地，北方的军事压迫是王朝的军事危机。与此同时，既要保障京师的日常生活和财货流通，又要将东南富庶之地的钱财物资输送到京师，路途遥远，交通耗损巨大，对于王朝而言，这不啻为一种经济危机。

[1]"未暇遑庠序之事。"（《史记·卷一二一·儒林列传》）子曰："道之以政，齐之以刑，民免而无耻。"（《论语·为政》）

[2]正统十四年（1449 年），明英宗亲征瓦剌，兵败被俘，此即土木堡之变。梨洲为尊者讳而用春秋笔法，以狩猎言其被俘之事。英宗被俘之后，朱祁钰

即位，改年号为景泰。景泰初年，瓦剌胁迫被俘的英宗随行，直逼京师，仍是英宗土木堡一役之余绪。

［3］正德十二年（1517 年），武宗以帝业为儿戏，"自称总督军务威武大将军总兵官"（《明史·卷一六·武宗本纪》）。所谓"帝幸阳和，亲部署"（《明史·卷三二七·鞑靼列传》），论究其实，不过为武宗被困于阳和讳言。嘉靖二十八年（1549 年），北京再次被围，二十九年庚戌之变，蒙古土默特部直逼北京，嘉靖四十三年（1564 年），边人入境。

［4］崇祯年间，因为距离东北满人太近，毅宗年年戒严京师。举国上下，其精神思虑皆受制于大敌将至之忧患，君临天下而患得患失，礼乐政教岂有足观可取之处？

［5］"元都于燕，去江南极远，而百司庶府之繁，卫士编民之众，无不仰给于江南。"（《元史·卷九三·食货志一》）"明成祖肇建北京，转漕东南，水陆兼挽，仍元人之旧，参用海运。"（《明史·卷八五·河渠志三》）

明朝强制向北京移民，最初（1370—1389 年）是"为了填补和充实对抗蒙古人的缓冲地带"，"后来（1403年后）则是为了替未来的国家第一都城创造人口基础"（卜正民：《纵乐的困惑：明代的商业与文化》，第18 页）。明宣宗即位后便确定了南北卫军分工之制，"南军转运，北军备边"，特设漕运总兵，用卫军 12 万人，东南军力由此大困（吴晗：《吴晗论明史》，第 156 页）。

为了补给北京，大运河的翻修与贡粮运输成本增加，也破坏了明朝的财政体系（万志英：《剑桥中国经济史》，第 245 页）。

［6］大府原为天官所属，执掌九贡九赋（《周礼·天官》），后为明清督抚别称。

或曰："有王者起，将复何都？"

曰："金陵。"

或曰："古之言形胜者，以关中为上，金陵不与焉，何也？"

曰："时不同也。秦、汉之时，关中风气会聚，田野开辟，人物殷盛；吴、楚方脱蛮夷之号，风气朴略，故金陵不能与之争胜。今关中人物不及吴、会久矣，又经流寇之乱，烟火聚落，十无二三，生聚教训，故非一日之所能移也。而东南粟帛，灌输天下，天下之有吴、会，犹富室之有仓库匮箧也。今夫千金之子，其仓库匮箧必身亲守之，而门庭则以委之仆妾。舍金陵而勿都，是委仆妾以仓库匮箧；昔日之都燕，则身守夫门庭矣。曾谓治天下而智不千金之子若与？"

义解

若有王者起，将以何地为都？梨洲会谏言复都金陵（即今南京）。但必有人会提出疑问：既然如此，古人以地形定都，则关中为上，不以南京为都城，需要解释。[1]梨洲以为是时更世（势，事）异的缘故。秦汉之时，关中近于中原，风气居先，众人会聚，田野开辟，人丁兴旺；而吴楚一带，方才由夷而入夏，风气质朴简略，所以金陵无法与关中争胜。[2]然而，今时不同往日，关中流寇四起，则村落所存十无二三，可谓由夏而入夷。既然关中已经衰落，生育聚众、教育训练而复兴又非一日之功，就需要另觅他处了。[3]

与关中的由夏而入夷相反，吴郡、会稽之地日渐壮大，可谓由夷而入夏。东南江浙一带之粮食布帛，运输天下，吴郡、会稽之于天下，犹如仓库、柜箱之于富室，宝藏之所谓也。[4]千金巨室之子，因为仓库匮箧有宝藏，所以亲身守之于中，而门庭则委之仆妾守之于外，可谓内外之别，本末之辨。

江南之地，富庶之乡，且无北敌侵扰之忧；弃之不用，定都燕京，亲守门庭，北拒北元，固然可以抵挡北敌来犯，然而一旦失守，毫无屏障，况且南方之治流于疏空。可谓内外不分，本末倒置。难道治天下的君主还不如千金巨室的富人吗？当今之世，治天下者竟真不如千金之子。[5]

疏证

［1］"建邦设都，皆冯险阻。山川者，天之险阻也；城池者，人之险阻也。城池必依山川以为固。"（郑樵：《通志·卷四一·都邑略》）值得一提的是，顾亭林便与梨洲不同，主张定都关中。

［2］班固记曰："故秦地天下三分之一，而人众不过什三，然量其富居什六……江南卑湿，丈夫多夭。"（《汉书·卷二八下·地理志下》）这一点可以参见

刘邦建汉时的定都之争，当时娄敬（后获赐国姓，更名为刘敬）力主以秦都长安为汉都，就是充分考虑到了关中的地形之盛（《史记·卷九九·刘敬叔孙通列传》）。

［3］"生聚教训"，战国时期，越国积二十年之功做此事。"越十年生聚，而十年教训"（《左传·哀公元年》），可见聚众与教训之事乃累世所积，非一时之功。

［4］王夫之曰："自唐以上，财赋所自出，皆取之豫、兖、冀、雍而已足，未尝求足于江、淮也"，第五琦（712—782年）之后，"人视江、淮为腴土，刘晏因之辇东南以供西北，东南之民力殚焉，垂及千年而未得稍纾"（王夫之：《读通鉴论·卷二三·唐肃宗》）。又曰：安史之乱后"唐终不倾者，东南为之根本也。唐立国于西北，而植根本于东南，第五琦、刘晏、韩滉，皆借是以纾天子之忧，以抚西北之士马而定其倾"（王夫之：《读通鉴论·卷二六·唐宣宗》）。陈靖上书论宋世局面："国家御戎西北而仰漕东南。"（李焘：《续资治通鉴长编·卷四五》）

◎愚按：晋室南渡和隋唐京杭大运河的开发带动了长江中下游地区的开发，中国历史地理大势由长安与洛阳之间东西形态，逐渐转向纵穿黄河与长江的南北形态。

［5］卫国濮阳人吕不韦贾于邯郸，见秦质子异人，归而谓父曰："耕田之利几倍？"曰："十倍。""珠

玉之赢几倍？"曰："百倍。""立国家之主赢几倍？"
曰："无数。"曰："今力田疾作，不得暖衣余食；
今建国立君，泽可以遗世。愿往事之。"（《战国策·秦
策五》）

九、方镇

今封建之事远矣；因时乘势，则方镇可复也。自唐以方镇亡天下，庸人狃之，遂为厉阶。然原其本末则不然。当太宗分置节度，皆在边境，不过数府；其带甲十万，力足以控制寇乱。故安禄山、朱泚皆凭方镇而起，乃制乱者亦藉方镇。其后析为数十，势弱兵单，方镇之兵不足相制，黄巢、朱温遂决裂而无忌。

然则唐之所以亡，由方镇之弱，非由方镇之强也。是故封建之弊，强弱吞并，天子之政教有所不加；郡县之弊，疆场之害苦无已时。欲去两者之弊，使其并行不悖，则沿边之方镇乎？

天下形势，有都会，有方镇。此节，梨洲由都会转入方镇。周秦之变是三代上下的转关事件，有多重面向，其中之一就是由封建而入郡县，梨洲在明清易代之际回望周秦之变，封建之事不可谓不遥远。[1]虽然时更世异，梨洲以为封建（方镇／藩镇）之制仍可复还人世，再起作用。晚唐面临藩镇割据的局面，也因为安史之乱而由中兴之世急转直下，所以人们通常将唐朝亡国归咎于藩镇尾大不掉。[2]

梨洲反其道而行之，以为庸人俗见拘泥于此，竟认为方镇是祸端，若考察方镇的本末原委，就知道其实并非如此。具体而言，唐太宗虽然设置节度使，但都是在边疆之地，并非中央腹地，且不过几个而已，数量不多，兵力十万，力量足够控制敌寇内乱。所以，虽然安禄山和朱泚以藩镇之力发动叛乱，而制服叛乱的恰恰也是藩镇力量。安禄山和朱泚叛乱后，朝廷以为叛乱的原因就是藩镇太强，遂将其拆分为数十个，每一个藩镇都变得势单力薄，再想用以制服叛乱的藩镇便不复可能了，所以黄巢（820—884年）、朱温（852—912年）才会与王朝政权决裂，无所忌惮。[3]

梨洲之论与俗见常识恰恰相反，他认为唐朝败亡的原因非但不是方镇之强（藩镇割据），反倒是方镇之弱。此论既定，梨洲总括封建与郡县之得失，判定封建之弊在于力强者兼并，而天子政教无法敷衍；郡县之弊则在于边疆祸患不止。既然二者各有利弊，不若两制并行，相互矫正，边疆〔疆场（yì）〕之地施以方镇。[4]

[1]《建都》和《方镇》两章即是基于政治地理学和军事地理学视野的考察。秦朝在天下范围内废封建制，行郡县制；汉朝代秦而起，却因为刘邦在起义军中没有确立绝对的领导地位，不得不实行分封，但为了钳制异姓王，便大封同姓王，"贵族之制去，则主势孤危，在朝皆羁旅之臣，无可托信者"（夏曾佑：《中国古代史》，第277页），这样一来，郡县制与封建制并行，历经五代（高祖、惠帝、文帝、景帝、武帝），

方才使郡县制全面推行（纸屋正和：《汉代郡县制的展开》），自此以后封建制成为历史故事。

[2] 顾亭林曰："秦之亡，不封建亡，封建亦亡。"（顾炎武：《亭林文集·郡县论一》）

"古之有天下国家者，其兴亡治乱，未始不以德，而自战国、秦、汉以来，鲜不以兵。夫兵岂非重事哉……盖唐有天下二百余年，而兵之大势三变：其始盛时有府兵，府兵后废而为彍骑，彍骑又废，而方镇之兵盛矣……初，府兵之置，居无事时耕于野，其番上者，宿卫京师而已。若四方有事，则命将以出，事解辄罢，兵散于府，将归于朝。故士不失业，而将帅无握兵之重，所以防微渐、绝祸乱之萌也。及府兵法坏而方镇盛，武夫悍将虽无事时，据要险，专方面，既有其土地，又有其人民，又有其甲兵，又有其财赋，以布列天下。然则方镇不得不强，京师不得不弱，故曰措置之势使然者，以此也。"（《新唐书·卷五〇·兵志》）

梨洲隐而未表者，朱元璋立国后分封诸子为藩王，洪武三年（1370年），"帝惩宋元孤立，失古封建意，于是择名城大都，豫王诸子，待其壮而遣就藩服。外卫边陲，内资夹辅"（《明会要·卷四·帝系四》）。

◎愚按：唐人柳宗元虽然尚未目睹唐朝败亡，却也充分认识到封建的弊端，因此作《封建论》。毛泽东诗曰："熟读唐人封建论，莫从子厚返文王。"

[3] 唐僖宗乾符二年（875年），黄巢响应王仙芝反唐。朱温先随黄巢叛唐，后又叛巢投唐，终于篡唐自立（后梁），成为五代的第一个皇帝。

[4]"自唐兴以来，边帅皆用忠厚名臣，不久任，不遥领，不兼统，功名著者往往入为宰相。其四夷之将，虽才略如阿史那社尔、契苾何力，犹不专大将之任，皆以大臣为使以制之。及开元中，天子有吞四夷之志，为边将者十余年不易，始久任矣。"（《资治通鉴·卷二一六·唐纪三二》）

"宋惩五季之乱，削藩镇，建郡邑，一时虽足以矫尾大之弊，然国亦以浸弱。故敌至一州则破一州，至一县则破一县，中原陆沈，痛悔何及？今宜分天下为四镇，建都督统御于其中。"（《宋史·卷四一八·文天祥传》）

顾亭林曰："世言唐亡于藩镇，而中叶以降，其不遂并于吐蕃、回纥，灭于黄巢者，未必非藩镇之力。"（顾炎武：《日知录·卷九·藩镇》）又曰："封建之失，其专在下；郡县之失，其专在上……有圣人起，寓封建之意于郡县之中，而天下治矣。"（顾炎武：《亭林文集·郡县论一》）

宜将辽东、蓟州、宣府、大同、榆林、宁夏、甘肃、固原、延绥俱设方镇，外则云、贵亦依此例，分割附近州县属之。务令其钱粮兵马，内足自立，外足捍患；田赋商税，听其征收，以充战守之用；一切政教张弛，不从中制；属下官员亦听其自行辟召，然后名闻。每年一贡，三年一朝。终其世兵民辑睦，疆场宁谧者，许以嗣世。

梨洲以为边陲要地堪称重镇者九处（辽东、蓟州、宣府、大同、榆林、宁夏、甘肃、固原、延绥），应设方镇守备。[1] 在此之外，梨洲又添云南、贵州两地，将附近郡县部分属地划归云、贵两镇。如此一来，设置了十一个边地的方镇，其钱粮兵马，对内足以维系自立，对外足以排拒敌患；田赋与商税，悉听尊便，由方镇征收，用于战备守成。一切政教事宜依地自处，张弛有度，不必全部按照中央规定；官员任命，也由方镇自行征召使用，唯列举名册上报中央即可。[2]

虽然相比于郡县，方镇有许多便宜行事之权，但正因如此，进贡与朝觐所象征的权力秩序就更为重要了。这些方镇每年均须向中央进贡，三年一次入朝觐见。如果执掌方镇的将领，终其一生能够使兵民和睦（"辑睦"），边疆安宁，就可以赐其后代世袭其位。[3]言下之意，方镇之权，不可以全部世袭，只有推动治世者才可以世袭，而既然以治世为标准，那么世袭就随时可以被终止。

疏证

[1] "其边陲要地称重镇者凡九：曰辽东，曰蓟州，曰宣府，曰大同，曰榆林，曰宁夏，曰甘肃，曰太原，曰固原。皆分统卫、所、关、堡，环列兵戎。纲维布置，可谓深且固矣。"（《明史·卷四〇·地理志一》）明制九镇分别是甘肃（治所甘州，今张掖）、固原（治所固原）、宁夏（治所宁夏，今银川）、延绥（治所榆林）、大同、宣府（治所宣化）、蓟州（治

所蓟州，今迁西）、辽东（治所辽阳，今沈阳）。

"元人北归，屡谋兴复。永乐迁都北平，三面近塞，正统以后，敌患日多。故终明之世，边防甚重。东起鸭绿，西抵嘉峪，绵亘万里，分地守御。初设辽东、宣府、大同、延绥四镇，继设宁夏、甘肃、蓟州三镇，而太原总兵治偏头，三边制府驻固原，亦称二镇，是为九边。"（《明史·卷九一·兵志三》）梨洲此处所设计九镇与明制基本重合，只是不再列太原，而是将榆林和延绥并列。清人杨素蕴（1630—1689年）曰："天下之势在九边，而秦有其三，三边之劲甲天下，而榆林居其首。"（谭吉璁：《陕西延绥镇志》）

◎愚按：杨素蕴所言"秦有其三"即谓陕西、宁夏、延绥三镇。《明史》两处所载略有不同，因为延绥治所在榆林，所以二者可以互换。九边是"长城沿线保卫中国不受亚洲内陆侵袭的几个地区"（牟复礼、崔瑞德编：《剑桥中国明代史》，第408页）。

［2］如此一来，凡置十一方镇，分布于东北、西北、西南三个边域。与此同时，郡县制与封建制相结合，边地方镇的封建建制与中央腹地的郡县建制各有依凭。

［3］孟子曰："天子适诸侯曰巡狩，诸侯朝于天子曰述职……一不朝，则贬其爵；再不朝，则削其地；三不朝，则六师移之。"（《孟子·告子下》）汉儒有言："使百姓辑睦，无怨思之色，四夷顺德，无叛逆之忧。"（桓宽：《盐铁论·卷五·相刺》）

凡此则有五利：今各边有总督，有巡抚，有总兵，有本兵，有事复设经略，事权不一，能者坏于牵制，不能者易于推委；枝梧旦夕之间，掩饰章奏之上，其未至溃决者，直须时耳。

统帅专一，独任其咎，则思虑自周，战守自固，以各为长子孙之计，一也。

国家一有警急，常竭天下之财，不足供一方之用，今一方之财自供一方，二也。

边镇之主兵常不如客兵，故常以调发致乱，天启之奢酋、崇祯之莱围是也，今一方之兵自供一方，三也。

治兵措饷皆出朝廷，常以一方而动四方，既各有专地，兵食不出于外，即一方不宁，他方宴如，四也。

外有强兵，中朝自然顾忌；山有虎豹，藜藿不采，五也。

义解

各个边疆之地，既有总督，又有巡抚、总兵，还有本兵（执掌兵权，明朝兵部尚书别名），一旦遇到边疆战事，还会再设置经略。[1] 这样一来，处理战事之权不能集中，有能之人反而受其中关系混乱的掣肘，无法施展；无能之人则彼此推诿，无所作为。要知道，战争就意味着非常时刻，这样事权分散，使各位责任人在战时的日常事务中彼此牵绊、相互龃龉，各自上呈朝廷的奏章又在掩饰真正的情况，纵然没有看到溃败，也不过是时间问题。

梨洲以为若使用郡县与封建的两种制度，会有五种好处：其一，统帅专由一人，则独自担责，难以推卸，必自顾思虑周全，战备守成安能不固？若得周全，可以福荫后世，谁人不为子孙筹谋？其二，国家遇紧急情况，常竭尽天下之财，尚不足以供应一方之需，而今方镇自主其赋税，可供其自立自用。其三，边镇之地，时常调发客兵前来，容易造成叛乱，天启之奢酋、崇祯之莱围就是先例。一方之兵自行供养，便可避免这一问题。[2] 其四，上承第二点，治兵与筹措军饷出自中央，既然朝廷统筹全局，那么一定会因为一方之事而牵动四方，如若各军各有其专属之地，可以兵农合一，兵与食皆自备自用，纵然一方有难，他方仍可无虞。其五，既然边镇有强军驻扎，京师内朝自然有所顾忌，不会胡作非为。[3]

疏证

[1]"巡抚之名，起于懿文太子巡抚陕西。永乐十九年，遣尚书蹇义等二十六人巡行天下，安抚军民。"巡抚之职，"事毕复命，即或停遣"。"巡抚兼军务者加提督，有总兵地方加赞理或参赞，所辖多、事重者加总督。"（《明史·卷七三·职官志二》）

"经略"之名起于万历二十年（1592年），宋应昌（1536—1606年）就任经略。明熹宗朱由校天启元年（1621年），"又以内阁孙承宗督师经略山海关，称枢辅"（《明史·卷七三·职官志二》）。

[2]天启元年，征川兵援辽，贵州土司奢崇明（?—1629年，因系土司，故称为"酋"）父子"请行"，"先遣土目樊龙、樊虎以兵诣重庆。巡抚徐可求汰其老弱，饷复不继，龙等遂反"（《明史·卷二四九·朱燮元传》）。

崇祯四年（1631年），已归入登州巡抚孙元化的毛文龙旧部孔有德（约1602—1652年）奉命增援辽东，趁机围攻莱州，最后降清（《清史稿·卷二三四·孔有德传》）。这些实例证明不能随意调拨客兵增援。

［3］"山有猛兽，林木为之不斩；园有螫虫，藜藿为之不采。"（《淮南子·说山训》）

十、田制（一）

　　昔者禹则壤定赋，《周官》体国经野，则是夏之所定者，至周已不可为准矣。当是时，其国之君，于其封疆之内，田土之肥瘠，民口之众寡，时势之迁改，视之为门以内之事也。

义解　　食货是民生基本问题，牵涉田地与财政。[1]农田之制，不可不察。梨洲三论田制，通贯历代田赋的演变历程。[2]如前文《原法》所言，一代有一代之法，是故贡赋虽然始于禹，但自禹而降，夏、商、周三代各有其制。《周官》"体国经野"，所述周礼之制，已经与夏朝贡赋明显不同[3]；夏朝之法不能再流通于周朝，正在于时更世（势、事）异，不可守株待兔。[4]在周朝治下，疆界之内，田土肥沃贫瘠与否，民众多寡与否，时事变更迁移之势，皆在国君职分之内，正如其家事一般（与后世所谓以公谋私有根本不同）。[5]

疏证　　[1]班固记曰："《洪范》八政，一曰食，二曰货。"（《汉书·卷二四上·食货志上》）"其曰'农用八政'，农，食货之本也。唐杜佑作《通典》，首食货而先田制，其能推本《洪范》八政之意欤。"（《宋史·卷一七三·食货志上一》）

历代食货志举隅："昔者先王量地以制邑，度地以居民，因三才以节其务，敬四序以成其业，观其谣俗而正其纪纲。"（《晋书·卷二六·食货志》）"王者量地以制邑，度地以居人，总土地所生，料山泽之利，式遵行令，敬授人时，农商趣向，各本事业。"（《隋书·卷二四·食货志》）

"先王之制，度地以居人，均其沃瘠，差其贡赋，盖敛之必以道也。量入而为出，节用而爱人，度财省费，盖用之必有度也，是故既庶且富，而教化行焉。"（《旧唐书·卷四八·食货志上》）"古之善治其国而爱养斯民者，必立经常简易之法，使上爱物以养其下，下勉力以事其上，上足而下不困。故量人之力而授之田，量地之产而取以给公上，量其入而出之以为用度之数。是三者常相须以济而不可失，失其一则不能守其二。"（《新唐书·卷五一·食货志一》）

［2］《记》曰："取财于地，而取法于天。富国之本，在于农桑。"（《明史·卷七七·食货志一》）"禹别九州，随山浚川，任土作贡。"（《尚书·禹贡》）司马迁曰："自虞、夏时，贡赋备矣。"（《史记·卷二·夏本纪》）顾亭林曰："古来田赋之制，实始于禹。"（顾炎武：《日知录·卷七》）

［3］《周官》（汉刘歆易名为《周礼》）凡六篇，分别以天、地、春、夏、秋、冬命名。全书开篇即是："惟王建国，辨方正位，体国经野，设官分职，以为民极。"六篇每篇都以之为开篇第一句，作为要义总论，反复伸张。"国"与"野"相对，前者指京畿之地，

187

后者指京畿之外，体国经野就是划定位置，测量土地。孟子曰："夫仁政必自经界始。经界不正，井地不均，谷禄不平。是故暴君污吏必慢其经界。经界既正，分田制禄，可坐而定也。"（《孟子·滕文公上》）

[4]韩非子曰："宋人有耕者，田中有株，兔走触株，折颈而死，因释其耒而守株，冀复得兔，兔不可复得，而身为宋国笑。今欲以先王之政，治当世之民，皆守株之类也。"（《韩非子·五蠹》）

[5]"普天之下，莫非王土；率土之滨，莫非王臣。"（《诗经·小雅·北山》）

井田既坏，汉初十五而税一，文、景三十而税一，光武初行什一之法，后亦三十而税一。盖土地广大，不能缕分区别，总其大势，使瘠土之民不至于甚困而已。是故合九州之田，以下下为则，下下者不困，则天下之势相安。吾亦可无事于缕分区别而为则壤经野之事也。

义解

秦孝公（前381—前338年）要复兴秦国，重用商鞅（约前395—前338年），在此基础之上，嬴政最终一统天下，实现了周秦之变，也就形成了由三代之上到三代之下的转关，由封建而郡县。汉承秦制，此后郡县遂成定制。[1]土地制度变革，势必牵连税制的变化。孟子讲什一而税（即取十分之一）、王者之政。秦制严苛，汉朝矫正。汉初只需要十五而税一（即取十五分之一），文帝、景帝甚至曾采取三十税一的政策，已经远优于孟子所提出的标准。[2] 东汉光武帝刘秀（前5—57年）初年百废待兴，行什一税；建武六年（30年），已屯田积粮，复行三十税一之法。[3]

另外，因为土地广阔，不能条分缕析，加以区别，应当总览大概，势必不使贫瘠土地上的人民过于困苦。举天下之田地，以下下等土地为准则，耕锄下下等土地的人民如果不受困苦，那么天下势必能够安定。一代有一代之法，如夏朝则壤、周朝体国经野之事，若能使下下等土地之人民不受困苦，则夏、周故事不必再做。

疏证

［1］"坏井田，开仟伯。"（《汉书·卷二四上·食货志上》，仟伯即阡陌）三代井田之制即阡陌，秦开阡陌、废井田，乃创新制。"开"非开创，与"废"同义，乃开掘之意（参见朱熹：《开阡陌辨》）。

［2］孟子曰："昔者文王之治岐也，耕者九一，仕者世禄，关市讥而不征，泽梁无禁，罪人不孥。"（《孟子·梁惠王下》）班固记汉高祖："于是约法省禁，轻田租，什五而税一，量吏禄，官度用，以赋于民。"（《汉书·卷二四上·食货志上》）

◎愚按：西汉文帝刘恒（前203—前157年）曾一度全部免收田租，汉文帝曾诏曰："农，天下之本，务莫大焉。今廑身从事，而有租税之赋，是谓本末者无以异也，其于劝农之道未备。其除田之租税。"（《汉书·卷四·文帝纪》）前后历十一年之久，这是中国历史上仅有的一次（钱穆：《中国历代政治得失》，第 15 页）。

[3]"顷者师旅未解，用度不足，故行什一之税。今军士屯田，粮储差积。其令郡国收见田租三十税一，如旧制。"（《后汉书·卷一下·光武帝纪下》）

夫三十而税一，下下之税也，当三代之盛，赋有九等，不能尽出于下下，汉独能为三代之所不能为者，岂汉之德过于三代欤？古者井田养民，其田皆上之田也。自秦而后，民所自有之田也。上既不能养民，使民自养，又从而赋之，虽三十而税，较之于古亦未尝为轻也。

三十而税一为下下等的税收，所收之税几近于最低。夏、商、周三代盛世，尚且赋分九等[1]，未必全是如此低的赋税，然而汉朝却做到了。这样一看，古今对比，难道不能说汉朝的德性已经超过了三代，又怎能说三代以下不如三代以上？须知，在井田制之下，养民之田都是上等之田，自秦废井田之后，田不再是公有，而变成私田。[2]

如此一来，朝廷其实就失去了征收赋税的理据。井田制下田为公有，养民之田也都是上等之田；田地出自朝廷，那么便理应拿出部分田产作为赋税。可问题是，三代以下，田地成为人们的私产，既然田地并非朝廷所提供，朝廷自然就失去要求民人缴纳赋税的理据。上位者既然不能养民，只能使民人自养自足，复又征赋于民，纵然三十而税一，较之三代盛世，必不轻省。[3]

疏证

[1]禹别九州,然后土分九等,赋分九等(参见《尚书·禹贡》)"孝景二年,令民半出田租,三十而税一也。"(《汉书·卷二四上·食货志上》)

[2]董仲舒曰："古者税民不过什一，其求易共……至秦则不然，用商鞅之法，改帝王之制，除井田，民得卖买，富者田连仟伯，贫者亡立锥之地。"(《汉书·卷二四上·食货志上》)

[3]刘子曰："当时田授于上，故税其十一而无愧。今以民所自买之田，必欲仿古之什一，已为不伦。且封建变为郡县，苟处置得宜，以天下而养一人，所入不赀，则二十取一，何为不可？汉氏三十而税一，未见其不足也。"(黄宗羲:《孟子师说·卷六·"二十而取一"章》)

梨洲又曰："先王之时，民养于上。其后民自为养。又其后横征暴敛，使民无以自养……孟子以二十取一为貉道，以授田时言之也。若其所自买之田，即如汉之三十而取一，亦未见其为恩也，而况于后世之赋轻者十取其三，重者十取其五六，民何以为生乎？民既无以为生，则隐避催科，诡计百端，并亦难乎其为上矣。"(黄宗羲:《破邪论·赋税》)顾亭林曰："自三代以下，人主之于民，赋敛之而已尔。"（顾炎武：
《亭林文集·卷五·华阴王氏宗祠记》）

至于后世，不能深原其本末，以为什一而税，古
之法也。汉之省赋，非通行长久之道，必欲合于古法。
九州之田，不授于上而赋以什一，则是以上上为则也。
以上上为则，而民焉有不困者乎？

汉之武帝，度支不足，至于卖爵、贷假、榷酤、
算缗、盐铁之事，无所不举，乃终不敢有加于田赋者，
彼东郭咸阳、孔仅、桑弘羊，计虑犹未熟与？

然则什而税一，名为古法，其不合于古法甚矣。
而兵兴之世，又不能守其什一者，其赋之于民，不任
田而任用，以一时之用制天下之赋，后王因之。后王
既衰，又以其时之用制天下之赋，而后王又因之。呜呼！
吾见天下之赋日增，而后之为民者日困于前。

义
解

后世浮皮潦草，未经考镜源流的地方很多，正因
如此，梨洲才会在《明夷待访录》开篇首列《原君》《原
臣》《原法》，就是要在中国政治史的回顾中探原究竟。
《田制》三章即论田制的本源与流变。

后世不考镜源流，流俗之人往往以为取十分之一
为税是古代（三代以上）的法则，汉朝取三十分之一
为税不能通行于世，因此就要返回古人所要求的"什
一而税"。然而，此中所谓复古已错认"古"之何所
谓。天下田地既然都是私田，并非得自上位者的分封，

却又与得自上位者的公田一样，被征收十分之一的赋税，相较于三代以上的古人而言，自然是赋税更重。两相对照，复行什一税，名为行古人税法，实则违背古人田地与赋税对应的原则，导致税法不变而赋额加多。按照这种办法征收赋税，民人生活怎么能不困苦？尽是困苦民人的天下又怎能保全、长久？

汉文帝、景帝时期赋税很轻，汉武帝刘彻（前156—前87年）开疆扩土，耗资众多，他在位时有三个突出的财政人才，即东郭咸阳、孔仅和桑弘羊[1]。他们为了弥补财政不足，想了很多办法：其一，卖爵；其二，向富商借款；其三，朝廷垄断酒与盐铁专卖权[2]；其四，计其缗贯而税（即征收财产税）。武帝时期即便开销很大，然而终究不敢增加田赋，难道是因为这些财政人才不懂得计划筹谋吗？[3]

古代的什一之法是仁政的体现。[4]结合前文《原法》可知，古今田制既然已经发生变化，那么以今世之田而沿用古代的什一之法，便非古法，不过非法之法。古今征收赋税都取十分之一，虽名同而实异。

今世仍然征收十分之一的赋税，不过徒有赋税轻省之名。更糟糕的在于，一旦遭遇战乱之世，什一之法也不能坚守，而加赋于民，考虑的不是田力，而是朝廷的用度，也便依朝廷一时之用度来制定天下赋收，后来的君主都因袭此举，"不任田而任用"的办法就成了不成文的定制，可谓不定之定制。取赋于民，所依凭者非田地多少，而是王朝所用之数。如此一来，什一之税本已悖逆古法，此时更与古法相去甚远，则民何以聊生？

后王承衰败之世，因袭沿用定赋之举，终究恶性循环，饮鸩止渴。所谓复古代赋税之法，不过是为了遮盖法后王、依用度征赋税的真实情况。后王不暇自哀，而后王哀之，后王哀之而不鉴之，亦使后王而复哀后王也。呜呼哀哉！天下之赋收与日俱增，而民众之生计每况愈下。

疏证

[1] 司马迁记曰："以东郭咸阳、孔仅为大农丞，领盐铁事；桑弘羊以计算用事，侍中。咸阳，齐之大煮盐，孔仅，南阳大冶，皆致生累千金，故郑当时进言之。弘羊，洛阳贾人子，以心计，年十三侍中。故三人言利事析秋豪矣……弘羊令吏坐市列肆，贩物求利。"（《史记·卷三〇·平准书》）

"孔仅为大司农丞，领管盐铁。桑弘羊，洛阳贾人子，以能心计，年十三为侍中，言利事皆析秋毫，而始算缗钱及车船矣。其后弘羊请置大司农部丞数十人，分主郡国，各得往置均输盐铁官，令远方各以其物商贾所贩卖为赋，而相准（灌）输，置平准官于京师。"（《前汉纪·卷十三·孝武皇帝纪四》）

孟献子曰："与其有聚敛之臣，宁有盗臣。"（《礼记·大学》）"盗臣诚可恶，然一人之害尔。聚敛之臣用，则经常之法坏，而下不胜其弊焉。"（《新唐书·卷五一·食货志一》）

◎愚按：汉武帝时期，对匈奴作战耗费甚巨，"兴利之臣自此而始"（《汉书·卷二四下·食货志下》）。汉武帝时期的经济政策也被视作重商主义，不过这种重商主义与现代早期欧洲的重商主义截然不同。后者鼓励和保护商人的特权，而汉武帝时期则打压私人商业，招揽商人进入政府管理国营机构（万志英：《剑桥中国经济史：古代到19世纪》，第99页）。

［2］卖爵：汉武帝下诏令有司"议令民得买爵及赎禁锢免减罪"，结果"吏道杂而多端，则官职耗废"。向富商借款："山东被水灾，民多饥乏，于是天子遣使者虚郡国仓廥以振贫民。犹不足，又募豪富人相贷假。"（《史记·卷三〇·平准书》）朝廷垄断酒与盐铁专卖权：天汉三年（前98年）"初榷（què）酒酤（gū）"（《汉书·卷六·武帝纪》）。昭帝始元六年（前81年）"议罢盐、铁、榷酤"（桓宽：《盐铁论》；《汉书·卷七·昭帝纪》）。

［3］◎愚按：武帝时期的司马迁撰写《史记》，"八书"结尾为《平准书》，"七十列传"结尾为《货殖列传》（《太史公自序》作为全书总序，不在其列，所以倒数第二篇的《货殖列传》就是列传的结尾），二者无疑指向武帝时期注重财货的流行精神。

［4］"古者曷为什一而藉？什一者，天下之中正也。多乎什一，大桀、小桀；寡乎什一，大貉、小貉。什一者，天下之中正也，什一行而颂声作矣。"（《春秋公羊传·宣公十五年》）

儒者曰："井田不复，仁政不行，天下之民始敝敝矣。"

孰知魏晋之民又困于汉，唐宋之民又困于魏晋，则天下之害民者，宁独在井田之不复乎？今天下之财赋出于江南；江南之赋至钱氏而重，宋未尝改；至张士诚而又重，有明亦未尝改。

义解

嬴秦结束战国之时，废封建（井田），举郡县。有儒者以为，若不能复行井田制，则仁政再现无望，天下之民深陷疲敝困苦。[1]问题是，魏晋之民在汉之后而较汉人尤困，唐宋之民在魏晋之后而较魏人尤困，每况愈下，难道只是因为井田制一去不复返吗？由唐宋而至明自是明朝遗民梨洲更为关心的问题。天下的赋税大多出自经济繁荣的江南地区，因此赋税的重担便主要压在了江南，而江南的赋税在钱镠（852—932年）统治时已被大大加重[2]，延续至宋而未改。至张士诚（1321—1367年）统治期间，江南地区民众缴纳更多赋税，至明朝建立未曾改变。[3]

疏证

［1］孟子曰："夫仁政必自经界始。经界不正，井地不均，谷禄不平。"（《孟子·滕文公上》）胡翰曰："井田不复，仁政不行。"（胡翰：《胡仲子集·卷一·井牧》）

［2］钱镠（liú），唐末五代时期逐渐占据两浙十三州，为吴越王。"钱氏兼有两浙几百年，其人比

诸国号为怯弱，而俗喜淫侈，偷生工巧。自镠世常重敛其民以事奢僭，下至鸡鱼卵毂，必家至而日取。"（《新五代史·卷六七·吴越世家》）

◎愚按：然而，钱镠之世是否赋税繁重，明朝即有人异议，而今又有诸多正反意见（托名马荗臣：《五代史吴越世家疑辨》；何勇强：《钱氏吴越国史论稿》，第328—352页）。

[3]"元自世祖用伯颜之言，岁漕东南粟，由海道以给京师，始自至元二十年，至于天历、至顺，由四万石以上增而为三百万以上，其所以为国计者大矣。历岁既久，弊日以生，水旱相仍，公私俱困，疲三省之民力，以充岁运之恒数。"（《元史·卷九七·食货志五》）

张士诚是元末农民起义领袖之一。元朝至正十九年到二十三年（1359—1363年），五次向江南地区大规模征粮，因为农民起义中断了江南至京师的运粮通道，既已投降元朝的张士诚协助征粮，直至至正二十三年，再次自立为王。

故一亩之赋，自三斗起科，至于七斗，七斗之外，尚有官耗私增。计其一岁之获，不过一石，尽输于官，然且不足。乃其所以至此者，因循乱世苟且之术也。吾意有王者起，必当重定天下之赋；重定天下之赋，必当以下下为则而后合于古法也。

或曰："三十而税一，国用不足矣。"

夫古者千里之内，天子食之，其收之诸侯之贡者，不能十之一。今郡县之赋，郡县食之不能十之一，其解运至于京师者十有九。彼收其十一者尚无不足，收其十九者而反忧之乎？

一亩田地的赋税收入，由三斗算起，累加到七斗；除此之外，尚且有官府损耗和私自增加的杂派。因此之故，历代赋税改革，其结局非但不能减轻农民负担，反倒使农民负担日益加重（详参下文《田制三》义解）。一年收获不过一石，尽数上交于官府，尚且不足。乱世苟且之术，便是因用而加赋（按需加赋），寅吃卯粮，故民不聊生。

梨洲以为，若有王者起，必当重定天下赋税。新王不必创制，不过效仿古法而已。以下下等数额之赋税，方才合于古法，不致沦为非法之法。

梨洲提案一出，已料到必有人担忧，以三十分之一征收赋税，则国库空虚，不足为用。这是对以上田制之论的总结。天子所收诸侯的贡赋，尚且不足十分之一，但依然成就了治世。[1] 今世郡县所收之赋，十分之九运至京师，供朝廷所使（参见《明夷待访录·建都》）。古之天子，收十分之一而无不足，今之天子，收十分之九仍有不足。古今之变亦大矣。

[1] 孟子曰："天子之制，地方千里。"（《孟子·万章下》）

十一、田制（二）

自井田之废，董仲舒有限民名田之议，师丹、孔光因之，令民名田无过三十顷，期尽三年而犯者没入之。其意虽善，然古之圣君，方授田以养民，今民所自有之田，乃复以法夺之，授田之政未成而夺田之事先见，所谓行一不义而不可为也。

义解

井田既废，田地由国有渐变为私有，土地兼并之事随之兴起。[1]董仲舒倡议限制百姓私人占田，以防兼并之事。[2]师丹（？—3年）延续董氏之说，丞相孔光（前65—5年）也认可[3]，规定百姓私人田产不过三十顷，三年期至仍超额者，没收其田产。一般人看得到董仲舒、师丹、孔光的立意之高，但梨洲看得更加深远，以为上述政策的问题不在于是否可行、能否落实，而在于其效果可能与立意南辕北辙。[4]

古代圣王行井田制，授田养民，而井田既废，时至今日，田为民自有，限民名田之举虽然立意甚高，却有立法夺田的嫌疑。井田已废，民不再受田于上，而夺田之事又现于人间，如是，强力推行均田制改革便是以不义行义，非梨洲所愿。[5]

[1] 杜佑论秦孝公用商鞅计废井田，"虽获一时之利，而兼并逾僭兴矣"（《通典·卷一食货一·田制上》）。陆贽（754—805年）曰："今富者万亩，贫者无容足之居，依托强家，为其私属，终岁服劳，常患不充。"（《新唐书·卷五二·食货志二》）

[2] 董仲舒曰："或耕豪民之田，见税什伍……古井田法虽难卒行，宜少近古，限民名田，以澹不足，塞并兼之路。"（《汉书·卷二四上·食货志上》）王应麟记曰："汉董仲舒请限民名田。名田，占田也。各为立限，不使富者过制，贫弱之家可足也。胡氏曰：'限田终不能行者，以人主自为兼并，无以使民兴于廉也。'"（王应麟：《困学纪闻·卷十六考史·历代田制考》）该书另注曰："武帝时，贾人有市籍及家属，皆无得名田。"

[3] 汉哀帝刘欣（前25—前1年）刚即位时，师丹辅政，曰："古之圣王莫不设井田，然后治乃可平。孝文皇帝承亡周乱秦兵革之后，天下空虚，故务劝农桑，帅以节俭。民始充实，未有并兼之害，故不为民田及奴婢为限。今累世承平，豪富吏民訾数巨万，而贫弱俞困。"（《汉书·卷二四上·食货志上》）丞相孔光、大司空何武奏请："列侯在长安，公主名田县道，及关内侯、吏民名田皆毋过三十顷。"（《汉书·卷二四上·食货志上》）足见豪强（大地主）已渐成势。

◎愚按：两汉时期，大地主私有制体现为"三家"，即经营工商而兴的"豪家"、依附皇权的"权家"和受有爵命的"命家"（赵俪生：《中国土地制度史》，第 56—57 页）。

[4] 徐干曰："昔孝哀皇帝即位，师丹辅政，建议令畜田宅奴婢者有限，时丁傅用事，董贤贵宠，皆不乐之，事遂废覆。夫师丹之徒，皆前朝知名大臣，患疾并兼之家，建纳忠信，为国设禁，然为邪臣所抑，卒不施行。岂况布衣之士，而欲唱议立制，不亦远乎？"（魏征等：《群书治要·卷四六·中论》）

[5] 孟子曰："行一不义、杀一不辜而得天下，皆不为也。"（《孟子·公孙丑上》）

或者谓："夺富民之田则生乱，欲复井田者，乘大乱之后，土旷人稀而后可，故汉高祖之灭秦，光武之乘汉，可为而不为为足惜。"

夫先王之制井田，所以遂民之生，使其繁庶也。今幸民之杀戮，为其可以便吾事，将使田既井而后人民繁庶，或不能于吾制无龃龉，岂反谓之不幸与？

义解

有人指出，"限民名田"就是夺走富民的田地，夺人田地就会生乱，大乱之后，地广人稀，这样一来，想要复还井田制的人，便可以趁机重新厘定田地。秦汉之际、西汉末年，汉高祖刘邦、光武帝刘秀都有复还井田制的时机，然而最终却没有这样做，真是憾事一桩。[1]

以上所论仍是流俗之见，却是常人目力所及，然而梨洲黄雀在后，看到这一主张背后的危险。既然认为大乱是重定田地的机遇，那么每一次需要重定田地，是否就意味着当政者首先要转而推动乱世的到来？三代以上，先王的井田之制，立意是要民生顺遂，繁衍生息。梨洲站在天下人的角度考虑，认为君主不应该去满足自己僭越的想法。[2]

先王推行井田制，是为了天下民人；而今天却要将复行井田制奠基于大乱，既然基础或前提是有问题的，那么复行井田制的行为又能有多少善的可能？今时今日，可以为了实行井田制，而庆幸天下大乱，众人死于非命，才能方便行事，谓之提供了推行井田制的条件，从而可以使天下民人繁衍生息；而如若不能与君主所要推行的制度一致，岂不是反过来要说这是不幸之事了？以为要推倒重来才能解决问题，是将问题无限期延宕，或者归为一己之意。因此，幸与不幸的判定，不在天下苍生，反倒全系于君主自己的想法（"吾制"）。

[1]苏洵曰："既又有言者曰：'夺富民之田以与无田之民，则富民不服，此必生乱。如乘大乱之后，土旷而人稀，可以一举而就。高祖之灭秦，光武之承汉，可为而不为，以是为恨。'"（苏洵：《衡论·田制》）

[2]商鞅曰："故有地狭而民众者，民胜其地；地广而民少者，地胜其民。民胜其地者，务开；地胜其民者，事徕。开则行倍。民过地，则国功寡而兵力少；地过民，则山泽财物不为用。夫弃天物遂民淫者，

世主之务过也，而上下事之，故民众而兵弱，地大而力小。"（商鞅：《商君书·卷二·算地》）"既庶既繁，既顺乃宣，而无永叹。"（《诗经·大雅·公刘》）朱子曰："公刘始于草创，而人从之者已若是其盛，是以居邑由是而成也。"（朱熹：《朱子语类·卷八一·诗二·公刘》）

后儒言井田必不可复者，莫详于苏洵；言井田必可复者，莫切于胡翰、方孝孺。洵以川、路、浍、道、洫、涂、沟、畛、遂、径之制，非穷数百年之力不可。夫诚授民以田，有道路可通，有水利可修，亦何必拘泥其制度疆界之末乎？凡苏洵之所忧者，皆非为井田者之所急也。胡翰、方孝孺但言其可复，其所以复之法亦不能详。余盖于卫所之屯田，而知所以复井田者亦不外于是矣。世儒于屯田则言可行，于井田则言不可行，是不知二五之为十也。

义解

已有儒者认为井田制不可复行于天下，以宋人苏洵之论最为详尽；有的则认为井田制必定可以复行，以胡翰和明人方孝孺（1357—1402年）之论最为切近。在苏洵看来，井田制颇为烦琐，主要在于道路大小的等级划分，《周礼·地官·遂人》已有阐明，但苏洵所述更为详尽。[1]既然如此烦琐，还想要复行井田制就显得迂腐了，若不是积数百年之功，无法建成，纵然是周朝得享封建制，也是因为唐尧、虞舜早就开启

了这项事业。[2] 梨洲指出，何必拘泥于井田制的名相
之争，避开烦琐的制度设计，揪住立法初衷即可，因
此苏洵所忧虑者并非急务，但求授民以田、修道路、
通水利即可。

至于胡翰、方孝孺，虽然都主张复行井田制，但
只论大义，却没有详尽的复行办法。由此以降，梨洲
转而论及他所主张的明朝卫所屯田制（详参《明夷待
访录·兵制一》）与井田制是同志之制，这也是在当
时之世复行井田制的不二之法。儒生以为屯田制可行
而井田制不可行，是不知道两者其实是一回事。

[1] 苏洵曰："三代井田，虽三尺童子知其不可
复。"（苏洵：《衡论·兵制》）又曰："井田之制，
九夫为井，井间有沟，四井为邑，四邑为丘，四丘为甸，
甸方八里，旁加一里为一成，成间有洫，其地百井而
方十里，四甸为县，四县为都，四都方八十里，旁加
十里为一同，同间有浍，其地万井而方百里，百里之
间为浍者一，为洫者百，为沟者万。既为井田，又必
兼修沟洫。沟洫之制，夫间有遂，遂上有径，十夫有沟，
沟上有畛，百夫有洫，洫上有涂，千夫有浍，浍上有道，
万夫有川，川上有路，万夫之地，盖三十二里有半，
而其间为川为路者一，为浍为道者九，为洫为涂者百，
为沟为畛者千，为遂为径者万。此二者，非塞溪壑、
平涧谷、夷丘陵、破坟墓、坏庐舍、徙城郭、易疆垅，
不可为也。纵使能尽得平原广野而遂规画于其中，亦

当驱天下之人，竭天下之粮，穷数百年专力于此，不治他事，而后可以望天下之地尽为井田，尽为沟洫。已而又为民作屋庐于其中，以安其居而后可。"（苏洵：《衡论·田制》）

［2］苏洵曰："吁！亦已迂矣。井田成，而民之死其骨已朽矣。古者井田之兴，其必始于唐虞之世乎？非唐虞之世，则周之世无以成井田。唐虞启之，至于夏商，稍稍葺治，至周而大备。周公承之，因遂申定其制度，疏整其疆界，非一日而遽能如此也，其所由来者渐矣。夫井田虽不可为，而其实便于今。今诚有能为近井田者而用之，则亦可以苏民矣乎！"（苏洵：《衡论·田制》）

◎愚按：苏洵主张施行之法正是本节开篇所述董氏的"限民名田"之法，与梨洲取法不同。三代以下，想要复行井田制，往往面临两种反驳：其一，王莽以复行周制为名篡夺汉室政权，因此如果想要复行井田制，就要与王莽做一切割。方孝孺就专门为此澄清："王莽之乱，非为井田也"，"使莽不行井田，海内亦乱"（方孝孺：《逊志斋集·卷十一·与友人论井田》）。其二，唐宋因方镇强权而王朝衰微，如果想要复行井田制，就要与藩镇割据做一切割。

每军拨田五十亩，古之百亩也，非即周时一夫授田百亩乎？五十亩科正粮十二石，听本军支用，余粮十二石，给本卫官军俸粮，是实征十二石也。每亩二斗四升，亦即周之乡遂用贡法也。

天下屯田见额六十四万四千二百四十三顷，以万历六年实在田土七百一万三千九百七十六顷二十八亩律之，屯田居其十分之一也；授田之法未行者，特九分耳。由一以推之九，似亦未为难行。况田有官民，官田者，非民所得而自有者也。州县之内，官田又居其十分之三。

以实在田土均之，人户一千六十二万一千四百三十六，每户授田五十亩，尚余田一万七千三十二万五千八百二十八亩，以听富民之所占，则天下之田自无不足，又何必限田、均田之纷纷，而徒为困苦富民之事乎？故吾于屯田之行，而知井田之必可复也。

梨洲重新计算（对勘《明夷待访录·兵制一》重新计算养兵之事），认为屯田之制大有可为。明朝给每位军士分配五十亩土地，相当于周制给每人分配一百亩土地。针对每一个军士的五十亩土地，征收十二石的粮食供军士本身使用，另有十二石作为所在卫的军饷，这样实际上就只是征收十二石而已，即每亩二斗四升，仍然是执行周礼的乡遂用贡法。[1]

按照万历六年（1578 年）张居正改革的丈量统计，田亩计七百零一万三千九百七十六顷二十八亩[2]，屯田计六十四万四千二百四十三顷，屯田数量占到全国田地数量的十分之一，而没有王朝授予的田地则占十分之九。举一反三、由一推至九，循序渐进，是可行之道。

况且田地分为官田和民田，州县之内，官田占有十分之三。举国人口一千零六十二万一千四百三十六户，每户五十亩，尚且还有一亿七千零三十二万五千八百二十八亩余田[3]，纵然富民圈地，天下之田也十分充足，均田之制、限民名田之法，都不必再提。

[1]《周礼·地官司徒》："以任地事而令贡赋。"

[2]张居正改革之丈量："万历六年，帝用大学士张居正议，天下田亩通行丈量，限三载竣事。用开方法，以径围乘除，畸零截补"，"总计田数七百一万三千九百七十六顷，视弘治时赢三百万顷"（《明史·卷七七·食货志一》）。

[3]已知全国共七百零一万三千九百七十六顷二十八亩（一顷为一百亩），一千零六十二万一千四百三十六户，每户五十亩，即占五亿三千一百零七万一千八百亩，故得余田一亿七千零三十二万五千八百二十八亩。

难者曰："屯田既如井田，则屯田之军日宜繁庶，何以复有销耗也？"

曰："此其说有四：屯田非土著之民，虽授之田，不足以挽其乡土之思，一也。又令少壮者守城，老弱者屯种，夫屯种而任之老弱，则所获几何，且彼见不屯者之未尝不得食也，亦何为而任其劳苦乎？二也。古者什而税一，今每亩二斗四升，计一亩之入不过一石，则是什税二有半矣，三也。又征收主自武人而郡县不与，则凡刻剥其军者何所不为，四也。而又何怪乎其销耗与？”

诘难的人会指出：既然屯田像井田一样，屯田的部队就会日益繁盛才是，为什么还会日渐削减且有耗损，反倒需要朝廷财政贴补？梨洲认为，有四点原因：

其一，屯田之人非当地土著，虽获受田地，不足以弥补其思念故乡旧土之情。

其二，少壮者守卫城郭，老弱者屯田种地，如此一来，所收获者几何？况且，不屯田种地之人亦得食，老弱者便不复任劳任怨。

其三，古人课税取十分之一，而今每亩取二斗四升，每亩收获不过一石，则今人所科之税实际上是十分之二点五。

其四，征收之事，由军人做主，郡县不得参与，如此一来，剥削军士，无所不用。

明夷待访录义疏

十二、田制（三）

或问："井田可复，既得闻命矣；若夫定税则如何而后可？"

曰："斯民之苦暴税久矣，有积累莫返之害，有所税非所出之害，有田土无等第之害。"

义解 读罢以上陈词，或许有人能够认可井田制可以复行，虽然此一论点已经挑明，仍有问题随之而来，土地分配既已确定，又该如何定税？梨洲认为，纵观三代以下中国历代王朝，税收与税制改革有三种弊端，百姓苦于暴税久矣，梨洲具陈三条，逐一阐明历代赋税改革，每改革一次，赋税反倒随之加重一次。[1]

209

疏证 [1] ◎愚按：近人谓之"黄宗羲定律"（参见秦晖：《"黄宗羲定律"与税费改革的体制化基础：历史的经验与现实的选择》）。在黄宗羲定律之外，中国共产党在 20 世纪推动多次重要土地改革与税收改革，晚近最重要一次改革是，2006 年元旦起，全国正式取消农业税。

何谓积累莫返之害？三代之贡、助、彻，止税田土而已。魏晋有户调之名，有田者出租赋，有户者出布帛，田之外复有户矣。唐初立租庸调之法，有田则有租，有户则有调，有身则有庸，租出谷，庸出绢，调出缯纩布麻，户之外复有丁矣。

杨炎变为两税，人无丁中，以贫富为差，虽租庸调之名浑然不见，其实并庸调而入于租也。相沿至宋，未尝减庸调于租内，而复敛丁身钱米。后世安之，谓"两税，租也；丁身，庸调也"，岂知其为重出之赋乎？使庸调之名不去，何至是耶？故杨炎之利于一时者少，而害于后世者大矣。有明两税、丁口而外，有力差，有银差，盖十年而一值。

历代税收制度改革的第一弊端是积累莫返，即层累叠加，不减反增。夏、商、周三代所征收税赋分别名曰贡、助（藉）、彻。据孟子所述，虽然夏朝每五十亩行一贡，殷朝每七十亩行一助，周朝每一百亩行一彻，但都只是向田地征税，取十分之一。[1]太康元年（280年），西晋武帝司马炎（236—290年）举兵平吴之后，统一中国，从此便有了"户调"的税名，依据民人所有的田地征收租赋，依据民人的户口征收布帛，这样一来，就在三代的田地税之外增加了户税。[2]

因此，唐初设立租庸调之法，征收三种税：依田收租（以谷为租），依户征调（以缯纩布麻为调），户税之外另有人头税（有身则有庸，以绢为庸）。[3]杨炎（727—781年）曾在唐德宗一朝出任宰相，变租庸调为两税法，无论长幼少壮，都以产业多寡相别，虽不再使用租庸调的名义，只保留了"租"的名义，但是人头税（庸）和户税（调）并没有少。原本规定的两税法，不能够再随意增加摊派，然而终究适得其反。[4]

这一点，延续至宋朝，未曾改变，还是以"租"之名征收租、庸、调三种税，非但如此，因为所征税在名义上只是"租"，于是又增加了人头税（丁身钱米），可谓愈加繁重。[5]后人不晓得这个实质，只去看名相，以为两税法只是收田租，没有人头税，所以再收人头税理所应当。殊不知，两税法非但没有减少税收，还在租、庸、调之外另加摊派，宋朝又在此基础上征收人头税，等于收了两次人头税。

如果当时名实相副，没有变租、庸、调为两税法，人们便很容易看出其中的问题所在了，不至于如此税上加税，积累莫返。在这样一个名实相较的背景下来看，杨炎行两税法之政，虽然在当时取得了小利，却终究遗留大害于后世，真可谓利在而害亦伏。但实际上，在赋税的问题上，有明一代较宋朝有过之而无不及，丁要服役，田要出租，复又摊派力差、银差等，十年轮值一次。反复叠加，积累莫返。[6]

疏证

[1]孟子曰："夏后氏五十而贡，殷人七十而助，周人百亩而彻，其实皆什一也。彻者，彻也。助者，藉也。"（《孟子·滕文公上》）班固记曰："鲁宣

公'初税亩'，《春秋》讥焉。"（《汉书·卷二四上·食货志上》）"初税亩。初者，始也；古者什一，藉而不税。初税亩，非正也。"（《春秋穀梁传·宣公十五年》）

◎愚按：《孟子》又进而区分了贡、彻、助，它们的差别也很大，主要在于，贡要交一个定额，那么赋税在丰年就显得太少，而在凶年就显得太多了。初税亩制为《春秋》所讥。

"助"仍涉及公田；而施行"彻"法，即征收田赋，不再由井田制下八家共耕公田，即每家农户为一单位，而不再以八家农户为一单位。（赵冈、陈钟毅：《中国土地制度史》，第9—11页）

[2]"《晋书》曰：武帝平吴后，制户调之式。"（《太平御览·卷六二六·治道部七·贡赋下》）

◎愚按："户调"按户征收，田赋按丁征收；但到成帝咸和五年（330年），按每户实际耕耘面积度田课税，每亩征收定量谷物。（赵冈、陈钟毅：《中国土地制度史》，第24—25页）

[3]租庸调之法："租庸调之法，拓跋氏始之，至唐初而定。"（王夫之：《读通鉴论·卷二〇·唐高祖》）"唐之始时，授人以口分、世业田，而取之以租、庸、调之法……凡授田者，丁岁输粟二斛，稻三斛，谓之租。丁随乡所出，岁输绢二匹，绫、绝二丈，布加五之一，绵三两，麻三斤，非蚕乡则输银十四两，谓之调。用人之力，岁二十日，闰加二日，不役者日为绢三尺，

谓之庸。"（《新唐书·卷五一·食货志一》）

表 5　租庸调税制

税制	租庸调		
税种	土地税	人头税	户税
依据	田	丁（身）	户（家）
名称	租	庸	调
征收	谷	绢	缯纩布麻

[4]"凡民始生为黄，四岁为小，十六为中，二十一为丁，六十为老。"（《新唐书·卷五一·食货志一》）"租庸调之法，以人丁为本。自开元以后，天下户籍久不更造，丁口转死，田亩卖易，贫富升降不实。其后国家侈费无节，而大盗起，兵兴，财用益屈，而租庸调法弊坏。自代宗时，始以亩定税，而敛以夏秋。至德宗相杨炎，遂作两税法。"（《新唐书·卷五二·食货志二》）"盖口分、世业之田坏而为兼并，租、庸、调之法坏而为两税。"（《新唐书·卷五一·食货志一》）"户无主客，以居者为簿；人无丁中，以贫富为差。"（《新唐书·卷五二·食货志二》）

◎愚按：均田制由北魏（北族政权）推行而得唐朝继承。唐德宗时均田制已彻底破产，建中元年（780年），虽未明令废除均田法但已承认土地私有，以两税法（一年交两次税）取代租庸调，只以资产为宗，不以丁身为本（陈登原：《中国田赋史》）。户税、地税整合为一，转变为以货币缴纳的直接税，夏末征收户税，秋收后征收地税。

两税法规定"今后除两税外，辄率一钱，以枉法论"（《太平御览·卷一一三·皇王部三八》）。白居易诗曰："国家定两税，本意在爱人……税外加一物，皆以枉法论。奈何岁月久，贪吏得因循……夺我身上暖，买尔眼前恩。"（白居易：《秦中吟十首·重赋》）陆贽亦批驳两税法："大历中，非法赋敛，急备供军折估、宣索进奉之类者，既并收入两税矣，今于两税之外，非法之事，复又并存。此则人益困穷，其事六也。"（陆贽：《均节赋税恤百姓六条·其一论两税之弊须有厘革》）

苏轼上书《乞校正陆贽奏议进御札子》，对陆贽称赞有加。原本规定两税法，不能够再随意增加摊派，然而终究适得其反。

[5] "宋制岁赋，其类有五：曰公田之赋，凡田之在官，赋民耕而收其租者是也。曰民田之赋，百姓各得专之者是也。曰城郭之赋，宅税、地税之类是也。曰丁口之赋，百姓岁输身丁钱米是也。曰杂变之赋，牛革、蚕盐之类，随其所出，变而输之是也。"（《宋史·卷一七四·食货志上二》）

李心传曰："唐之庸钱，杨炎已均入二税，而后世差役复不免焉，是力役之征已取其二也。本朝王安石令民输钱以免役，而绍兴以后，所谓耆户长、保正雇钱复不给焉，是取其三也。合丁钱而论之，力役之征，盖取其四也。设有一边事，则免夫之令又不得免

焉，是取其五也。"（李心传：《建炎以来朝野杂记·甲集卷十五·财赋二·身丁钱》）

苏辙曰："唐杨炎为两税，取大历十四年应当赋敛之数以定两税之额，则租调与庸既兼之矣。今两税如旧，奈何复取庸钱！"（陈邦瞻：《宋史纪事本末·卷八·王安石变法》）孙宝瑄曰："宋王安石与汉桑宏（按：当为"弘"）羊是一流人物，皆欲导人主巧取利于民，以为富强之计，卒之扰害百姓，而朝廷亦不受其益。乃安石犹妄窃变法之名，不知当日法何尝变，但增无数扰民之法耳。谓之增法，非变法也。"（中华书局编辑部：《孙宝瑄日记》中册，第683页）

宋理宗赵昀（1205—1264年）淳祐八年（1248年），监察御史陈求鲁上奏："本朝仁政有余，而王制未备。今之两税，本大历之弊法也。常赋之入尚为病，况预借乎？预借一岁未已也，至于再，至于三；预借三岁未已也，至于四，至于五。窃闻今之州县，有借淳祐十四年者矣。以百亩之家计之，罄其永业，岂足支数年之借乎？"（《宋史·卷一七四·食货志上二》）

◎愚按：梨洲未及明言元朝田制："元之取民，大率以唐为法。其取于内郡者，曰丁税，曰地税，此仿唐之租庸调也。取于江南者，曰秋税，曰夏税，此仿唐之两税也。"（《元史·卷九三·食货志一》）

[6]"赋役之法，唐租庸调犹为近古。自杨炎作两税法，简而易行，历代相沿，至明不改。太祖为吴王，赋税十取一，役法计田出夫。"（《明史·卷

七八·食货志二》）太祖初定天下时，"惟苏、松、嘉、湖，怒其为张士诚守，乃籍诸豪族及富民田以为官田，按私租簿为税额。而司农卿杨宪又以浙西地膏腴，增其赋，亩加二倍"（《明史·卷七八·食货志二》）。

嘉靖末行一条鞭法，通府州县，十岁中夏税、秋粮、存留、起运之额，均徭、里甲、土贡、顾募、加银之例，一条总征之，使一年而出者分为十年，及至所值之年一如余年，是银、力二差又并入于两税也。未几而里甲之值年者，杂役仍复纷然。其后又安之，谓：条鞭，两税也；杂役，值年之差也。岂知其为重出之差乎？使银差、力差之名不去，何至是耶？故条鞭之利于一时者少，而害于后世者大矣。

嘉靖末年行一条鞭法。[1]所有州县，十年之中的夏税、秋粮、存留、起运之额，均徭、里甲、土贡、顾募、加银之例，全都汇总合一，统一征收。[2]原本一年的负担拆分至十年承担，轮到当值差役的年份也和其他年份一样，即把劳役（力差）和代役租（银差）并入两税。不出多久，轮到当值里甲之年，又被摊派杂役。

随后，朝廷便安慰人们，一条鞭法就是两税法，摊丁入地，表面上看，就是在征田租而已，却不知道这样名实不副，反复累计税收。如果没有省掉杂役的称谓[3]，那么就能够明显看出征收了杂役，不至于再

明夷待访录义疏

重复征收。可见，一条鞭法与两税法一样，都是利在一时而贻害后世。[4]

[1]"一条鞭法者，总括一州县之赋役，量地计丁，丁粮毕输于官。一岁之役，官为佥募。力差，则计其工食之费，量为增减；银差，则计其交纳之费，加以增耗。凡额办、派办、京库岁需与存留、供亿诸费，以及土贡方物，悉并为一条，皆计亩征银，折办于官，故谓之一条鞭。"（《明史·卷七八·食货志二》）

据今人研究，世宗嘉靖初年（1530年左右）已出现一条鞭法，而神宗万历初年（1580年左右）向全国推行，其核心是赋役合一，统一征银（万明：《白银货币化视角下的明代赋役改革》）。

[2]明太祖"定赋役法，一以黄册为准。册有丁有田，丁有役，田有租。租曰夏税，曰秋粮，凡二等。夏税无过八月，秋粮无过明年二月。丁曰成丁，曰未成丁，凡二等。民始生，籍其名曰不成丁，年十六曰成丁。成丁而役，六十而免。又有职役优免者，役曰里甲，曰均徭，曰杂泛，凡三等。以户计曰甲役，以丁计曰徭役，上命非时曰杂役，皆有力役，有雇役"（《明史·卷七八·食货志二》）。

"条鞭之法，总括一县之赋役，量地计丁，一概征银，官为分解，雇役应付"（《明神宗实录·卷二二〇》）。"嘉、隆后，行一条鞭法，通计一省丁粮，均派一省徭役。于是均徭、里甲与两税为一，小民得无扰，而事亦易集。然粮长、里长，名罢实存，诸役卒至，复金农氓。条鞭法行十余年，规制顿紊，不能尽遵也。"（《明史·卷七八·食货志二》）

均徭法为徭役之法，英宗正统初年由江西地方官首创，代宗景泰以后逐渐推行于全国。此后，均徭与里甲、驿传、民壮并称四差。最后赋役合一，摊丁入地。里甲均平已为一条鞭法作铺垫：将一府丁粮分作十年，如吉安府每年每石派银三钱五分，名曰里甲均平（聂豹：《双江聂先生文集·答东廓邹司成四首》）。

［3］杂役分为力差与银差两类，力差即亲身服役，银差即纳银由官府雇人当差。

［4］王夫之对宋明以来的变革及一条鞭法的总结与梨洲一致："立一条鞭之法，一切以输之官，听官之自为支给。民乍脱于烦苛，而欣然以应。乃行之渐久，以军兴设裁减之例，截取编徭于条鞭之内，以供边用。日减日削，所存不给，有司抑有不容已之务，酷吏又以意为差遣，则条鞭之外，役又兴焉。于是免役之外，凡三征其役，概以加之田赋，而游惰之民免焉。至于乱政已亟，则又有均差之赋而四征之。是安石之立法，已不念两税之已有雇赀；而温公之主差役，抑不知本已有役，不宜重差之也。此历代之积弊已极，然而民之愿雇而不愿差者，则脂竭髓干而固不悔也。"（王夫之：《宋论·卷六神宗·五》）

◎愚按：王安石税法在两税法基础上又增加人头税（丁身钱米），一条鞭法在此基础上又增加丁口税、劳役（力差）和代役租（银差）。据梨洲上论可作表6。

表6　唐宋明三朝税收

时代	税名	税种					
		土地税	人头税	户税	杂派	杂派	杂派
唐	租庸调	租	庸	调			
	两税法	租庸调＋杂派					
宋	王安石税法	两税法＋杂派					
明	一条鞭法	王安石税法＋杂派					

万历间，旧饷五百万，其末年加新饷九百万，崇祯间又增练饷七百三十万；倪元璐为户部，合三饷为一，是新饷、练饷又并入于两税也。至今日以为两税固然，岂知其所以亡天下者之在斯乎？使练饷、新饷之名不改，或者顾名而思义，未可知也。此又元璐不学无术之过也。嗟乎！税额之积累至此，民之得有其生也亦无几矣。

今欲定税，须反积累以前而为之制。授田于民，以什一为则；未授之田，以二十一为则。其户口则以为出兵养兵之赋，国用自无不足，又何事于暴税乎？

万历年间，旧饷已有五百万，万历末年加收新饷九百万，崇祯年间又加收练饷七百三十万。[1]崇祯治下，倪元璐（1593—1644年）曾任户部尚书，合旧饷、新饷与练饷为一，并入两税名下。[2]这样一来，还是两税的名头，却加重了很多负担，因为名头不变，不易为人察觉。虽有简政之意，实为另征新饷留下空间。无须多日，民人皆以两税为两税，另缴杂派以为正当，殊不知杂派已然纳入两税，名实不副之祸大矣，潜移默化之中便注定了亡天下的结局。

梨洲认为倪元璐不学又无术，不清楚历代王朝税收与税制改革的要害，所以犯下此番罪过。倒追来看，从汉唐以来，不停增加赋税，每一次赋税改革表面上是在简政，不过是省掉了许多赋税的名头，掩人耳目，却没有真正地减少赋税，反而日益加重。如此一来，后世民人该如何过活？

综上所述，由唐而降，截至晚明的中国税史，就是一部积累莫返的历史，赋税层层累加。现在要想重新定税，就一定要探明源流，返回到赋税层累堆积之前的赋税之制，返回初衷，名实相副；换言之，也就是返回三代之治的什一税原则。具体而言，如果是王朝分给民人的田地，则取十分之一为税；如果不是王朝分给民人的田地（民人的私田），则取二十分之一为税。此外，按照户口征赋，供出兵、养兵之用，这样一来，国用充足，何至于再横征暴敛、多加摊派？

[1] "新饷"即"辽饷"，始征于万历四十六年（1618年），用于辽东军事所需。练饷以供练兵之需。

[2] "自军兴以来，正供之外，有边饷，有新饷，有练饷，款目多，黠吏易为奸，元璐请合为一。"（《明史·卷二六五·倪元璐传》）事在崇祯十六年（1643年）。

何谓所税非所出之害？古者任土作贡，虽诸侯而不忍强之以其地之所无，况于小民乎？故赋谷米，田之所自出也；赋布帛，丁之所自为也。其有纳钱者，后世随民所便，布一匹，直钱一千，输官听为九百。布直六百，输官听为五百，比之民间，反从降落。是钱之在赋，但与布帛通融而已。其田土之赋谷米，汉、唐以前未之有改也。及杨炎以户口之赋并归田土，于是布帛之折钱者与谷米相乱，亦遂不知钱之非田赋矣。

义解

征收的税如果不是民人或其土地的产出品，那就会产生弊端，此法有害，又是一个"非法之法"。三代以上，以土为据而收贡，土地产出什么，就征收什么作为税[1]，即便是针对拥有较广阔土地的诸侯，也不会强迫其上交所辖土地所没有的产品作为赋税，何况之于竖子小民？体察民情如此，可见一斑。

其一，田税（土地税）征收谷米，那是田地的产出。

其二，丁税（人头税）征收布匹绸缎，那是人力自己的产出。两税所缴，均无须假于他人钱币。[2]

其三，征收钱币，也是后世朝廷为了民人方便，一匹布相当于一千钱，要是上交官家只需要交九百钱来充当一匹布就可以了；值六百钱的布，如果想上交官家时付钱，只需要交五百钱就可以了。因此用钱来上交赋税，不过是对上交布匹、绸缎的必要补充和调剂。针对田地征收谷米作为赋税，在汉唐以前未曾变动。杨炎把户口所应该征收的人力产出（布帛）并到田地的产出里，这样一来，布帛与钱币的折算就混入土地税所征收的谷米，久而久之，民人便忘记了所上缴的不只是土地税，从而接受更多的其他摊派。

［1］"任土作贡"（《尚书·禹贡》），"以任地事而令贡赋"（《周礼·地官司徒》）。

［2］"其所取也，量人之力，任土之宜，非力之所出则不征，非土之所有则不贡，谓之通法，历代常行……故可以勉人功定赋入者，唯布麻缯纩与百谷焉。"（陆贽：《均节赋税恤百姓六条·其二请两税以布帛为额不计钱数》）

宋隆兴二年，诏："温、台、处、徽不通水路，其二税物帛，许依折法以银折输。"盖当时银价低下，其许以折物帛者，亦随民所便也。然按熙宁税额，两税之赋银者六万一百三十七两而已，而又谷贱之时常平就籴，故虽赋银，亦不至于甚困。

隆兴二年（1164 年），因为温州、台州、处州、徽州不通水路，宋孝宗下诏，允许他们将两税所应上交的谷物和布帛依照折钱法折算成银两上交。[1] 当时银价较低，准许折成银两再上交，是为了与民方便。按照熙宁时期（1068—1077 年）的税额计算，两税以银征收的不过六万零一百三十七两，况且常平仓会在谷物低贱时购入，所以虽然以银征赋，也不至于让民人陷入困苦。[2]

［1］"二年四月，知赣州赵公称以宽剩钱十万缗为民代输夏税，是后守臣时有代输者。五月，诏：'温、台、处、徽不通水路，其二税物帛，许依折法以银折输。'"（《宋史·卷一七四·食货志上二》）

［2］"常平、义仓，汉、隋利民之良法，常平以平谷价，义仓以备凶灾。"（《宋史·卷一七六·食货志上四》）宋太宗淳化三年（992年）诏曰："京畿大穰，物价至贱，分遣使于京城四门置场，增价以籴。令有司虚近仓贮之，命曰'常平'，以常参官领之。岁歉，减价以粜，用赈贫民，以为永制。"（《宋会要辑稿·食货五三·常平仓》）然而，此时常平仓仅辐射京畿地区，宋真宗景德三年（1006年）才推行至全国。

223

绍圣中，有言者谓："欲民不流，不若多积谷；欲多积谷，不若推行折纳粜籴之法。今常平虽有折纳之法，止用中价，故民不乐输。若依和籴以实价折之，则无损于民。"（《宋史·卷一七四·食货志上二》）

绍熙元年（1190年），臣僚言："古者赋租出于民之所有，不强其所无。今之为绢者，一倍折而为钱，再倍折而为银。银愈贵，钱愈艰得，谷愈不可售，使民贱粜而贵折，则大熟之岁反为民害。愿诏州郡：凡多取而多折者，重置于罚；民有粜不售者，令常平就籴，

异时岁歉，平价以粜。庶于民无伤，于国有补。"（《宋史·卷一七四·食货志上二》）

有明自漕粮而外，尽数折银。不特折钱之布帛为银，而历代相仍不折之谷米，亦无不为银矣；不特谷米不听上纳，即欲以钱准银，亦有所不能矣。夫以钱为赋，陆贽尚曰"所供非所业，所业非所供"，以为不可，而况以银为赋乎？天下之银既竭，凶年田之所出不足以上供；丰年田之所出足以上供，折而为银，则仍不足以上供也，无乃使民岁岁皆凶年乎？天与民以丰年而上复夺之，是有天下者之以斯民为仇也。然则圣王者而有天下，其必任土所宜，出百谷者赋百谷，出桑麻者赋布帛，以至杂物皆赋其所出，斯民庶不至困瘁尔。

一条鞭法改革后，漕粮之外的赋税全都要折算成白银上缴。[1] 非但要求以往折算为钱的布帛转而折算白银，历代相延不必折算的谷米也要折算白银；官家不仅不允许以谷米缴赋，甚至还不允许以钱代银。陆贽早已指出以钱为赋的弊端在于所税非所出，所出非所税，如此尚且不可，遑论以银为赋。[2]

梨洲指出，天下白银已集聚官家，遭遇凶年，田产不足以上供，丰年所产原本足以上供，一旦折算为白银，因为谷贱银贵，便不足以上缴赋税。如此一来，则不必考虑谷物收成，年年岁岁皆是凶年；纵然幸得丰年，上位者也夺其天赐丰饶，是坐拥天下者与天下万民为敌。若圣王得天下，必定依据土地所产设定合宜赋税，产出百谷之田则以百谷缴赋，产出桑麻之田则以布帛缴赋，产出其他杂物则以对应物缴赋，若此设计，天下万民方不致贫困。[3]

疏证

[1] 朱元璋即位后颁行"洪武通宝"钱。洪武七年（1374年），明朝下令，"禁民间不得以金银物货交易，违者罪之"，反对开采银矿，"银场之弊，利于官者少，损于民者多，不可开"（《明史·卷八一·食货志五》），当年即颁行"大明宝钞"。但问题是，纸币的发行没有足够的准备金做后盾，很快就"物价翔贵"，"钞法益坏不行"，而民间对白银最有信心（梁方仲:《梁方仲经济史论文集》，第345页）。

明代赋役改革，主要包括两个方面：赋役合一，摊丁入亩；统一征银。赋役改革有三大趋向：实物税转向货币税，徭役以银代役，人头税转向财产税。这三种趋向都指向折征贵金属白银，最终统一征收白银，在中国历史上前所未有，梨洲以为其法为非法之法："明初亦尝禁金银交易，而许以金银易钞于官，则是罔民而收其利也，其谁信之？故至今日而赋税市易，银乃单行，以为天下之大害。"（黄宗羲：《明夷待访录·财计一》）

◎愚按：税收白银化的结果正是白银货币化，而因为白银货币化的设定，明朝进一步加入全球贸易，隆庆元年（1567年）解除海禁（隆庆开关），获得了许多美洲白银（千家驹持相反论断，认为先有美洲来银，再有白银货币化，无论谁因谁果，二者绑定出现无疑，参见千家驹、郭彦岗：《中国货币演变史》；万明：《晚明海洋意识的重构——"东矿西珍"与白银货币化研究》）。今天的研究者往往将明朝赋役改革及其推动的白银货币化视作正面事件，意味着市场化、商业化和城市化的进程，尤其是从纳粮当差转向纳银不当差，意味着接近从身份社会向契约社会的现代转变（万明：《白银货币化视角下的明代赋役改革》）。

［2］"自建中定两税，而物轻钱重，民以为患。"陆贽曰："谷帛，人所为也；钱货，官所为也。人所为者，租税取焉；官所为者，赋敛舍焉。国朝著令，租出谷，庸出绢，调出缯、纩、布、麻，曷尝禁人铸钱而以钱为赋？"（《新唐书·卷五二·食货志二》）

［3］王夫之有类似之论："法之最颠倒者，农所可取苦粟，而条鞭使输金钱；商所可征者金钱，而屯盐使之输粟。边可屯，官不能屯，而委之素不安于农之商；粟可博金钱，官不移丰以就歉，而责农之易金钱以偿官。其不交困也，得乎？"（王夫之：《噩梦》）

何谓田土无等第之害？《周礼·大司徒》："不易之地，家百亩；一易之地，家二百亩；再易之地，家三百亩。"是九则定赋之外，先王又细为之等第也。今民间田士之价，悬殊不啻二十倍，而有司之征收，画以一则，至使不毛之地岁抱空租，亦有岁岁耕种，而所出之息不偿牛种。小民但知其为瘠土，向若如古法休一岁、二岁，未始非沃土矣。官府之催科不暇，虽欲易之，恶得而易之，何怪夫土力之日竭乎！吾见有百亩之田而不足当数十亩之用者，是不易之为害也。

今丈量天下田土，其上者依方田之法，二百四十步为一亩，中者以四百八十步为一亩，下者以七百二十步为一亩，再酌之于三百六十步、六百步为亩，分之五等。鱼鳞册字号，一号以一亩准之，不得赘以奇零；如数亩而同一区者不妨数号，一亩而分数区者不妨一号。使田土之等第，不在税额之重轻而在丈量之广狭，则不齐者从而齐矣。是故田之中、下者，得更番而作，以收上田之利。加其力有余也而悉耕之，彼二亩三亩之入，与上田一亩较量多寡，亦无不可也。

义解

与此同时，如果田地不区分等级，亦有伏害。《周礼·大司徒》本已划天下田地为九等，据此征租税、赋贡、徭役；又在此之外规定，不需要休耕的上上之田分给每家一百亩，需要休耕一年的田地则分给每家二百亩，需要休耕两年的田地则分给每家三百亩。这样一来，每家都能确保足够的收成。[1]

梨洲注意到，民间土地会因贫饶出现很大的价格差异，悬殊不差二十倍；但官府征收赋税，毫无等级划分，无论肥沃还是贫瘠，都以一个标准通贯下去（"画以一则"），一毛不生之地虽无所获也要交租；有的地方年年耕种，获得的收益尚不足以填补耕牛和种子的支出。明朝民人只知道土地贫弱，却不再记得休耕一两年之后土地未尝不会重新肥沃；更重要者，不是他们不再记得，而是官府催租太紧，应接不暇，即便想要休耕也无法做到。难怪田地肥力最终日渐枯竭。梨洲曾目睹百亩之田所产尚不如数十亩所产的状况，以为问题恰在于无法休耕。

因此，真正的赋役改革不应是统贯于一（一条鞭法），而是重新丈量土地，因"土"制宜，方能重定王政。梨洲提议依照方田之法重新丈量天下土地[2]，上等肥力的土地，二百四十步为一亩；中等肥力的土地，四百八十步为一亩；下等肥力的土地，七百二十步为一亩；另外斟酌具体情况而定的三百六十步为一亩和六百步为一亩，土地共分为五等。[3]

鱼鳞册编号[4]，一号对应一亩，不得附加零头。如果数亩土地分在同一片区，则按土地亩数记录对应几号；如果一亩土地分在不同片区，则因其仅一亩而只记一号。土地等级差异不在税额的轻重，而在于田亩的广狭，如此则可以均齐。中等和下等肥力的土地就可以轮番休耕，取得上等肥力土地的产出；如民人有余力得以悉数耕种，则二三亩地所获甚至可以与一亩上等田地所获一较高下亦未可知。

疏
证

[1] 大司徒为地官，"掌建邦之土地之图与其人民之数，以佐王安扰邦国。以天下土地之图，周知九州之地域广、轮之数，辨其山、林、川、泽、丘、陵、

坟、衍、原、隰之名物……以土均之法，辨五物九等，制天下之地征，以作民职，以令地贡，以敛财赋，以均齐天下之政"（《周礼·大司徒》）。

[2]"经界废而后有经理，鲁之履亩，汉之核田，皆其制也。夫民之强者田多而税少，弱者产去而税存，非经理固无以去其害；然经理之制，苟有不善，则其害又将有甚焉者矣。"（《元史·卷九三·食货志一》）

方田之法系一种丈量土地之法。北宋嘉祐四年（1059 年）曾颁布《三司方田均税条》，未见施行。神宗熙宁五年（1072 年），重修方田法，颁布《方田均税条约并式》："神宗患田赋不均，熙宁五年，重修定方田法，诏司农以《方田均税条约并式》颁之天下。以东西南北各千步，当四十一顷六十六亩一百六十步，为一方；岁以九月，县委令、佐分地计量，随陂原平泽而定其地，因赤淤黑垆而辨其色；方量毕，以地及色参定肥瘠而分五等，以定税则；至明年三月毕，揭以示民，一季无讼，即书户帖，连庄帐付之，以为地符。"（《宋史·卷一七四·食货志上二》）

◎愚按：最著名的海外案例就是，诺曼征服（1066 年）之后，威廉一世（William I，约 1028—1087 年）在 1086 年颁布《末日审判书》（*Doomsday Book*），清理英国土地情况，了解封臣地产，便于财政管理，重新框定王朝秩序。

[3]梨洲提议的办法是变相实现《周礼》的田制，以一百二十步一亩为基准，在二倍和六倍之间的五种

步数，对应五种肥力田地的一亩之数。

[4] 鱼鳞图册之名自宋就有先例："凡结甲册、户产簿、丁口簿、鱼鳞图、类姓簿二十三万九千有奇，创库匮以藏之，历三年而后上其事于朝。"（《宋史·卷一七三·食货志上一》）

洪武二十年（1387年），"命国子生武淳等分行州县，随粮定区。区设粮长四人，量度田亩方圆，次以字号，悉书主名及田之丈尺，编类为册，状如鱼鳞，号曰鱼鳞图册"（《明史·卷七七·食货志一》）。明代鱼鳞册以田地为主，将各田亩之方圆绘成图表，类编为册，图似鱼鳞，因之得名。鱼鳞册是征收田赋的依据，亦称"地亩册"，颁布鱼鳞图册，"以核天下土田"。"鱼鳞册为经，土田之讼质焉。黄册为纬，赋役之法定焉。"（《明史·卷七七·食货志一》）鱼鳞册是地籍，黄册则是户籍。

十三、兵制（一）

有明之兵制，盖三变矣：卫所之兵，变而为召募，至崇祯、弘光间又变而为大将之屯兵。

卫所之弊也，官军三百十三万八千三百，皆仰食于民，除西北边兵三十万外，其所以御寇定乱者，不得不别设兵以养之。

兵分于农，然且不可，乃又使军分于兵，是一天下之民养两天下之兵也，召募之弊也。如东事之起，安家、行粮、马匹、甲仗费数百万金，得兵十余万而不当三万之选，天下已骚动矣。

大将屯兵之弊也，拥众自卫，与敌为市；抢杀不可问，宣召不能行，率我所养之兵反而攻我者，即其人也。

有明之所以亡，其不在斯三者乎？

本章研讨有明一朝兵制三变及其得失，梨洲提出救弊之法，可谓原兵之论。[1] 明朝兵制一共经历了三个阶段：由卫所制变为募兵制[2]，至崇祯、弘光年间又转变为屯兵制。卫所制的弊端在于，三百一十三万八千三百名官军的口粮全靠百姓供给，除却西北边防部队三十万人，其余所有需要抵御外敌戡定叛乱的地方，全部要另外供养兵士。

兵农二分之制已然不可行，而今又令军兵二分，则意味着天下民人要养两倍的兵力，这便是募兵制的弊端。[3] 比如，东事之起后，明朝为此花费颇多（包括安家、行粮、马匹、甲胄等），足有数百万金，但可以战斗的军士还不足十分之三，天下则混乱难安。[4] 战事吃紧的非常时刻，募兵制的松散和缺乏战斗力的弱点显露无遗。

到了崇祯、弘光年间，募兵制转变为屯兵制。[5] 屯兵之弊则在于，大将拥兵自重而君命有所不受，抢杀之行中央无法过问，中央宣召也不听调遣，甚或与敌交易，天子所养之兵反噬天子。梨洲深切感叹，以为明亡正在于此三种兵制。

疏
证

[1] 商鞅曰："民之欲利者，非耕不得；避害者，非战不免。境内之民，莫不先务耕战，而后得其所乐。"（商鞅：《商君书·慎法》）苏洵曰："三代之时，举天下之民皆兵也。兵民之分，自秦、汉始……三代之兵耕而食……秦、汉以来，所谓兵者，皆坐而衣食于县官，故骄，骄则无所不为。"（苏洵：《衡论·兵制》）

梨洲曰："兵分于农，天下之势尚且困绌，乃又使军分于兵，为农者一，为兵者二，所谓国非其国矣。"（黄宗羲：《留书·卫所》）中国文化原是有兵文化，上古士人文武兼备，而后文武分离（雷海宗：《中国文化与中国的兵》）。法家倡导耕战，屯垦戍边。文武相分之下，有明一代，兵农相分，军兵再分。

◎愚按：在二十四史中，欧阳修《新唐书》始设《兵志》，此后宋、辽、金、元、明五正史皆有《兵志》（《辽史》设《兵卫志》）。

［2］明卫所制："明以武功定天下，革元旧制，自京师达于郡县，皆立卫所。"（《明史·卷八九·兵志一》）"天下既定，度要害地，系一郡者设所，连郡者设卫。"（《明史·卷九〇·兵志二》）"外统之都司，内统于五军都督府，而上十二卫为天子亲军者不与焉。征伐则命将充总兵官，调卫所军领之，既旋则将上所佩印，官军各回卫所。盖得唐府兵遗意。文皇北迁，一遵太祖之制，然内臣观兵，履霜伊始。"（《明史·卷八九·兵志一》）

唐府兵制："盖古者兵法起于井田，自周衰，王制坏而不复；至于府兵，始一寓之于农，其居处、教养、畜材、待事、动作、休息，皆有节目，虽不能尽合古法，盖得其大意焉，此高祖、太宗之所以盛也。至其后世，子孙骄弱，不能谨守，屡变其制。夫置兵所以止乱，及其弊也，适足为乱；又其甚也，至困天下以养乱，而遂至于亡焉……府兵之置，居无事时耕于野……若四方有事，则命将以出，事解辄罢，兵散于府，将归于朝。"（《新唐书·卷五〇·兵志》）王夫之曰："唐之府兵，世著于伍，垂及百年，而违其材质，强使即戎，于是而中国无兵。"（王夫之：《读通鉴论·卷

　　1364 年，明朝政府改编军队而建卫所制（颇有唐朝府兵制遗风）。卫所即明代驻军之所，卫是卫指挥使司，五千六百人为一卫；所分千户所（一千一百二十人）和百户所（一百一十二人），百户所设两个总旗、十个小旗。建制都督府与卫所，则军将不相习。最初，全国所有卫均隶属大都督府；洪武十三年，大都督府改为五军都督府。十二卫为天子亲军，拱卫京师与宫廷（世人所知锦衣卫实为亲军都护府第一卫）。永乐起，禁卫军不受五军都督府管辖。明成祖 1421 年正式迁都北京后，京师守卫增至七十二卫，合称五军营（步兵），另添三千营（骑兵）、神机营（使用火器的炮兵），此即京军三大营。

表 7　明朝内卫外卫

皇帝			
上级	无	五军都督府（统兵）	兵部（调兵）
卫所	内卫	外卫	
	京营	亲军都护府	都指挥使司
职分	拱卫京师	保卫皇帝	戍军、屯军、运军、班军

　　在卫所制中，军有军籍，民有民籍，军民分开。明中叶后，卫军废弛，募民为兵（但并无特殊户籍），军与兵为平行的两种制度。吴晗曰："从养军三百万基本上自给的卫兵制，到军兵费完全由农民负担，国库支出；从有定额的卫军，到无定额的募兵；从世袭

的卫军，到雇用的募兵，这是明代历史上的一件大事。"
（吴晗：《吴晗论明史》，第132—133页）

据顾诚研究，卫所作为军事制度虽然在明中期已严重削弱，但作为一种与州县类似的地理单位则持续发挥作用（顾诚：《明帝国的疆土管理体制》）。

［3］明朝立国之初，"太祖沿边设卫，惟土著兵及有罪谪戍者"；一旦遇有边防警戒，则"调他卫军往戍"，此即"客兵"。永乐年间，"始命内地军番戍"，此即"边班"。此后"占役逃亡"者增多，于是便有"召募"。（《明史·卷九一·兵志三》）

卫所军常被抽选为兵，故又有"军兵"之称。

［4］"东事"显然指代东方军务，具体何所指，众说纷纭。其一，认为系明世宗嘉靖年间倭寇多次侵犯东南海疆一事（董金裕：《忠臣孝子的悲愿——明夷待访录》，第169页，注2）；其二，认为是东南地区叶宗留、邓茂七领导的农民起义（孙卫华：《明夷待访录校释》，第75页）；其三，认为指丰臣秀吉（1537—1598年）发动的壬辰战争（1592—1598年），明朝曾与之一战（William Theodore de Bary, *Waiting for the Dawn*, p. 238, note 8）；其四，认为是东北方向以努尔哈赤（1559—1626年）为首的满人势力的崛起，建立后金（始于1616年）与明对抗（李广柏：《新译明夷待访录》，第119页，注5），即辽东战事（段志强译注：《明夷待访录》，第118页）。鉴于晚明东北战事吃紧，最后亡于东北起家的建州女真，当取

第四说。

［5］明屯田制，"屯田之制：曰军屯，曰民屯。太祖初，立民兵万户府，寓兵于农，其法最善。"（《明史·卷七七·食货志一》）

议者曰："卫所之为召募，此不得已而行之者也，召募之为大将屯兵，此势之所趋而非制也。"

原夫卫所，其制非不善也。一镇之兵足守一镇之地，一军之田足赡一军之用，卫所、屯田，盖相表里者也。其后军伍销耗，耕者无人，则屯粮不足，增以客兵，坐食者众，则屯粮不足，于是益之以民粮，又益之以盐粮，又益之以京运，而卫所之制始破坏矣。都燕而后，岁漕四百万石，十有二总领卫一百四十旗，军十二万六千八百人，轮年值运，有月粮，有行粮，一人兼二人之食，是岁有二十五万三千六百不耕而食之军矣。此又卫所之制破坏于输挽者也。

穷则思变，有弊病便思考变化。因此有人指出，由卫所制转变为募兵制，是不得已而为之的制度变迁；至于由募兵制转变为屯兵制，则不是主动的制度设计，而是势所必然。卫所制的设计不是不好：一个边镇的军士就守护一个边镇的地界，一支部队的田地就给养一支部队的所需。这样一来，卫所与屯田的设计就互为表里，可谓兵农合一，从军事角度而言就是卫所制，从补给的角度而言就是屯田制。[1]

但卫所制遭到了两次破坏。第一次就是军士的战亡和逃亡造成了军士人数的减少，耕地的人不够了，粮食也就不足了，于是加派一些外来军士，这样一来，吃粮的军士增多，但屯粮却不够（外来军士不参与当地兵农合一的屯田建设），于是就从百姓上交的钱粮中补充，又拿盐税的财政收入贴补[2]，再不够的话就调运原本应该运往京城的粮食。[3]卫所之制由此遭到破坏。

正式迁都北京带来了很大的漕运压力，每年要运四百万石粮食。[4]此外，卫之下设千户所、百户所，百户所设两个总旗、十个小旗。军人众多，有十二万六千八百人，每个人都领得两份粮食，这样算下来，相当于每年有二十五万三千六百人不耕而食，徒增压力。运粮的各种耗损，也对卫所制造成了冲击。[5]

疏
证

[1] ◎愚按：狄百瑞将屯田译作"military farms"，又将军士译作"soldier-cultivators"，足见他深知其意。

[2] ◎愚按：段志强译本和李广柏译本均有疏漏，认为是拿盐引换取粮食，或直接拿盐粮贴补，均有不妥；狄百瑞以为是拿盐税的财政收入贴补，理解得当（参见段志强译注：《明夷待访录》，第120页；李广柏：《新译明夷待访录》，第122页；William Theodore de Bary, *Waiting for the Dawn*, p. 140）。

[3] ◎愚按：段志强译本和李广柏译本认为是从京师调粮食运往边镇，狄百瑞则认为是将原本应该运

往京师的粮食，拿出一部分供给边镇军士。结合语境，当取狄说。

［4］"国朝自永乐定都于北。军国之需，皆仰给东南。"（李东阳：《大明会典·卷二七·会计三·漕运》）"初，运粮京师，未有定额。成化八年，始定四百万石，自后以为常……漕司领十二总，十二万军与京操十二营军相准。"（《明史·卷七九·食货志三》）

［5］宋太祖定都汴京而叹曰："不及百年，东南之力竭矣。"（黄宗羲：《留书·卫所》）

中都、大宁、山东、河南附近卫所，轮班上操，春班以三月至八月还，秋班以九月至二月还，有月粮，有行粮，一人兼二人之食，是岁有二十余万不耕而食之军矣。此又卫所之制破坏于班操者也。一边有事则调各边之军，应调者食此边之新饷，其家口又支各边之旧饷。旧兵不归，各边不得不补，补一名又添一名之新饷，是一兵而有三饷也。卫所之制，至是破坏而不可支矣。凡此皆末流之弊，其初制岂若是哉？

以上已经涉及卫所制遭遇的两种破坏，此外，中都凤阳[1]、大宁、山东、河南等地拱卫京师的卫所，轮流到北京操练，分春秋两班。春班操练的军队三月抵达京师，八月返还原驻地；秋班操练的军队九月抵达，二月返还。问题是，到北京操练的军士会领到两份粮饷，一份是按月发放的例粮，另一份是来回调动路上发放的行粮。这样一来，一个人就领受两份粮食，每年就有二十多万军士不耕种，但耗损的口粮却不减反增。这便是卫所制因轮班操练而遭遇的第三种破坏。

　　一个边镇遭遇战事，则调发附近边镇的军士前往支援，应调前往的军士能领受原驻地和调发地分别发放的两份军饷。更要命的在于，边镇的军士既然被调发到其他边镇，那么原驻地就需要补入新的军士，这样一来又多出一份军饷，因为一个军士的调发，就引出三份军饷的支出。这便是卫所制因调发军士而遭遇的第四种破坏。卫所制的初衷并非如此，然而流行演绎却产生了这些弊病。[2]

　　[1] ◎愚按：中都与北都北京、南都南京相对。洪武二年，太祖朱元璋以家乡临濠为都，因宫阙在凤凰山之阳，改作凤阳，始称中都；今人观之，凤阳一地在 20 世纪改革中亦有突出位置。

　　[2] 这番问题在宋朝便已存在，靖康元年（1126年）诏曰："一方用师，数路调发，军功未成，民力先困。"（《宋史·卷一七五·食货志上三》）朱元璋曰："朕以中国精锐驻守遐荒，岂但风俗之殊，亦有寒暑之异，艰难万状，朕不忍言。然欲镇安吾民，必资守边之力，其于科征转运，未免劳民，理势相须，盖不得已也。"（朱元璋：《大明太祖高皇帝御制文集·卷一》）

　　为说者曰："末流之弊，亦由其制之不善所致也，制之不善，则军民之太分也。凡人膂力不过三十年，以七十为率，则四十年居其老弱也。军既不得复还为民，则一军之在伍，其为老弱者亦复四十年，如是而焉得不销耗乎？乡井之思，谁则无有？今以谪发充之，远者万里，近者千余里，违其土性，死伤逃窜十常八九，如是而焉得不销耗乎？且都燕二百余年，天下之财莫不尽取以归京师，使东南之民力竭者，非军也耶？"

紧接着，梨洲记述了第二种观点。另有人认为，即便可以说是末流之弊，也不能否认卫所制的设计本身不善。制度设计不善，就会造成军民分离的后果，军民二分，各有所籍，无法交通。总的来说，一个人力有担当也不过三十年，按照七十岁的寿命来算，有四十年的时间都是老弱的状况。

军士既然不能再改变身份，转为民人，那么军士就要有四十年老弱的时光是在军队里，这样一来，岂不是徒徒耗损军队的力量？思乡之情，人皆有之。[1]将有罪之人发配充军，远的万里，近的也有千余里，违背了其乡土性情，死伤逃窜的十之八九，这样一来，不也是徒徒耗损军队的力量？以北京为首都之后的这二百多年光景中，天下的财富统统收归京师，东南之地的民人财力耗竭，看来都是军制造成的。

[1]"洪武二十七年，诏兵部以罪谪充军者，名为恩军，意以免死得戍，当怀上恩也。"（沈德符：《万历野获编·卷一七·兵部·恩军》）

◎愚按：有论者以为是参军有如贬谪，其意有误（参见段志强译注：《明夷待访录》，第122页）。

或曰："畿甸之民大半为军，今计口而给之，故天下有荒岁而畿甸不困，此明知其无益而不可已者也。"

曰："若是，则非养兵也，乃养民也。天下之民不耕而待养于上，则天下之耕者当何人哉？东南之民奚罪焉？夫以养军之故至不得不养及于民，犹可谓其制之善与？"

余以为天下之兵当取之于口，而天下为兵之养当取之于户。其取之口也，教练之时五十而出二，调发之时五十而出一；其取之户也，调发之兵十户而养一，教练之兵则无资于养。如以万历六年户口数目言之，人口六千六百六十九万二千八百五十六，则得兵一百二十一万三千八百五十人矣，人户一千六十二万一千四百三十六，则可养兵一百六万二千一百四十三人矣。夫五十口而出一人，则其役不为重；一十户而养一人，则其费不为难；而天下之兵满一百二十余万，亦不为少矣。

于是有论者指出，京畿或京城之地，大多数人都是军士，按人口统计分发口粮，天下纵然遭遇凶年饥荒，也不会致使京畿之地的民人贫困，所以明明知晓这种兵制没有什么好处，却又不得不执行，说到底就是要保卫京城不至于民困。

梨洲指出，若此兵制，则不只是养兵，实际变成了养民。结果便是，民人都不再种地而依靠朝廷养活，那么谁会去种地呢？东南之地、富庶之乡的民人又犯下了什么罪，需要承担这种重负？为了养军而最后要养民，这样的制度设计怕是一开始就有问题。

前言他人论说，此处梨洲夫子自道，可谓一破一立。兵数当依据人口基数而定，养兵则以户为单位。兵数基于人口数：练兵则五十人取二，派兵则五十人取一。养兵基于户：凡所派之兵，一人受养于十户；仍行训练尚未派遣制兵，无所受养。[1] 按照万历六年（1578 年）的人口统计，梨洲做了一番推算，足以养兵百万。人口六千零六十九万二千八百五十六，得兵一百二十一万三千八百五十人；而一千零六十二万一千四百三十六人就可以养兵一百零六万二千一百四十三人。[2] 按照这种方法，财计不会受到牵连，而兵力亦很雄厚，足在一百二十万之上不算少。[3]

242

[1]"取之于户"还指恢复井田之制和兵民合一（对勘《明夷待访录·田制三》恢复井田制之说）。梨洲又曰："盖封建之时，兵民不分，君之视民犹子弟，民之视君犹父母，无事则耕，有事则战，所谓力役之征者，不用之于兴筑，即用之于攻守……古今天下兵数如此。秦国虽大，非即民为兵，亦安能以六十万攻一国哉……兵民为二，盖自汉始也。是故废封建则兵民不得不分，分兵民则不得不以民养兵，以民养兵则

天下不得不困。"（黄宗羲：《留书·封建》）

[2]◎愚按：十人养一兵，则人口数的十分之一为养兵之数。

[3]洪武二十五年（1392年），卫所军丁一百二十万人。

王畿之内，以二十万人更番入卫，然亦不过千里。假如都金陵，其入卫者但尽金陵所属之郡邑，而他省不与焉。金陵人口一千五十万二千六百五十一，则得胜兵二十一万五百，以十万各守郡邑，以十万入卫，次年则以守郡邑者入卫，以入卫者归守郡邑，又次年则调发其同事教练之兵。其已经调发者则住粮归家，但听教练而已。

夫五十口而出一人，而又四年方一行役，以一人计之，二十岁而入伍，五十岁而出伍，始终三十年，止历七践更耳，而又不出千里之远，则为兵者其任亦不为过劳。国家无养兵之费则国富，队伍无老弱之卒则兵强。人主欲富国强兵而兵民太分，唐、宋以来但有彼善于此之制，其受兵之害，未尝不与有明同也。

义解　　一百二十余万人的军力中，二十万人轮番拱卫京师，也不过千里之地。如果重新以南京为都（参见黄宗羲：《明夷待访录·建都》），那么金陵下属郡邑的军力就足以拱卫，不必从外省调兵。金陵一千零五十万二千六百五十一人，就能有二十一万零五百人的军力[1]，以十万守郡邑、十万守京师，第二年轮岗对调，第三年以另外二十万同事操练的士兵替代。已经调发的士兵，则不再发放粮饷，只是听候操练而已。王朝财政和民人赋税都不会吃紧，而兵力也足以拱卫。

五十人中选出一个兵士，一个兵士四年轮值一次，这样算下来从二十岁到五十岁的三十年时间，一个兵士只需要当值七次就可以了，不会太过疲惫，也不会去千里之外的他乡。对于王朝而言，既有充足的兵源，又不会产生冗兵冗费，兵士足以养活自己，不会耽误农事。人主皆欲富国强兵，却使兵民相分。唐宋以来虽然在某些制度安排上较为良善，但受兵制之困，与有明一代无所差别。

［1］◎愚按：梨洲此处笔误，金陵有一千零五十万二千六百五十一人，依照五十人中出一人当兵来算，则可得兵二十一万零五十三人而非二十一万零五百人。不过这一误差微乎其微，不影响其立论。

十四、兵制（二）

国家当承平之时，武人至大帅者，干谒文臣，即其品级悬绝，亦必戎服，左握刀，右属弓矢，帕首袴靴，趋入庭拜，其门状自称走狗，退而与其仆隶齿。兵兴以后，有言于天子者曰："今日不重武臣，故武功不立。"于是毅宗皇帝专任大帅，不使文臣节制。不二三年，武臣拥众，与贼相望，同事虏略。李贼入京师，三辅至于青、齐诸镇，栉比而营；天子封公侯，结其欢心，终莫肯以一矢入援。呜呼，毅宗重武之效如此！

义解

国家承平日久而武功废弛。[1] 军人即便做到了大帅的位置，一旦见到与自己品级相差悬殊的文臣，也要以戎装相待，左手持刀，右手持弓矢，身着军帽、军服，快步进入庭院下拜，拜帖谦称走狗，退下便与仆隶同列，地位卑微。[2]

战事兴起之后，就有人向天子进言：事因人而废立，武人既遭鄙视，武功焉能不废弛，以为明朝不重视武臣，所以缺乏武功，不足以捍卫王朝。毅宗崇祯帝希望明朝能够复兴武功，于是转而提升武臣的地位，委任大帅以专门权力，使文臣无法节制。[3]

经此举措，非但王朝并未因此得到保全，反而助长了武臣拥兵自重的气焰。武臣与贼人相反而相成（养敌以自重），形成掳掠百姓的默契，损及国祚。李自成进攻京师，从三辅[4]到青州、齐州，就是从陕西到山东横贯东西，鳞次栉比，步步为营。[5]国都遭袭则王朝危亡，面对这种情况，天子封武人以公侯之位，只为笼络其心，然而终究无人射一箭勤王。崇祯注重武功的结果竟是如此，岂不可悲可叹？

[1]"洪、宣以后，狃于治平，故未久而遂有土木之难。"（《明史·卷八九·兵志一》）

[2]门状即拜帖；走狗原为纵狗驰猎，此处已变换结构，指等而下之的护卫者（城邦之犬）。韩愈曰："大府帅或道过其府，府帅必戎服，左握刀，右属弓矢，帕首袴靴迎郊。"（韩愈：《送郑尚书序》）

◎愚按：梨洲所言出自韩愈，但韩愈所论语境则大不同。岭南有七十州，其中二十二州隶属岭南节度府（故为大府），其余诸州分属四府。韩愈所述便是其余各府府帅面见大府府帅的情形。

[3]此乃崇祯发奋励精图治之举，抑或朝廷虚弱无可奈何之势？狄百瑞以后见之明观之，反问中华民国初年军阀割据（1912—1927年）与之相去几何（William de Bary, *Waiting for the Dawn*, p. 240, note 2）。

[4]三辅：汉景帝刘启（前188—前141年）二年（前155年），内史分为左、右内史，与主爵中尉（不久改为主爵都尉）同治长安城，所辖皆京畿之地，

合称"三辅"。武帝太初元年（前104年）改左、右内史、主爵都尉为京兆尹（长安一带）、左冯翊（东府渭南一带）、右扶风（西府宝鸡一带），是为三辅，后特指此三名官员所辖之地。

［5］"盗贼之祸，历代恒有，至明末李自成、张献忠极矣。史册所载，未有若斯之酷者也。"（《明史·卷三〇九·李自成传》）

然则武固不当重与？

曰：毅宗轻武而不重武者也。武之所重者将：汤之伐桀，伊尹为将；武之入商，太公为将；晋作六军，其为将者皆六卿之选也。有明虽失其制，总兵皆用武人，然必听节制于督抚或经略。则是督抚、经略，将也；总兵，偏裨也。总兵有将之名而无将之实，然且不可，况竟与之以实乎？

既然注重武功的举措出了问题，是否意味着不应当注重武功？梨洲再次拨动常识，认为一般所见是逆转了问题的核心。崇祯帝的问题并非源自注重武功，而恰恰是轻视武功。武功的要害在于将军，商汤攻伐夏桀，以伊尹为大将；周武攻伐商纣，以姜太公为大将，这是汤武故事。[1] 至于周朝末年，晋国由三军扩编为六军，将领由六卿出任，是文武合一的做法。[2] 虽然明代不再以文人为武将，但既然总兵都是武人，又必定要听命于总督、巡抚或经略，总督、巡抚和经略才是真正的将领，而总兵只不过是副将而已。总兵只有大将之名而无大将之实，尚且不可，何况竟然还授予总兵以大将之实呢？

[1]"汤用伊尹，文王用吕尚"，由此君主便可以"垂衣裳而天下定"（《荀子·王霸》）。"殷之伊尹，周之太公，可谓圣臣矣。"（《荀子·臣道》）周武王讨伐商纣，以姜太公为大将："武王即位，太公望为师，周公旦为辅。"（《史记·卷四·周本纪》）

[2]鲁成公三年（晋景公十二年，前588年），"晋作六军。韩厥、赵括、巩朔、韩穿、荀骓、赵旃皆为卿"（《春秋左传·成公三年》）。周制："凡制军，万有二千五百人为军，王六军，大国三军，次国二军，小国一军，军将皆命卿。"（《周礼·夏官司马》）

◎愚按：梨洲当然支持王道，但此处避而不谈晋国扩编军队并以将领为"卿"是僭越了天子之礼，反例正用（下文亦有正例反用之事），只为说明当行文武合一的政治举措。

夫安国家，全社稷，君子之事也；供指使，用气力，小人之事也。国家社稷之事，孰有大于将？使小人而优为之，又何贵乎君子耶？今以天下之大托之于小人，为重武耶，为轻武耶？是故与毅宗从死者，皆文臣也。当其时，属之以一旅，赴贼俱死，尚冀十有一二相全，何至自殊城破之日乎？是故建义于郡县者，皆文臣及儒生也。当其时，有所藉手以从事，胜负亦未可知，何至驱市人而战，受其屠醢乎？

君子、小人有别，君子治人，小人治于人；君子思虑如何保全国家社稷，小人则是供人指使的执行者。[1] 国家社稷的保全，就是武功，而武功之要就在选将。如果对待普通人尚且如此优越，那么对于治国安邦的君子又该怎么办呢？天下之大，应托付于大人君子。如果把天下大任托付给普通小人，那么究竟是注重武功还是轻视武功呢？所以跟随崇祯帝一同赴死的都是文臣。

在那样的非常时刻，如果能有一支部队，纵然与反贼同归于尽，尚且有十分之一二的希望可以保全王朝和皇帝，怎会落得京师失守而皇帝自杀（"自殊"，1644年，崇祯帝于破城之日自缢）身死国灭的下场？国都失守、国君自缢，而举国上下各个郡县，能够践履义行（right cause）的只有文臣儒生，无一武士。[2] 若得以援手，胜负难料，何至于驱使普通民人抗战，最终遭屠城之罪。[3]

[1] 孔子曰："君子之德风，小人之德草。"（《论语·颜渊》）孟子曰："有大人之事，有小人之事"，"或劳心，或劳力；劳心者治人，劳力者治于人"（《孟子·滕文公上》）。

[2] 梨洲本人便在清人入主中原后组织浙东义

勇军，力主反清复明："南都归命，踉跄回浙东。时忠正已死节，鲁王监国，孙嘉绩、熊汝霖以一旅之师画江而守。宗羲纠黄竹浦子弟数百人，随诸军江上，人呼之曰世忠营。"（江藩：《国朝汉学师承记·卷八黄宗羲》）

[3] ◎愚按：梨洲此处两论，兼及李自成与清军，两次发难，明帝皆成孤家寡人。据黄宗羲同一时期的西洋人士所记，清人入关之际，时人并未反抗，唯有遭遇变更习俗（"留发不留头"）之后，才奋起反抗，招致屠城。

英国政治哲人约翰·洛克（John Locke，1632—1704 年）受卫匡国（Martino Martini，1614—1661 年）的《鞑靼战纪》（*Bellum Tartaricum*）影响而记曰："最近我们听闻关于中国东部一座城市的报道，它被围日久，最终被迫投降。城门向敌军大开，所有居民都屈从于胜利者的意志。他们将自己的人身、妻子、家人、自由、财产（简言之，神圣和世俗的一切）全都交付敌手；不过，一旦他们受命要剪掉依照民族习俗留在头上的辫子，他们就拿起武器激烈抗争，直至全军覆没。这些人虽然已经准备接受整个文明体（civil existence）降解为敌人的奴隶，却无法容忍对他们头发的一丁点干涉——那是根据古代习俗留着的；头发是最无足轻重的东西，仅仅是身体的自然生长物，但民族习俗和普遍重视将之神圣化了，轻易就高于生命本身和自然的实在好处。"（John Locke, *Two Tracts on Government,* p. 217）

彼武人之为大帅者，方且飙浮云起，昔之不敢一当敌者，乘时易帜，各"以利刃而齿腐朽"，鲍永所谓"以其众幸富贵"矣，而后知承平之时待以仆隶者之未为非也。

在崇祯的提拔下，昔日对敌无胆的将领趁势而起，手持刀刃而分割王朝。[1]他们之所以得逞，就在于两汉之际将领鲍永所揭示的武人谋求富贵的办法——凭借军士众多做大。[2]由此可见，确应于承平之时压制武人，待其如仆隶。

[1]东汉太守宗资用李颂为吏，范滂（137—169年）"以非其人，寝而不召"，宗资遂迁怒于文书佐吏朱零，朱零叹曰："范滂清裁，犹以利刃齿腐朽。"郡中中人以下指滂之所用以为"范党"。（《后汉书·卷六七·党锢列传》）

◎愚按：范滂遭陷结党，清正廉明如利刃切割腐朽。梨洲正例反用，以此指代武人瓜分腐朽之王朝。

[2]周朝末年礼崩乐坏，贵族社会瓦解，礼乐流散于民间。另外一个后果便是普通小人也开始谋求富贵，在这一思想冲击下，才有了秦末陈胜的"苟富贵，无相忘"之说。鲍永在西汉末年起义军中追随刘玄，于刘玄被杀后投靠东汉开国皇帝光武帝刘秀（前

5—57年），行前解散自己的部队，向刘秀进言：

"诚惭以其众幸富贵，故悉罢之。"（《后汉书·卷二九·申屠刚鲍永郅恽列传》）

◎愚按：鲍永无意以率兵之重要挟权位、幸得富贵，此非晚明将领所识之心境。鲍永此举当然有自保之意，以免刘秀猜忌，却也反向揭示了武将往往存在凭借军士众多谋求个人富贵的潜在可能，从而造成对王朝的危害。

然则彭越、黥布非古之良将与？

曰：彭越、黥布，非汉王将之者也；布、越无所藉于汉王而汉王藉之，犹治病者之服乌喙、藜芦也。人见彭越、黥布之有功而欲将武人，亦犹见乌喙、藜芦之愈病而欲以为服食也。彼粗暴之徒，乘世之衰，窃乱天常，吾可以权授之，使之出落铃键也哉？

然而彭越（？—前196年）、黥布（？—前196年）不都是古代的良将吗？[1] 需要澄清的是，彭越和黥布不能被视作汉王的将领，因为他们并非依靠汉王刘邦，恰恰相反，而是汉王依靠他们，就像为了治病而服用乌喙（huì）和藜（lí）芦一样。常人只见到彭越、黥布有功劳，就觉得应该效法，也要让武人充当将领，就像是看到了乌喙和藜芦能治病便视之为食物一样。要懂得辨析其中的异同。这样的粗鄙暴虐之徒，趁着时世衰微，窃乱天常，那么可以授予权力，使他掌握国家命脉（出落钤键）吗？[2]

[1]汉五年（前202年），刘邦与韩信、彭越约期会师共击楚军，韩信、彭越不至，楚军借势大破汉军。张良（约前250—前186年）为刘邦分析："楚兵且破，而未有分地，其不至固宜，君王能与共天下，今可立致也；则不能，军未可知也。君王能自陈以东傅海尽与韩信，睢阳以北至谷城尽与彭越，使各自为战，则楚易败也。"（刘向：《新序·善谋下》）

"张耳、吴芮、彭越、黥布、臧荼、卢绾与两韩信，皆徼一时之权变，以诈力成功，咸得裂土，南面称孤。见疑强大，怀不自安，事穷势迫，卒谋叛逆，终于灭亡。"（《汉书·卷三四·韩彭英卢吴传》）"窃迹前事，大抵强者先反。淮阴王楚最强，则最先反；韩王信倚胡，则又反；贯高因赵资，则又反；陈豨兵精强，则又反；彭越用梁，则又反；黥布用淮南，则又反；卢绾国北最弱，则最后反。长沙乃才二万五千户耳，力不足以行逆，则少功而最完，势疏而最忠。全骨肉时长沙无故者，非独性异人也，其形势然矣。"（贾谊：《新书·卷一·藩强》）

[2]"戎臣兵伍，岂可一日使出落钤键哉？"（《资治通鉴·卷二四四·唐纪六〇》）钤键，即锁钥，便是破题或者国家命脉。

◎愚按：关于这一点，既有版本多有纰漏，一种译本解读为怎么可以让这些暴虐之徒不受约束，另外一种则认为是让暴虐之徒把守门户，均有不妥（段志强译注：《明夷待访录》，第 131 页；李广柏：《新译明夷待访录》，第 135 页）。

然则叔孙通专言斩将搴旗之士，儒生无所言进，何也？

曰：当是时，汉王已将韩信，彼通之所进者，以首争首、以力搏力之兵子耳，岂所谓将哉？

然则壮健轻死善击刺者，非所贵与？

曰：壮健轻死善击刺之在人，犹精致犀利之在器甲也。弓必欲无㵎，冶必欲援胡之称，甲必欲上旅下旅札续之坚，人必欲壮健轻死善击刺，其道一也。器甲之精致犀利，用之者人也；人之壮健轻死善击刺者，用之者将也。今以壮健轻死善击刺之人而可使之为将，是精致犀利之器甲可以不待人而战也。

义解

叔孙通为秦时待诏博士，后来归顺汉室。明末仍有人疑惑叔孙通为何屡屡推荐勇猛之士，而不是推举同道的儒生。[1] 其实，此时汉王刘邦已以韩信为将，叔孙通所推荐的，不过是体格健硕可以肉搏的兵士，怎可说是将领？

体力健壮、轻视死亡、善于击刺的人，不应当被看重吗？梨洲以为，他们就像精致而犀利的器械。良弓无须涂漆来黏合[“大和无㵎”（jiào）]。武器的“援”和“胡”要有一定的比例（“称”，proportion）。[2] 腰部上下的甲胄，它们的连接处紧致、坚固。论及工具尚且如此，论及人的话，则必定选择体力健壮、轻视死亡、善于击刺的人。但是不可以因为其武力高强就被任命为将领，这是两个不同性质的职位。[3]

[1]吴起曰："一军之中，必有虎贲之士，力轻扛鼎，足轻戎马，搴（qiān）旗斩将，必有能者。若此之等，选而别之，爱而贵之，是谓军命。"（吴起：《吴子·料敌》）司马迁曰："壮士在军，攻城先登，陷阵却敌，斩将搴旗，前蒙矢石，不避汤火之难者，为重赏使也。"（《史记·卷一二九·货殖列传》）

叔孙通之降汉，从儒生弟子百余人，然通无所言进，专言诸故群盗壮士进之。弟子皆窃骂曰："事先生数岁，幸得从降汉，今不能进臣等，专言大猾，何也？"叔孙通闻之，乃谓曰："汉王方蒙矢石争天下，诸生宁能斗乎？故先言斩将搴旗之士。诸生且待我，我不忘矣。"（《史记·卷九九·刘敬叔孙通列传》）

◎愚按："诸生且待我"，不是等待叔孙通，而是等待王朝的秩序底定、立国事业完成，才可以安排庠序、着手立教，而立教时刻方才需要儒生（董成龙：《武帝文教与史家笔法》）。

[2]子曰："工欲善其事，必先利其器。"（《论语·卫灵公》）"大和无灂。"（《周礼·考工记·弓人》）"戈广二寸，内倍之，胡三之，援四之。"（《周礼·考工记·冶氏》）

[3]苏洵曰："凡将欲智而严，凡士欲愚。智则不可测，严则不可犯，故士皆委己而听命，夫安得不愚？夫惟士愚，而后可与之皆死。"（苏洵：《权书·心

255

术》)

◎愚按：可以参考汉朝立国之后，刘邦计定功劳、论功行赏时有关"功狗"与"功人"的辨析。张良退出评定，萧何(约前257—前193年)则顺位为首功之臣，众臣以为自己披坚执锐、战场杀敌，而萧何"未尝有汗马之劳，徒持文墨议论，不战"，不过是要要嘴皮子而已，怎就居首功，难道是因为刘邦特别看重文学议论吗？

刘邦要安抚人心，于是便出面解惑，原来这些赫赫战功的将领不过是扑杀走兽的"功狗"，而萧何才是发现敌踪、指示行军路线的"功人"（《史记·卷五三·萧相国世家》）。以勇武善刺之人为将，就是把"功狗"用作"功人"，则以工具为指挥，犹如器械无人指挥而自行运转。

十五、兵制（三）

唐、宋以来，文武分为两途，然其职官，内而枢密，外而阃帅州军，犹文武参用。惟有明截然不相出入，文臣之督抚，虽与军事而专任节制，与兵士离而不属。是故莅军者不得计饷，计饷者不得莅军；节制者不得操兵，操兵者不得节制。方自以犬牙交制，使其势不可为叛。

義
解

梨洲以为，士原本是文、武兼备之士，士分文士与武士，乃唐、宋以后之事。[1] 不过若从官制着眼，无论中央之内的枢密院，还是在外统兵的地方将领，都有文武两官制杂糅之意。宋朝吸取唐朝的经验教训，将统兵之权与调兵之权相分离。明朝沿用这种办法，文臣出任总督、巡抚，虽然不能日常统兵，却可以在非常时刻参与军事决断，指挥作战。指挥部队作战的不能日常统兵，反之亦然。[2]

职是之故，军士与军饷分开管理，管理军士之人不得管理军饷，反之亦然。管控军队的相关权力分散开来，犬牙交错，彼此制衡，使其权力不足以发动叛乱。[3]

疏
证

[1] 雷海宗曰："秦以上为自主、自动的历史，人民能当兵，肯当兵，对国家负责任。秦以下人民不

能当兵，不肯当兵，对国家不负责任。"（雷海宗：《中国文化与中国的兵》，第 101—102 页）。

◎愚按：雷氏所论时间节点与梨洲颇有出入，然其问题所指则相同。

［2］柳宗元曰：秦执天下时"有叛人而无叛吏"，汉执天下时，"有叛国而无叛郡"；唐执天下时"有叛将而无叛州"。（柳宗元：《封建论》）

◎愚按：此论为吕思勉《中国通史》所继承。

［3］兵部"掌天下武卫官军选授、简练之政令"（《明史·卷七二·职官志一》）。明制："凡军制内外相维，武官不得辄下符征发。自都督府，都指挥司，留守司，内外卫守御、屯田、群牧千户所，仪卫司，土司，诸番都司卫所，各统其官军及其部落，以听征调、守卫、朝贡、保塞之令。"（《明史·卷七二·职官志一》）

◎愚按：可勘西人权力制衡的政权设计，即"check and balance"，彼处系立法权、执行权与司法权三权分立（孟德斯鸠之说），与此处颇有不同，然而与权力制衡以防腐败的设计初衷颇为契合。

夫天下有不可叛之人，未尝有不可叛之法。杜牧所谓"圣贤才能多闻博识之士"，此不可叛之人也。豪猪健狗之徒，不识礼义，喜房掠，轻去就，缓则受吾节制，指顾簿书之间，急则拥兵自重，节制之人自然随之上下。试观崇祯时，督抚曾有不为大帅驱使者乎？此时法未尝不在，未见其不可叛也。

　　然而问题在于，世上只有不叛变之人，却没有一种制度安排可以一劳永逸地避免叛乱。[1]杜牧所谓"圣贤才能多闻博识之士"便是不会叛变之人。[2]像豪猪、恶狗一样的武夫，不懂得礼义，喜欢掳掠，不在意上位者是谁[3]，国势和缓的时候，纵然只是一封文书也可以调动他，一旦国势危急，他就拥兵自重，节制这些武人的人反倒要受这些武人的节制。崇祯帝时期便遭遇了这样的情境，文人虽然出任总督和巡抚，却被武人出任的总兵牵制，压制武人、防止叛乱的制度设计仍然在，却不能制止叛乱的行径。

　　[1]◎愚按：此论颇有荀子"有治人，无治法"的味道，而前文《原法》则以为"有治法而后有治人"。

　　[2]文人杜牧（803—约852年）也颇晓兵法，具备古人文武兼备遗风。杜牧曰："主兵者，圣贤材能多闻博识之士，则必树立其国也。"（杜牧：《注孙子序》）

　　[3]司马迁记贾谊曰："同死生，轻去就。"（《史记·卷八四·屈原贾生列传》）

　　有明武职之制，内设郡督府，锦衣卫，外设二十一都司，四百九十三卫，三百五十九所；平时有左右都督、都指挥使、指挥使，各系以同知、佥事及千户、百户、镇抚之级；行伍有总兵、副将、参将、游击、千把总之名。宜悉罢平时职级，只存行伍。京营之兵，兵部尚书即为总兵，侍郎即为副将，其属郎官即分任参、游。设或征讨，将自中出，侍郎挂印而总兵事，郎官从之者一如京营，或用巡抚为将，巡抚挂印，即以副将属之参政，参将属之郡守，其行间战将勇略冠军者，即参用于其间。苟如近世之沈希仪、万表、俞大猷、戚继光，又未尝不可使之内而兵部，外而巡抚也。

明朝的武将系统颇为复杂，朝廷有都督府、锦衣卫，地方有二十一个都司、四百九十三个卫、三百五十九个所。平时，左右都督、都指挥使、指挥使等将领，下设同知、佥事、千户、百户、镇抚等职级。[1]战时，则有营兵系统，有总兵、副将、参将、游击、千把总等[2]。梨洲直言应该取消平时的武官官僚体制，因为它不以作战为导向，还容易滋生腐败，而应建设一支作战部队。按照梨洲的设计，兵部尚书即京师戍部队的总兵（这样，兵部尚书不仅是官僚，还是作战者），其副将就应该是兵部侍郎，兵部属官则是参将、游击等。兵部平时就是王朝的军事管理机构，战时则是王朝的出征机构，一旦出征，从侍郎到属官分别就职于营兵系统。

沈希仪（1491—1554年）、万表（1498—1556年）、俞大猷（1503—1579年）和戚继光（1528—1588年）等抗倭名将，都是能打仗、打胜仗的军中将领，留在京师可以执掌兵部，派驻外地可以出任巡抚。任用这样的将军，可以一改武官系统的官僚作风，建立以作战为导向的战备军制。[3]

[1]中军、左军、右军、前军、后军五都督府，"都督府掌军旅之事，各领其都司、卫所……又增设左、右都督，同知，副使，佥事，照磨各一人，并设断事官……京卫指挥使司……凡上直卫亲军指挥使司，二十有六……锦衣卫，掌侍卫、缉捕、刑狱之事，恒以勋戚都督领之，恩荫寄禄无常员"（《明史·卷七六·职官志五》）。"三十年[引者按：洪武三十年（1397年）]，定武官役军之制：指挥、同知、佥事四，千户三，百户、镇抚二，皆取正军，三日一番上，下直归伍操练。"（《明史·卷九〇·兵志二》）

[2]"总兵官、副总兵、参将、游击将军、守备、把总，无品级，无定员。总镇一方者为镇守，独镇一路者为分守，各守一城一堡者为守备，与主将同守一城者为协守。又有提督、提调、巡视、备御、领班、备倭等名。"（《明史·卷七六·职官志五》）

吴晗指出，都指挥使司原本是地方军事长官，中央派出临时独任一方的总兵官督导军务，但逐渐固定化，遂成为其上级。总兵官固定化后，一旦遇有战事，中央又派出巡抚，事毕复命，后来巡抚则固定化为地方首脑。景泰帝之后，因军事关系涉及数省用兵，又增添总督军务，其地位与职权又在巡抚之上（吴晗：《吴晗论明史》，第 139 页）。

[3]"明至中叶，曷尝无边材哉！如马永、梁震、周尚文、沈希仪之徒，出奇制胜，得士卒死力，虽古名将何以加焉？然功高赏薄，起蹶靡常。此无异故，其抗怀奋激，无以结欢在朝柄政重人，宜其龃龉不相入也。"（《明史·卷二一一·沈希仪传》）

梨洲曰："万表字民望，号鹿园……年十七袭职，读书学古，不失儒生本分。"（黄宗羲：《明儒学案·卷一五·浙中王门学案五·都督万鹿园先生表》）

戚继光"好读书，通经史大义"，"戚家军名闻天下"（《明史·卷二一二·戚继光传》）。俞大猷"尝谓兵法之数起五，犹一人之身有五体，虽将百万，可使合为一人也"（《明史·卷二一二·俞大猷传》）。

自儒生久不为将，其视用兵也，一以为尚力之事，当属之豪健之流；一以为阴谋之事，当属之倾危之士。夫称戈、比干、立矛者，士卒之事而非将帅之事也，即一人以力闻，十人而胜之矣。

兵兴以来，田野市井之间膂力稍过人者，当事即以奇士待之，究竟不当一卒之用。万历以来之将，掩败饰功，所以欺其君父者何所不至，亦可谓之倾危矣；乃止能施之君父，不能施之寇敌。然则今日之所以取败亡者，非不足力与阴谋可知矣。使文武合为一途，为儒生者知兵书战策非我分外，习之而知其无过高之论，为武夫者知亲上爱民为用武之本，不以粗暴为能，是则皆不可叛之人也。

　　文武分离太久，以至于后世小儒以为儒生、文士
不必通晓武功、兵法。[1]后世儒生看得太浅薄，要么
以为武事就只是蛮力之事（狄百瑞译为"strongman"），
要么以为那只是阴谋之事（狄百瑞译为"schemer"）。
如果只是蛮力之事，那就要交给豪猪恶狗了；如果只
是阴谋之事，那就要交给纵横策士了。战国时期的纵
横家就被视为危害王朝安全的"倾危之士"[2]。"称
尔戈，比尔干，立尔矛"（《尚书·牧誓》），这只
是普通士卒应该做的事，而不是将帅应该做的事，况
且即使一个人可能武力过人，也终究敌不过十个人。
所以这种在体力意义上的特殊禀赋，并不足以使他自
然随之具备统率部队的独特才华。

　　自从明朝开始重启战事，凡是民间力量过人的人
就会被以奇异之士对待，可是真正将他们派驻战场，
上阵杀敌，又不足以当一个真正有战斗力的士兵。这
样难道是真正重视战事吗？这实际上恰恰是轻视战事。

　　万历朝以来的将领，掩盖战争的败绩，同时粉饰
自己的功劳，凡是欺骗君父的事情无所不作，也真是
倾危之士。其本领只能够对付君父，面对外敌时却无
计可施。明朝遗民中有相当一部分人认为，明朝最终
败于缺乏强力与阴谋，然而梨洲此番言论的结语便是，
明朝最后败亡并非源于强力与阴谋不足，这是显而易
见的。如果能够文武合一，儒者通晓兵法韬略，便不

会以为有何难懂之处；武者懂得爱民之道，便不会以粗暴为能事，也就不再有叛逆之人了。[3]

[1]"有文事者必有武备，有武事者必有文备。"（《史记·卷四七·孔子世家》）苏洵曰："人有言曰：儒者不言兵，仁义之兵，无术而自胜。使仁义之兵无术而自胜也，则武王何用乎太公？而牧野之战，'四伐、五伐、六伐、七伐，乃止齐焉'，又何用也？《权书》，兵书也，而所以用仁济义之术也。吾疾夫世之人不究本末，而妄以我为孙武之徒也。夫孙氏之言兵，为常言也，而我以此书为不得已而言之之书也。故仁义不得已，而后吾《权书》用焉。然则权者，为仁义之穷而作也。"（苏洵：《权书·叙》）

[2]倾危之士："张仪之行事甚于苏秦，然世恶苏秦者，以其先死，而仪振暴其短以扶其说，成其衡道。要之，此两人真倾危之士哉！"（《史记·卷七○·张仪列传》）

[3]明中叶王阳明（1472—1529年）身兼鸿儒大将。阳明学为明朝学术新气象，亦为反抗朝堂僭政之思想资源。梨洲《明儒学案》所录一半皆为阳明学及其支流。

十六、财计（一）

后之圣王而欲天下安富，其必废金银乎！古之征贵征贱，以粟帛为俯仰。故公上赋税，有粟米之征、布缕之征是也；民间市易，《诗》言"握粟出卜"，《孟子》言"通工易事，男粟女布"是也。其时之金银，与珠玉无异，为馈问器饰之用而已。

义解

洪范八政，由食而货[1]，故梨洲论述不限于田制，而又转入财计，探寻王朝财计源流，正可谓原利。梨洲开篇直言，后世若有圣王出而欲天下安定富足，必废金银。古人征收赋税，都是征收人力或田地的产出，贵贱浮动，都以粮食或布帛为准（对勘《明夷待访录·田制》三章）。[2]官家赋税皆征收粮食或布帛；至于民间交易，《诗经》云以粮食占卜，《孟子》言社会分工，男耕女织，也是在强调粮食与布帛。[3]如此时代，金银不具有通货的购买力，与珠宝没有差别，只不过是装饰品而已。[4]

疏证

[1]"殷周之盛，《诗》《书》所述，要在安民，富而教之。故《易》称：'天地之大德曰生，圣人之大宝曰位；何以守位曰仁，何以聚人曰财。'财者，

帝王所以聚人守位，养成群生，奉顺天德，治国安民之本也。"（《汉书·卷二四上·食货志上》）

"《洪范》八政，一曰食，二曰货。食谓农殖嘉谷可食之物，货谓布帛可衣，及金刀龟贝，所以分财布利通有无者也。二者，生民之本，兴自神农之世。"（《汉书·卷二四上·食货志上》）

◎愚按："金银天然不是货币，但货币天然是金银。"（马克思：《资本论》第一卷，第二章）

[2]司马迁曰："人各任其能，竭其力，以得所欲。故物贱之征贵，贵之征贱。"（《史记·卷一二九·货殖列传》）叶适曰："土地所宜，人力所食，非谷粟则布帛，与夫民之所自致者，皆无待于金钱，而民安本著业，金钱亦为无用，故用之至少，所用之数，以岁计之，亦是临时立法，制其多少。后世不然，百物皆由钱起，故因钱制物，布帛则有丈尺之数，谷粟有斛斗之数，其他凡世间饮食资生之具，皆从钱起，铢两多少，贵贱轻重，皆由钱而制。"（马端临：《文献通考·卷九·钱币考二》）

[3]"握粟出卜，自何能谷。"（《诗经·小雅·小宛》）孟子曰："有布缕之征，粟米之征，力役之征。君子用其一，缓其二。用其二而民有殍，用其三而父子离。"（《孟子·尽心下》）又曰："子不通功易事，以羡补不足，则农有余粟，女有余布；子如通之，则梓匠轮舆皆得食于子。"（《孟子·滕文公下》）

[4]子曰："君子喻于义，小人喻于利。"（《论

语·里仁》）司马迁读孟子书，至梁惠王问"何以利吾国"，未尝不废书而叹也。曰："嗟乎，利诚乱之始也！夫子罕言利者，常防其原也。故曰'放于利而行，多怨'。自天子至于庶人，好利之弊何以异哉！"（《史记·卷七四·孟子荀卿列传》）又曰："布衣匹夫之人，不害于政，不妨百姓，取与以时而息财富，智者有采焉。"（《史记·卷一三〇·太史公自序》）

◎愚按：孔孟并非彻底否定利益，之所以很少谈，就是要防止利欲熏心，尚利之风四起，人世多怨，需要导引，"以礼义防于利"。陈焕章（1880/1881—1933年）著《孔门理财学》就是要挖掘孔门儒学系统中有关"利"的探讨，该书于1911年被列入哥伦比亚大学历史、经济与公共法律研究丛书出版，约翰·梅纳德·凯恩斯（John Maynard Keynes，1883—1946年）为之撰写书评。

三代以下，用者粟帛而衡之以钱，故钱与粟帛相为轻重。汉章帝时，谷帛价贵，张林言："此钱多故也，宜令天下悉以布帛为租，市贾皆用之，封钱勿出，物皆贱矣。"魏明帝时，废钱用谷。桓玄辅晋，亦欲废钱。孔琳之曰："先王制无用之货以通有用之财，此钱之所以嗣功龟贝也。谷帛本充衣食，分以为货，劳毁于商贩之手，耗弃于割截之用，此之为弊者，著自于曩。"

然则昔之有天下者，虽钱与谷帛杂用，犹不欲使其重在钱也。梁初，唯京师及三吴、荆、郢、江、湘、梁、益用钱，其余州郡杂以谷帛，交、广之域全以金银为货。陈用钱，兼以锡、铁、粟、帛，岭南多以盐、米、布，交易不用钱。北齐冀州之北，钱皆不行，交贸者皆绢布。后周河西诸郡或用西域金、银、钱，而官不禁。

这一部分，梨洲主要参考了《晋书·食货志》中自汉朝以来直到魏晋时期有关货币等问题的讨论。三代以下，粮食布帛最为常用，而以钱币衡量，彼此相为轻重，此消彼长。汉章帝刘炟（58？—88年）在位期间，粮食布帛价格上涨，尚书张林以为端赖于钱币过多（通货膨胀），为此建议减少市面流通的钱币，应令天下以布帛收租，行商坐贾皆用布帛代钱币，则流通钱币随之减少，以此解决钱贱谷贵的问题。[1]

由汉至魏，魏文帝曹丕（187—226年）废钱而用谷物，但魏明帝曹叡（205？—239年）又重新启用钱币。[2]孔琳之（369—423年）指出，先王设置原本无用的货币，只为使本身有用的财货得以流通，钱币由此取代龟贝成为通行货币。粮食布帛原是要满足人们衣食之需，通货产生后，有一部分粮食布帛折算为通货，就毁坏于商贩之手，耗损于裁剪之用，这种弊端早先已经有所显露。[3]

既往统治天下的人，虽然杂用钱币与粮食布帛，仍不愿意看到钱币的重要性大过粮食布帛。梨洲记述由两晋而转入南北朝时期。南朝梁初年，只有京师、三吴、荆州、郢州、江州、湘州、梁州、益州使用钱币，其余州郡都杂用粮食布帛，交州、广州等地则全部以金银为通货。南朝陈除使用钱币外，还兼用锡、铁与粮食布帛，岭南多用盐、米和布，交易不用钱币。北齐冀州以北之地，交易都用绢布，全不使用钱币。后周河西诸郡，有时出现使用西域金银或钱币的情况，官家也不禁止。[4]

[1] 张林曰："谷所以贵，由钱贱故也。可尽封钱，一取布帛为租，以通天下之用。又盐，食之急者，虽贵，人不得不须，官可自鬻。又宜因交阯、益州上计吏往来，市珍宝，收采其利，武帝时所谓均输者也。"当时即有朱晖反对曰："王制，天子不言有无，诸侯不言多少，禄食之家不与百姓争利。今均输之法与贾贩无异，盐利归官，则下人穷怨，布帛为租，则吏多奸盗，诚非明主所当宜行。"（《后汉书·卷四三·朱乐何列传》）

叶适曰："古者因物权之以钱，后世因钱权之以物。"（马端临：《文献通考·卷九·钱币考二》）

[2] 由汉至魏，货币变迁："及献帝初平中，董卓乃更铸小钱，由是货轻而物贵，谷一斛至钱数百万。至魏武为相，于是罢之，还用五铢。是时不铸钱既久，货本不多，又更无增益，故谷贱无已。及黄初二年，魏文帝罢五铢钱，使百姓以谷帛为市。至明帝世，钱废谷用既久，人间巧伪渐多，竞湿谷以要利，作薄绢以为市，虽处以严刑而不能禁也。司马芝等举朝大议，以为用钱非徒丰国，亦所以省刑。今若更铸五铢钱，则国丰刑省，于事为便。魏明帝乃更立五铢钱，

至晋用之，不闻有所改创。"（《晋书·卷二六·食货志》）

[3]东晋安帝元兴中，桓玄（369—404年）辅政，立议欲废钱用谷帛。孔琳之议曰："《洪范》八政，货为食次，岂不以交易所资，为用之至要者乎？若使百姓用力于为钱，则是妨为生之业，禁之可也。今农自务谷，工自务器，各隶其业，何尝致勤于钱。故圣王制无用之货，以通有用之财，既无毁败之费，又省难运之苦，此钱所以嗣功龟贝，历代不废者也。谷帛为宝，本充衣食，分以为货，则致损甚多。又劳毁于商贩之手，耗弃于割截之用，此之为弊，著自于曩。故钟繇曰：'巧伪之人，竞湿谷以要利，制薄绢以充资。'魏世制以严刑，弗能禁也。是以司马芝以为用钱非徒丰国，亦所以省刑。钱之不用，由于兵乱积久，自致于废，有由而然，汉末是也。今既用而废之，则百姓顿亡其利。今括囊天下之谷，以周天下之食，或仓廪充溢，或粮靡并储，以相资通，则贫者仰富。致富之道，实假于钱，一朝断之，便为弃物。是有钱无粮之人，皆坐而饥困，以此断之，又立弊也。"（《晋书·卷二六·食货志》）

[4]"梁初，唯京师及三吴、荆、郢、江、湘、梁、益用钱。其余州郡，则杂以谷帛交易。交、广之域，全以金银为货……陈初，承梁丧乱之后，铁钱不行……私家多熔钱，又间以锡铁，兼以粟帛为货……其岭南诸州，多以盐米布交易，俱不用钱云……冀州之北，钱皆不行，交贸者皆以绢布……后周之初，尚用魏钱。

及武帝保定元年七月，乃更铸布泉之钱，以一当五，与五铢并行。时梁、益之境，又杂用古钱交易。河西诸郡，或用西域金银之钱，而官不禁。"（《隋书·卷二四·食货志》）

唐时民间用布帛处多，用钱处少。大历以前，岭南用钱之外，杂以金银、丹砂、象齿。贞元二十年，命市井交易以绫罗绢布杂货与钱兼用。宪宗诏：天下有银之山必有铜，唯银无益于人，五岭以北，采银一两者流他州，官吏论罪。元和六年，贸易钱十缗以上参布帛。太和三年，饰佛像许以金银，唯不得用铜。四年，交易百缗以上者，粟帛居半。按唐以前，自交、广外，上而赋税，下而市易，一切无事于金银，其可考彰彰若是。

梨洲的记述由南北朝而转至唐朝。唐朝民间多用布帛，而少用钱币。大历以前，岭南地区除了用钱币，还杂用金银、丹砂和象牙。[1] 贞元二十年（804年），市场交易被要求杂用绫罗绢布与钱币。[2] 宪宗诏令天下，凡银山必有铜，但银却对人无益，五岭以北，只要采银一两，即流放其他州，相关官吏则依律论罪。[3] 元和六年（811年），凡交易超过十缗钱则应参用布帛。[4] 太和三年（829年），修饰佛像获准采用金银，却不能够用铜，显然是认为铜可以作为通货，而并不认可金银作通货。太和四年（830年），凡交易超过百缗钱，

271

交易金额的一半要由粮食布帛充当。[5]据此，唐以前，除了交州、广州，无论是向上缴纳赋税，还是下面市场上的交易，一切都与金银无关，非常清晰可考。

［1］建中年间确立两税法以来，唐代宗李豫（727—779年)时期的户部尚书杨於陵（753—830年）曾指出两税法的危害，进而直陈："大历（引者按：766—779年）以前，淄青、太原、魏博杂铅铁以通时用，岭南杂以金、银、丹砂、象齿。"（《新唐书·卷五二·食货志二》）

［2］唐德宗李适（742—805年）治下，贞元二十年，"命市井交易，以绫、罗、绢、布、杂货与钱兼用。宪宗以钱少，复禁用铜器"（《新唐书·卷五四·食货志四》）。

［3］唐宪宗李纯（778—820年）治下，元和三年（808年）诏令天下："泉货之法，义在通流。若钱有所壅，货当益贱。故藏钱者得乘人之急，居货者必损己之资。今欲著钱令以出滞藏，加鼓铸以资流布，使商旅知禁，农桑获安，义切救时，情非欲利。若革之无渐，恐人或相惊。应天下商贾先蓄见钱者，委所在长吏，令收市货物，官中不得辄有程限，逼迫商人，任其货易，以求便得。计周岁之后，此法遍行，朕当别立新规，设蓄钱之禁。所以先有告示，许有方圆，意在他时行法不贷。又天下有银之山，必有铜矿。铜者，可资于鼓铸；银者，无益于生人。权其重轻，使条专

一。其天下自五岭以北，见采银坑，并宜禁断。"（《旧唐书·卷四八·食货志上》）

[4] 元和六年，制："公私交易，十贯钱已上，即须兼用匹段。委度支盐铁使及京兆尹即具作分数，条流闻奏。茶商等公私便换见钱，并须禁断。"（《旧唐书·卷四八·食货志上》）

[5] 唐文宗李昂（809—840年）治下，太和三年，"诏佛像以铅、锡、土、木为之，饰带以金银、鍮石、乌油、蓝铁，唯鉴、磬、钉、镮、钮得用铜，余皆禁之，盗铸者死。是时峻铅锡钱之禁，告千钱者赏以五千。四年，诏积钱以七千缗为率，十万缗者期以一年出之，二十万以二年。凡交易百缗以上者，匹帛米粟居半。河南府、扬州、江陵府以都会之剧，约束如京师。未几皆罢"（《新唐书·卷五四·食货志四》）。

宋元丰十二年，蔡京当国，凡以金银丝帛等贸易，勿受夹锡钱者，以法惩治。盖其时有以金银为用者矣。然重和之令，命官之家，留见钱二万贯，民庶半之，余限二年听易金银之类，则是市易之在下者，未始不以钱为重也。绍兴以来，岁额金一百二十八两，银无额，七分入内库，三分归有司，则是赋税之在上者，亦未始以金银为正供，为有司之经费也。

梨洲的记述由唐朝而转入宋朝。宋徽宗政和二年（1112年），蔡京（1047—1126年）当政，要求使用铜锡夹杂的钱，如果以金银丝帛等物品交易，不使用夹锡钱，则依法论处。这样规定显然是因为当时有以金银为通货的情况。[1]

宋高宗绍兴二十九年（1159年），朝廷命官之家最多只得保留二万贯钱，普通民人之家最多只得保留一万贯，多出的部分要在两年时间内折换为金银之类的物品，可见民间交易也把钱看得很重，否则就不会有官家要求向市面流通钱币的举措了[2]绍兴年间以来，朝廷每年征收的黄金有定额一百二十八两，征银则没有定额，七成的收入进入皇宫府库，三成则归入朝廷泉司。[3]可见，从向朝廷上缴赋税来看，金银也没被当作法定税收和有关部门开支的主要手段。

疏证

[1]宋神宗在位十八年，有熙宁（1068—1077年）和元丰（1078—1085年）两个年号。元丰年号共用八年，梨洲原文"元丰十二年"应为笔误，当为宋徽宗（1082—1135年）治下政和二年。因夹锡钱质地低劣，民间不行，故当年有此强令："夹锡钱既复推行，钱轻不与铜等，而法必欲其重，乃严擅易抬减之令。凡以金银、丝帛等物贸易，有弗受夹锡、须要铜钱者，听人告论，以法惩治。"（《宋史·卷一八〇·食货志下二》）

须说明，夹锡钱之初出在宋徽宗崇宁二年（1103年），"夹锡钱始于二年"，由蔡京推行。"徽宗崇宁二年二月庚午，初令陕西铸折十铜钱并夹锡钱。左仆射蔡京奏：'……今夹锡铸造，样制精好，欲一钱当铜钱二支用，令许天启相度，依此施行。'……河东运判洪中孚言：'二虏以中国钱铁为兵器，若杂以铅锡，则脆不可用，请改铸夹锡当三、当十铁钱。'从之。"（马端临：《文献通考·卷九·钱币考二》）

"钱有铜、铁二等，而折二、折三、当五、折十，则随时立制。行之久者，唯小平钱。夹锡钱最后出，宋之钱法至是而坏。"（《宋史·卷一八〇·食货志下二》）

[2] 重和，系宋徽宗所用年号之一（1118—1119年）。梨洲原文有误，当为宋高宗赵构（1107—1187年）治下绍兴二十九年（1159年）："令命官之家留见钱二万贯，民庶半之，余限二年听转易金银，算请茶、盐、香、矾钞引之类，越数寄隐，许人告。"（《宋史·卷一八〇·食货志下二》）马端临按："此即唐元和间所行，皆是以民间钱少而不能流通，县官费重而不能广铸，故为此末策耳。"（马端临：《文献通考·卷九·钱币考二》）

[3] "岁额：金一百二十八两，银无额，以七分入内库，三分归本司。"（《宋史·卷一八〇·食货志下二》）此所谓本司系泉司，即提举坑冶司，掌收山泽之利，鼓铸泉货，以供国家之用。

◎愚按：日本学者加藤繁（1880—1946年）考证，唐宋时期虽然使用金银，但仍以钱为主要货币，因为当时美洲大陆尚未被发现，银的数量不多。（加藤繁：《唐宋时代金银之研究》；全汉昇：《中国社会经济通史》）

及元起北方，钱法不行，于是以金银为母，钞为子，子母相权而行，而金银遂为流通之货矣。明初亦尝禁金银交易，而许以金银易钞于官，则是罔民而收其利也，其谁信之？故至今日而赋税市易，银乃单行，以为天下之大害。盖银与钞为表里，银之力绌，钞以舒之，故元之税粮，折钞而不折银。今钞既不行，钱仅为小市之用，不入贡赋，使百务并于一途，则银力竭。元又立提举司，置淘金户，开设金银场，各路听民煽炼，则金银之出于民间者尚多。今矿所封闭，间一开采，又使宫奴主之，以入大内，与民间无与，则银力竭。

梨洲的记述由宋朝而转至元朝。元朝由北方兴起后，不再使用钱币，于是以金银为本位，发行钞票（对勘《明夷待访录·财计二》），二者彼此调节，金银由此成为通行货币。[1]梨洲的记述再由元朝转入明朝，元、明两朝的处境基本相似，就在于在准备金并不充分的情况下发行钱币，终究屡禁金银交易而不止。朝廷命民人以金银折换官家印发的纸钞，实际上是欺骗民众，与民争利，而民人也并非诚可欺者。

明朝确立银本位制度，赋税和交易都只能以银为通货，在梨洲看来这是天下祸害所在。[2]白银与纸钞一里一表，白银不足，则朝廷发行更多纸钞来补足缺口，所以元朝征收粮税，要求折算成纸钞，而不能折算成白银。后来纸钞不再流行，钱币仅用于小规模交易，不能用于上缴赋税，各种经济事务都由白银结算，白银因此供给不足。[3]元朝又设置专门的机构提举司，安排淘金户淘金设场，各地都允许百姓冶炼金银，因此民间能见到的金银数量不算少。[4]直至明朝，银矿封闭，偶尔开采，且执掌于宦官之手，大量金银流入皇宫，民间金银已经枯竭。

[1]钞法："钞始于唐之飞钱、宋之交会、金之交钞。其法以物为母，钞为子，子母相权而行，即《周官》质剂之意也。元初仿唐、宋、金之法，有行用钞，其制无文籍可考。"（《元史·卷九三·食货志一》）"元世始终用钞，钱几废矣。"（《明史·卷八一·食货志五》）

"重曰母，轻曰子。相权，并行也。"（马端临：《文献通考·卷八·钱币考一》）元宪宗元年（1251年），史楫（1214—1272年）在真定"请立银钞相权法，人以为便"（《元史·卷一四七·史天倪传》），故"银钞相权"者先是真定钞，中统元宝交钞后，推行至全境（王文成、高庆华：《"中统行钞"与蒙元银、丝、钱、钞关系的演变》）。

[2]◎愚按：明英宗正统元年（1436年）确立银本位的货币制度，一直延续到1935年（千家驹、郭彦岗：《中国货币演变史》）。据全汉昇等人研究，银本位货币制度的确立内嵌于彼时的全球国际贸易态势，美洲1571年至1821年间生产的白银，有四分之一或半数被运往中国（全汉昇：《明清间美洲

白银的输入中国》；弗兰克：《白银资本：重视经济全球化中的东方》；樊树志：《晚明大变局》）。全汉昇的研究成果转而被费尔南·布罗代尔（Fernand Braudel，1902—1985 年）征引，成为探索 16—18 世纪全球政治经济秩序的重要参考资料（参见布罗代尔：《15 至 18 世纪的物质文明、经济和资本主义》）。

冯梦龙（1574—1646 年）《钱法议》就已提出明朝"钱贱银贵"的问题（类似问题在晚清再次出现，参见林满红：《银线：19 世纪的世界与中国》）。

［3］"钞法自弘、正间废，天启时，给事中惠世扬复请造行。崇祯末，有蒋臣者申其说，擢为户部司务。倪元璐方掌部事，力主之，然终不可行而止。"（《明史·卷八一·食货志五》）

［4］元时多地曾建提举司，兹举一例："在江浙者，至元二十四年，立提举司，以建康等处淘金夫凡七千三百六十五户隶之，所辖金场凡七十余所。未几以建康无金，革提举司，罢淘金户，其徽、饶、池、信之课，皆归之有司。"（《元史·卷九四·食货志二》）

二百余年，天下金银，纲运至于燕京，如水赴壑。承平之时，犹有商贾官吏返其十分之二三，多故以来，在燕京者既尽泄之边外，而富商大贾、达官猾吏，自北而南，又能以其资力尽敛天下之金银而去。此其理尚有往而复返者乎？

夫银力已竭，而赋税如故也，市易如故也。皇皇求银，将于何所？故田土之价，不当异时之什一，岂其壤瘠与？

日：否。不能为赋税也。

百货之价，亦不当异时之什一，岂其物阜与？

日：否。市易无资也。

明朝立国二百余年，天下金银财货，悉数集聚于京师，有如以水填壑而欲壑难填。[1]承平之时，姑且有商贾和官吏通过商贸与俸禄，将集中于王朝的利益返还十分之二三给民人；明末多事之秋，聚集在京师的金银就被大量流入边界用于战事，富商和狡猾的官吏，又将南方的金银尽收斛中，民间再无余利。金银已北去，收入朝廷和富商之手，怎可能复返民间？

民间没有白银的流通，却仍要以白银缴纳赋税，交换贸易。因此，民间汲汲于求得白银。田地的价格尚且不足昔日的十分之一，并非土地贫瘠，而是因为白银愈发通货紧缩，民人无法上交赋税所需的白银，只能贱卖土地，转身为佃户。与此同理，市场上的货物价格低廉，不及以往的十分之一，并非货物充足、民间富庶，而是因为市场没有足够的白银。

[1] 王朝与庶民争利、京师与地方争利、商贾与农工争利。

当今之世，宛转汤火之民，即时和年丰，无益也，即劝农沛泽，无益也，吾以为非废金银不可。废金银，其利有七：

粟帛之属，小民力能自致，则家易足，一也。

铸钱以通有无，铸者不息，货无匮竭，二也。

不藏金银，无甚贫甚富之家，三也。

轻赍不便，民难去其乡，四也。

官吏赃私难覆，五也。

盗贼肤箧，负重易迹，六也。

钱钞路通，七也。

然须重为之禁，盗矿者死刑，金银市易者以盗铸钱论而后可。

梨洲以为，在银本位的财政体制之下，民众如处水深火热之中，即便是四时和顺、农耕丰泽，也无所获利。因此，想要解决这一问题，就要以其所产为赋税，并确立以货物为基础的财政体制，废除将金银作为通货的制度。在梨洲看来，废除金银有七点利益：

第一，以粮食布帛为通货，既系土地所产、人力可为，不必假力于他人之手，升斗小民皆可获取而使家庭富足。第二，铸造钱币只要可以持续就不至于使民间失去通货，不使用金银，也能够促成贸易，互通有无。[1]第三，民间不再聚敛金银，这样就不会产生太大的贫富差距。[2]第四，铜钱沉重，不便携带，人们也就不易离开家乡。[3]第五，如若以金银为通货，官吏贪赃则可以藏之匮室；既然以粮食布帛为通货，则其占地明显，官吏如若贪污则难以掩藏。第六，铜

钱比金银笨重，盗贼不易搬运。第七，废止金银，民
人自然就会使用钱币与纸钞。不过，须重定严格禁令，
私自开矿冶金者定死罪，以金银为通货在市场交易者
按私铸钱币论处。

疏
证

　　［1］◎愚按：梨洲此论似缺乏现代经济学常识，
并非有通货就有购买力，元、明时期仍旧印制钱币，
然而失去准备金作为基础，即便被官定为通货，仍旧
没有购买力，被弃之不用。钱钞有官方认定却无法通
行，必有其因由，最终民间选用金银为通货，并非金
银之罪，而应当考虑如何在国家财政系统中确立切实
可行的货币制度。

　　［2］◎愚按：在没有不朽金属作为通货的时代，
人们难以凭易朽物品积累形成财富的原始积累，进而
促成社会的贫富差距。在金属及继之而起被社会认可
的纸钞成为通货后，人们更容易聚积财富，从而愈发
拉大贫富差距（洛克：《政府论（下篇）》第五章）。

　　［3］叶适曰："《老子》曰：'致治之极，民甘
其食，美其服，乐其俗，邻国相望，鸡犬之声相闻，
民至老死不相往来。'其无所用钱如此，安得不少！"
（马端临：《文献通考·卷九·钱币考二》）

　　◎愚按：此一节，梨洲似仍停留在农业社会的视
界之中，无法想象商业时代的移动生活。

十七、财计（二）

钱币所以为利也，唯无一时之利，而后有久远之利。以三四钱之费得十钱之息，以尺寸之楮当金银之用，此一时之利也。使封域之内，常有千万财用流转无穷，此久远之利也。后之治天下者，常顾此而失彼，所以阻坏其始议也。

有明欲行钱法而不能行者：一曰惜铜爱工，钱既恶薄，私铸繁兴。二曰折二折三，当五当十，制度不常。三曰铜禁不严，分造器皿。四曰年号异文。此四害者，昔之所同。五曰行用金银，货不归一。六曰赏赉、赋税，上行于下，下不行于上。昔之害钱者四，今之害钱者六。

282

义解

钱币作为通货对王朝有好处，唯其不图一时之利，才能成就长久之利。只需花费三四钱的成本（制作铜钱），便可得到十个钱的收益；只需一张尺寸大小的纸[楮(chǔ)，其树皮可做纸]就可以当作金银来用（制作宝钞），这就是元、明时期的官定钞币制度，在梨洲看来都只能获得一时之利。然而，对于王朝而言，长久保持财货流通才是长远之利。后世居有天下之人，瞻顾一时之利而忽略久远之利，忽略了货币制度设置的初心，流于腐败。

有明一代想要推行铜钱制，却终究实行白银制，铜钱之所以行不通，端赖六点：第一，官家铸造，用铜吝啬，工本不足，所造铜钱质地不佳，过于单薄，因而大有私铸铜钱者，扰乱王朝通货秩序。[1]第二，铜钱背后没有准备金，其购买力时高时低，时而可以折为二、三，时而可以折为五、十，无一定之标准。第三，没有严格的铜禁制度，许多铜被用来制造器皿。[2]第四，因为铜钱上刻有年号，每次改元就要重新铸造，市面流通的铜钱上年号不一。[3]

以上四点，历朝皆有，以下两点则为明朝所独占。第五，铜钱与金银共同流通，使货币不能统一。第六，王朝向下的赏赐可以使用铜钱，但民人向王朝上交的赋税却只能用白银，这样一来，铜钱必将逐渐退出市场。[4]历朝铜钱难以推行已有众多因由，而明朝尤甚。

疏证

[1]南朝宋齐之际孔觊（yǐ）有言："铸钱不可以惜铜爱工，若不惜铜，则铸钱无利，若不得利，则私铸不敢起，私铸不敢起，则敛散归公上。鼓铸权不下分，此其利之大者。徒徇小利，钱便薄恶，如此，奸民务之，皆可以为。钱不出于公上，利孔四散，乃是以小利失大利。"水心叶氏曰："唐世所以恶钱多，正以朝廷不禁民之自铸。"（马端临：《文献通考·卷九·钱币考二》）

"或者自缘钱薄恶后，论者纷纷，或是立法以禁恶钱，或是以恶钱为国赋，条目不一，皆是不揣其本

而齐其末。若是上之人不惜铜爱工，使奸民无利，乃是国家之大利。"（马端临：《文献通考·卷九·钱币考二》）

[2]大历七年（772年），"禁天下铸铜器"（《新唐书·卷五四·食货志四》）。贞元四年（788年），陆贽曰："广铸而禁用铜器，则钱不乏。"（《新唐书·卷五二·食货志二》）

[3]宋朝实行年号钱，且国君年号变换频繁，兹举一例："初，太宗改元太平兴国，更铸'太平通宝'，淳化改铸，又亲书'淳化元宝'，作真、行、草三体。后改元更铸，皆曰'元宝'，而冠以年号，至是改元宝元，文当曰'宝元元宝'，仁宗特命以'皇宋通宝'为文，庆历以后，复冠以年号如旧。"（《宋史·卷一八〇·食货志下二》）

[4]此处并非格雷欣定律"劣币驱逐良币"，劣币纵有官定亦不能执行，良币虽自民起仍能流通。

◎愚按：15世纪30年代，明朝放弃纸币并暂停铸造铜币，转而以白银为货币。1436年，明朝允许江南稻米税赋以白银交纳。16世纪40年代开始，因为中国参与日本和拉丁美洲国家的全球贸易，大量白银流入。

故今日之钱，不过资小小贸易，公私之利源皆无赖焉，是行钱与不行等也。诚废金银，使货物之衡尽归于钱；京省各设专官鼓铸；有铜之山，官为开采；

民间之器皿，寺观之像设，悉行烧毁入局；千钱以重
六斤四两为率，每钱重一钱，制作精工，样式画一，
亦不必冠以年号。除田土赋粟帛外，凡盐酒征榷，一
切以钱为税。如此而患不行，吾不信也。

针对以上六种阻碍钱币流通的因素，梨洲提出
应对之策。当世的钱币，只不过用于小宗贸易，无
论王朝公共事业，还是私人家产，都不依照钱币计算，
也无从得利，由此可见，使用钱币与没有使用的效
果一样。

为此，梨洲提出改善之法：真正废除金银为通货，
使钱币成为衡量货物的标准[1]；京师与各省分别设置
专门机构负责铸钱，铜山由官家开采；民间的器皿和
寺庙道观里的人像设施，全部收集熔炼，用于铸钱；
每一千钱用铜六斤四两，以此比例，每钱的用铜量为
一钱[2]，精工细作、样式统一，不必非要冠以年号；
除田地征收粮食布帛之外，盐、酒专卖等税收一律征
收钱币。梨洲以为依法行事，钱币不可能不流行。

[1]"衡者，使物一高一下，不得有常。"（杜
佑：《通典·卷八·食货八钱币上》）

[2]一斤为十六两，一两为十钱，六斤四两即
一百两，合一千钱。

有明欲行钞法而不能行者。崇祯间，桐城诸生蒋

臣言："钞法可行，岁造三千万贯，一贯直一金，岁可得金三千万两。"户部侍郎王鳌永主其说，且言："初年造三千万贯，可得五千万两，所入既多，将金与土同价。"

上特设内宝钞局，昼夜督造，募商发卖，无肯应者。大学士蒋德璟言："以一金易一纸，愚者不为。"上以高皇帝之行钞难之。德璟曰："高皇帝似亦神道设教，然赏赐折俸而已，固不曾用之兵饷也。"

有明一代本欲钞法流行而终未实现。崇祯十六年，生员蒋臣（1597—1652 年）提议印制宝钞，每年印制三千万贯宝钞，规定一贯相当于一两白银，如此一年就可以有三千万两白银。[1]户部侍郎王鳌永（1588—1644 年）竟然认可其说，力主头一年印制三千万贯，加上免除民人的两千万贯加派，相当于有五千万两白银入库，如此一来，白银大量归入官家，就会与土的价格相同。[2]

崇祯帝由此特设内宝钞局，不分昼夜地督制宝钞，召募商贾发售宝钞，竟无人响应。大学士蒋德璟（1593—1646 年）就指出，用真金白银置换没有储备金的宝钞，再愚蠢的人都不会去做。[3]崇祯帝追溯历史，以为开朝太祖就用这一方法，缘何不可复行。蒋德璟的回复颇中要害，太祖似乎也是神乎其神，宝钞仅仅用来赏赐和发放俸禄，作锦上添花之用，却不能真正拿来作军饷，解决实际战备问题。[4]

[1]孙承泽记曰："（按：崇祯十六年）桐城生员蒋臣言钞法可行，且云：岁造三千万贯，一贯直一金，岁可得金三千万两。"（孙承泽：《春明梦余录·卷三八》；叶世昌：《明末蒋臣建议行钞始末》）

因其计划于次年施行，故《明史》记曰："十七年，户部主事蒋臣请行钞法，言岁造三千万贯，一贯价一两，岁可得银三千万两。侍郎王鳌永赞行之。帝特设内宝钞局，昼夜督造，募商发卖，无一人应者。德璟言：'百姓虽愚，谁肯以一金买一纸。'"（《明史·卷二五一·蒋德璟传》）"有蒋臣者申其说，擢为户部司务。倪元璐方掌部事，力主之，然终不可行而止。"（《明史·卷八一·食货志五》）

[2]孙承泽记曰："户部侍郎王鳌永专管钱钞，亦以钞为必可行，且言初年造三千万贯，可代加派二千余万，以蠲（juān）穷民，此后岁造五千万贯，可得五千万金。所入既多，将金与土同价。"（孙承泽：《春明梦余录·卷三八》）

◎愚按：晚清郑孝胥（1860—1938 年）曾提议多多印制纸钞，就能够使国家富强，诚为这一思路的重现。

[3]孙承泽记曰："上特设内宝钞局，昼夜督造，募商发卖，而一贯拟蠲一金，无肯应者"，"内阁言：民虽愚，谁肯以一金易一纸"（孙承泽：《春明梦余录·卷三八》）。

[4]孙承泽记崇祯问："高皇帝时如何偏行得？"

内阁对："高皇帝似以神道设教，当时只赏赐及折俸用钞，其余兵饷亦不曾用也。"（孙承泽：《春明梦余录·卷三八》）

◎愚按："神道设教"原是圣人立教，导民以德，"观天之神道，而四时不忒。圣人以神道设教，而天下服矣"（《周易·观卦》）。而此时既已言行不一（古今之变所谓堕落，无论君、臣、法、相、校等等，皆名不副实、言行不一），神道设教遂成了骗人把戏，于立国之初、承平之时自然是一锦上添花之举，至于明末多事之秋，崇祯想要以此力挽狂澜，岂不痴人说梦？

按：钞起于唐之飞钱，犹今民间之会票也；至宋而始官制行之。然宋之所以得行者，每造一界，备本钱三十六万缗，而又佐之以盐酒等项。盖民间欲得钞，则以钱入库；欲得钱，则以钞入库；欲得盐酒，则以钞入诸务。故钞之在手，与见钱无异。

其必限之以界者，一则官之本钱，当使与所造之钞相准，非界则增造无艺；一则每界造钞若干，下界收钞若干，诈伪易辨，非界则收造无数。宋之称提钞法如此。即元之所以得行者，随路设立官库，贸易金银，平准钞法。

宝钞最初起源于唐朝的飞钱，相当于明朝的民间会票，发展至宋朝，得到官家认可，成为定制。[1]之宋朝的钱币制度一度很稳定，是因为有足够的准备金，每制造一界宝钞，便有三十六万缗准备金支撑，另有盐、酒作为准备金的补充。[2]民人想要获得宝钞，随时可以用钱换钞；想要获得钱币，也随时可以用钞换钱，任其方便。因此，宝钞在手与钱币无异。

之所以一定要为宝钞设定期限，一是因为官家的准备金当与所造宝钞匹配，若无期限，则易虚发增造；二是因为每期所造宝钞皆有定额，容易辨认伪作之钞，若无期限与定额，则市面流通的宝钞无度。此之谓宋朝的称提钞法（货币发行和回收的基本经济规律）。[3]元朝得以发行纸币，在于各路设立官库，与金银兑换，是谓平准钞法。[4]

[1]"钱币之兴，自九府圜法，历代遵用。钞始于唐之飞钱、宋之交会、金之交钞。元世始终用钞，钱几废矣。"（《明史·卷八一·食货志五》）

[2]宋真宗祥符年间，"张咏镇蜀，患铁钱之重，设质剂法，一交一缗，以三年为界"（戴埴：《鼠璞·楮券源流》）。宋孝宗乾道四年（1168年），"三年立为一界，界以一千万贯为额，逐界造新换旧"（马端临：《文献通考·卷九·钱币考二》）。

宋钞本金："大凡旧岁造一界，备本钱三十六万缗，新旧相因。大观中，不蓄本钱而增造无艺，至引一缗当钱十数。及张商英秉政，奉诏复循旧法。宣和中，商英录奏当时所行，以为自旧法之用，至今引价复平。"

（《宋史·卷一八一·食货志下三》）

每界交子限额一百二十五万六千三百四十缗，不得超出；准备金三十六万缗，即发行限额的百分之二十八（游彪：《追宋：细说古典中国的黄金时代》）。一界期限至，则持旧交子更换新交子。

[3]"盖祖宗时，蜀交书放两界，每界止一百二十余万。令三界通行，为三千七百八十余万，以至于绍兴末年，积至四千一百四十七万余贯，所有铁钱仅及七十万贯，又以盐酒等阴为称提。"（马端临：《文献通考·卷九钱币考二》）柳宗元言平衡曰："增之铢两则俯，反是则仰，此秤提大术也。"（戴埴：《鼠璞·楮券源流》）

[4]平准钞法："依中统之初，随路设立官库，贸易金银，平准钞法。每花银一两，入库其价至元钞二贯，出库二贯五分，赤金一两，入库二十贯，出库二十贯五百文。伪造钞者处死，首告者赏钞五锭，仍以犯人家产给之。其法为最善。"（《元史·卷九三·食货志一》）

有明宝钞库，不过倒收旧钞，凡称提之法俱置不讲，何怪乎其终不行也！毅宗言利之臣，不详其行坏之始末，徒见尺楮张纸居然可当金银，但讲造之之法，不讲行之之法。官无本钱，民何以信？故其时言可行者，犹见弹而求炙也。

然诚使停积钱缗，五年为界，敛旧钞而焚之；官民使用，在关即以之抵商税，在场即以之易盐引，亦何患其不行？且诚废金银，则谷帛钱缗，不便行远，而囊括尺寸之钞，随地可以变易，在仕宦商贾又不得不行。德璟不言钞与钱货不可相离，而言神道设教，非兵饷之用；彼行之于宋、元者，何不深考乎？

明朝的宝钞库单纯发行和收回纸钞，却根本不考虑货币发行和回收的基本规律。如此一来，纸钞一旦贬值，纵然作为官定货币，依旧无法流通于市，这就不足为奇了。崇祯帝身边的一众言利兴利之臣，不懂得钱币制度无法执行的缘由，仅知可以凭借行政命令赋予一张纸以金银的价值，只顾制造纸钞，却不知如何使其保值流行，如此一来，其所造纸钞注定被市场淘汰。官家没有相应的准备金而滥行纸钞，民众怎会信赖？径直讲纸币制度可以如此执行的人，未免言之太早、急于求利（此又一三代以下言行不一之事）。[1]

梨洲既然力主废除金银，便主张储存钱币，以五年为一界，期满则将旧钞收集焚烧。无论官民，在关卡都使用纸钞作商税，在盐场就以纸钞交换盐引，这些都是基本生活所必需，如此一来，何患纸钞无法通行于世？

梨洲又讲，一旦废置金银而印制纸钞，那么粮食、布帛、铜钱作为通货不易携带的弊病便可以消除，方寸大小的纸钞则可以方便携带，随地交易，官员、商人势所必用。蒋臣、王鳌永之论诚不足信，蒋德璟亦没有抓住要害，只知说高祖神乎其神，不将纸钞用于兵饷，却不晓得纸钞不得与钱币、货物相分离而凭官家臆断印制发行。[2]若依蒋德璟之论，则如何解释纸钞通行于宋、元两朝？

疏证

[1]长梧子曰："女亦大早计，见卵而求时夜，见弹而求鸮炙。"（《庄子·内篇·齐物论》）

[2]问题的重点恐怕不仅是梨洲所指出的金银稀少容易造成国富民困、国进民退的情况，而是货币及背后的财政制度和政治理念（以天下为私产才会不顾民人安危，对勘《明夷待访录》前三章），加之缺乏准备金而发行纸钞，都将引发危机。

十八、财计（三）

治天下者既轻其赋敛矣，而民间之习俗未去，蛊惑不除，奢侈不革，则民仍不可使富也。

何谓习俗？吉凶之礼既亡，则以其相沿者为礼。婚之筐篚也、装资也、宴会也，丧之含殓也、设祭也、佛事也、宴会也、刍灵也，富者以之相高，贫者以之相勉矣。

何谓蛊惑？佛也，巫也。佛一耳，而有佛之宫室、佛之衣食、佛之役使，凡佛之资生器用无不备，佛遂中分其民之作业矣。巫一耳，而资于楮钱香烛以为巫、资于烹宰以为巫、资于歌吹婆娑以为巫，凡斋醮祈赛之用无不备，巫遂中分其民之资产矣。

何谓奢侈？其甚者，倡优也，酒肆也，机坊也。倡优之费，一夕而中人之产；酒肆之费，一顿而终年之食；机坊之费，一衣而十夫之暖。

要平治天下、重返盛世，不仅需要自上而下的制度变革，以减轻赋税，还需要自下而上的民俗更易。梨洲以为民间急需破除习俗、蛊惑和奢侈三项，非如此，民仍不可致富。

何谓习俗？以吉礼和凶礼为代表的古典礼制已

经荡然无存，民人以传习相沿为礼。[1] 结婚所需的聘礼、嫁妆和喜宴，丧事所需的入殓、祭台、丧宴和殉葬，富有者彼此攀比，要一较高下，贫穷者则为此竭尽全力。

何谓蛊惑？梨洲以为正在于佛事与巫事。其一，要料理佛事，则需要宫殿、衣食、杂役，凡佛所需的吃穿用度，一应俱全，如此一来，佛事即耗费民人的一半劳作产出。[2] 其二，巫事依靠烧纸钱、焚香炉、烹宰家畜、吹弹奏舞，凡祈福、超度、赛事，巫事所用，一应俱全，如此一来，巫事遂耗费民人的一半资产。

何谓奢侈？梨洲以为倡优、酒肆、机坊三者为最。倡优伶人之业，一晚即可耗光中人家产；酒肆纵情之所，一顿即可食尽一年餐费；丝棉锦衣之坊，一件衣服就相当于十个人穿得暖和的费用。[3]

[1] "由三代而上，治出于一，而礼乐达于天下；由三代而下，治出于二，而礼乐为虚名。"三代以上，"吉凶哀乐，凡民之事，莫不一出于礼。由之以教其民为孝慈、友悌、忠信、仁义者，常不出于居处、动作、衣服、饮食之间。盖其朝夕从事者，无非乎此也。此所谓治出于一，而礼乐达天下，使天下安习而行之，不知所以迁善远罪而成俗也"。三代以下，"至于三代礼乐，具其名物而藏于有司"，"自汉以来，史官所记事物名数、降登揖让、拜俯伏兴之节，皆有司之事尔，所谓礼之末节也"（《新唐书·卷一一·礼乐

疏证

志一》)。

[2] 程子曰："今人不识佛氏底蕴，将杨、墨置之不道，故其辟佛氏，亦无关治乱之数，但从门面起见耳。"（黄宗羲：《明儒学案·卷五五·诸儒学案下三·给事中郝楚望先生敬》）梨洲以佛事为蛊惑，并非全盘推翻佛教。他不反对出世遁隐的如来禅，而是反对纵横功利的祖师禅。

赵贞吉曰："就禅教中分之为两：曰如来禅，曰祖师禅。如来禅者，先儒所谓语上而遗下，弥近理而大乱真者是也。祖师禅者，纵横捭阖，纯以机巧小慧牢笼出没其间，不啻远理而失真矣。今之为释氏者，中分天下之人，非祖师禅勿贵，递相嘱付，聚群不逞之徒，教之以机械变诈，皇皇求利，其害宁止于洪水猛兽哉！故吾见今之学禅而有得者，求一朴实自好之士而无有。假使达摩复来，必当折棒噤口，涂抹源流，而后佛道可兴。"（黄宗羲：《明儒学案·卷三三·泰州学案二·文肃赵大洲先生贞吉》）

[3] 子曰："丘也闻有国有家者，不患寡而患不均，不患贫而患不安。"（《论语·季氏》）商业繁盛，逐利之心日益滋长，广大民人开始追求奢侈生活。奢侈之心及其所为，本已僭越，又伴生日益扩大的贫富差距，为害尤烈。

故治之以本，使小民吉凶一循于礼，投巫驱佛，吾所谓学校之教明而后可也。治之以末，倡优有禁，酒食有禁，除布帛外皆有禁。今夫通都之市肆，十室而九，有为佛而货者，有为巫而货者，有为倡优而货者，有为奇技淫巧而货者，皆不切于民用，一概痛绝之，亦庶乎救弊之一端也。此古圣王崇本抑末之道。世儒不察，以工商为末，妄议抑之。夫工固圣王之所欲来，商又使其愿出于途者，盖皆本也。

针对业已产生的问题，梨洲提议要本末兼治，采用教化和强力两种方式。若要治本，使民人凡遇吉事、凶事都遵循古礼，抛弃巫事与佛事，则非要学校教化澄明不可。若要治末，则应对倡优、酒肆、布帛以外衣物等皆有所设限。明末社会，四通八达的都市商铺，从事佛事、巫事、倡优、奇技淫巧等各种生意，十分之九都与民人日常生活无关。[1]

梨洲痛心疾首，以为一律严禁，亦不失为救弊之法。此举正是复兴古代圣王崇本抑末之道。梨洲以为，后儒不察，以为崇本抑末便是看低工商两业，妄加贬斥；殊不知，圣王乐见工业有所成、商业有所兴，二者皆为本。崇本抑末之道，并非全面打压工业和商业，而是贬斥滋生人欲、于民无利的那些产业。[2]

[1] 王夫之就评近世儒生："近世小人之窃儒者，不淫于鬼而淫于释。"（王夫之：《读通鉴论·卷五·平帝》）

[2] 王阳明曰："古者四民异业而同道，其尽

心焉，一也。士以修治，农以具养，工以利器，商以通货，各就其资之所近、力之所及者而业焉，以求尽其心。其归要在于有益于生人之道，则一而已。士农以其尽心于修治具养者，而利器通货，犹其士与农也。工商以其尽心于利器通货者，而修治具养，犹其工与商也。故曰：四民异业而同道。"（王阳明：《阳明全书·卷二五·节庵方公墓表》）

◎愚按：梨洲充分肯定人有利己的私欲，"有生之初，人各自私也，人各自利也"（《明夷待访录·原君》），此系人自然本性中的必要部分，工商两业与农业一道，可以成全人之私欲。

《史记》八书以《平准书》收尾，七十列传（撇去《太史公自序》单列）以《货殖列传》作结，是历史走至当朝时代精神状况而停笔。重利之风在社会上兴起，司马迁给予一定的肯定，"布衣匹夫之人，不害于政，不妨百姓，取与以时而息财富，智者有采焉"，懂得把握时机创造财富，然而时间久了，尚利之风四起，则需要导引。

孔孟并非彻底否定利益，之所以很少谈，就是要防止利欲熏心，人世多怨。孔孟要"以礼义防于利"，于是，《史记》八书之末的《平准书》和列传之末的《货殖列传》需要对观八书为首的两篇《礼书》和《乐书》（梨洲亦强调教化人心、复归古礼）。

《史记·货殖列传》提出有财却无位者为"素封"，不禁让人想起汉时便已提出的有德无位之"素王"论。

王夫之进而以"国之司命"称"大贾富民"（王夫之:《黄书·卷六·大正》）。梨洲即在此谱系中，虽保有警惕，却仍注重商业的重要性。

十九、胥吏

　　古之胥吏者一,今之胥吏者二。古者府、史、胥、徒,所以守簿书,定期会者也;其奔走服役,则以乡户充之。自王安石改差役为雇役,而奔走服役者亦化而为胥吏矣。故欲除奔走服役吏胥之害,则复差役;欲除簿书期会吏胥之害,则用士人。

　　梨洲以胥吏泛指所有吏员[1],指出古代胥吏只有一种,当世胥吏则有两种。古代的府、史、胥、徒四种小吏[2],掌管文书,确定政务期限。衙门之中,奔走跑腿、当差出劳力的是普通乡人,此为差役。[3]王安石改差役为雇役,这样一来奔走跑腿服役的人也成了胥吏。因此,要想去除第二种胥吏的弊病,就应恢复差役;要想去除第一种胥吏的弊病,就应当起用士人。

　　[1]丘濬(约1420—1495年)曰:"胥,若今之都吏。"(丘濬:《大学衍义补·卷九八·胥隶之役》)《明会典》列有十二种吏:提控、都吏、令史、人吏、掾史、司吏、典吏、书吏、承发、胥吏、攒典、狱典。

　　◎愚按:明朝沿用宋、元以来官、吏殊途的传统,职是之故，胥吏之记述在《食货志》而非《职官志》。

[2]古代四吏："府六人，史十有二人，胥十有二人，徒百有二十人"，"府，掌官契以治藏"；"史，掌官书以赞治"；"胥，掌官叙以治叙"；"徒，掌官令以征令"，皆系庶人在官者（《周礼·天官冢宰》《周礼·地官司徒》）。

[3]"役出于民，州县皆有常数。宋因前代之制，以衙前主官物，以里正、户长、乡书手课督赋税，以耆长、弓手、壮丁逐捕盗贼，以承符、人力、手力、散从官给使令。"（《宋史·卷一七七·食货志上五》）

何谓复差役？宋时差役，有衙前、散从、承符、弓手、手力、耆长、户长、壮丁色目。衙前以主官物，今库子、解户之类。户长以督赋税，今坊里长。耆长、弓手、壮丁以逐捕盗贼，今弓兵、捕盗之类。承符、手力、散从以供驱使，今皂隶、快手、承差之类。凡今库子、解户、坊里长皆为差役，弓兵、捕盗、皂隶、快手、承差则雇役也。

何谓恢复差役？[1]在宋代差役中，最重要的是"衙前"。宋时的差役，衙前、散从、承符、弓手、手力、耆长、户长、壮丁，皆在其列（"色目"即名目）。衙前负责管理、运输官家物品，相当于当世的库子、解户。户长监督上缴赋税，相当于当世的坊里长。[2]耆长、弓手、壮丁逐捕盗贼，相当于当世的弓兵、捕盗之类。承符、手力、散从则听候差遣，相当于当世的皂隶、快手、承差之类。当世的库子、解户、坊里长都是差役，弓兵、捕盗、皂隶、快手、承差则是雇役。[3]

[1]中国的赋税一向包括租税和劳役，劳役（汉代称"更"，唐代称"庸"）在汉唐均可以钱代役（钱穆：《中国经济史》，第252页）。

[2]"役之重者，自里正、乡户为衙前，主典府库或輦运官物，往往破产"，"州县生民之苦，无重于里正衙前"，"自罢里正衙前，民稍休息"（《宋史·卷一七七·食货志上五》；马端临：《文献通考·卷一二·职役考一》）。司马光批评王安石变法即指出，"故置乡户衙前以来，民益困乏，不敢营生，富者返不如贫，贫者不敢求富。"（司马光：《司马文正公传家集·卷四一·论衙前札子》）

◎愚按：宋初本以里正与户长、乡书手共同课督赋税（户长是里正的副手，乡书手帮助里正办理文书），衙前主官物。之后以里正为衙前，称里正衙前，职掌官物的押运和供应，负赔偿损失和弥补短缺等责任，故承役者往往破产。衙前往往由大户出任，又往往三五年便会倾家荡产；而方田之法，又使小户吃亏。这样大户、小户都受到破坏，农村濒于破产（钱穆：《中国经济史》，第252页）。

依据户等划分差役，衙前、里正的职役由第一等

301

户承担，耆户长的职役由第二等户承担，弓手、壮丁、承符、人力、手力、散从等职役由第四、第五等户即自耕农承担。本来衙前由第一等户承担，结果落在第二、第三等户即一般中下层地主和富农身上，造成其倾家荡产（漆侠：《宋代经济史》，第 460 页）。

因此，朝野上下对差役已有议论，在这一背景下，熙宁二年（1069 年）至元丰八年（1085 年），王安石推行变法（故称"熙宁变法"或"熙丰变法"），将差役改为募役（或曰雇役）。当差劳力者不再是乡人，而转为一种职业，故为胥吏。

［3］宋神宗熙宁二年（1069 年），条例司言："使民出泉雇役，即先王致民财以禄庶人在官者之意，愿以条目遣官分行天下，博尽众议。"（《宋史·卷一七七·食货志上五》）

"募法：三人相任，衙前仍供物产为抵；弓手试武艺，典吏试书计；以三年或二年乃更。为法既具，揭示一月，民无异辞，著为令。令下，募者执役，被差者得散去……天下土俗不同，役重轻不一，民贫富不等，从所便为法。凡当役人户，以等第出钱，名免役钱。其坊郭等第户及未成丁、单丁、女户、寺观、品官之家，旧无色役而出钱者，名助役钱。"（《宋史·卷一七七·食货志上五》）

王安石认为免役之法合乎周礼："盖免役之法，出于《周官》所谓府、史、胥、徒，《王制》所谓'庶人在官'者也。然而九州之民，贫富不均，风俗

不齐，版籍之高下不足据。今一旦变之，则使之家至户到，均平如一。"（王安石：《临川先生文集·卷四一·上五事札子》）

◎愚按：王安石变法后，吏分为两种，即奔走服役之徒（胥徒）和簿书期会之吏（文吏）。在梨洲看来，如果想要规避胥吏之弊病，则要复归差役，差役若得复归，胥吏自然瓦解；然而文书之事委之何人？起用士人。

余意坊里长值年之后，次年仍出一人以供杂役。盖吏胥之敢于为害者，其故有三：

其一，恃官司之力，乡民不敢致难；差役者，则知我之今岁致难于彼者，不能保彼之来岁不致难于我也。

其二，一为官府之人，一为田野之人，既非同类，自不相顾；差役者，则侪辈尔汝，无所畏忌。

其三，久在官府，则根株窟穴牢不可破；差役者，伎俩生疏，不敢弄法。

是故坊里长同勾当于官府，而乡民之于坊里长不以为甚害者，则差与雇之分也。

治天下者亦视其势，势可以为恶，虽禁之而有所不止；势不可以为恶，其止之有不待禁也。差役者，固势之不可以为恶者也。

议者曰："自安石变法，终宋之世欲复之而不能，岂非以人不安于差役与？"

曰："差役之害，唯有衙前，故安石以雇募救之。今库子、解户且不能不仍于差役，而其无害者顾反不可复乎？宋人欲复差役，以募钱为害。吾以谓募钱之害小，而胥吏之害大也。"

梨洲以为，坊长、里长轮值后，第二年仍从家中出一人充任杂役。因为胥吏敢于为害一方，缘由有三，梨洲对照差役，逐一比较利弊。[1]

其一，胥吏仰仗官府有司之力，乡民不敢责难；差役则不同，差役是轮值，胥吏为专职，今日差役责难他人，难防他人当差时责难自己。如此一来，差役相较于胥吏，更能制衡专横之举。其二，胥吏为官府当权之人，与之相对的则是乡间田野中人，既非同类，便不相顾念；差役则不同，今日当差执掌一事，明日则交付他人，彼此同侪，相通相顾，无所畏惧忌惮。其三，胥吏久居于官府之中，则树大根深，牢不可破；差役则不同，今日当差，明日归田，无暇无势要弄伎俩、弄法欺世。[2]虽然坊长、里长也在官府中任职，乡民却不以之为害，正是因为其职为差役而非雇役。

欲治天下者，亦须审时度势。势趋于恶，则屡禁而不止；势趋于不恶，则不待禁令出而恶已止步。[3]差役的制度安排，可以造成让人们无法作恶之势；因为差役乃轮值之役，有制衡之义，其势趋于不恶。有论者以为，王安石变法以来，宋朝再未恢复差役，根由在于人们已不再认可差役之制。

明夷待访录义疏

梨洲当然承认差役之制有其问题，但问题仅在于
衙前，故王安石以雇佣招募充役者补救。当世的库子、
解户尚且不得不采用差役之制，其他无害的差役还不
能复行人间吗？宋人想要恢复差役，是苦于募役钱。
梨洲以为，此其问题之表象，征收募役钱固然有害，
胥吏本身之害则尤甚。

[1]胥吏之害，"官无封建而吏有封建"（叶适：《水
心集·卷三·吏胥》）。顾亭林曰："天下之病民者有三:
曰乡宦，曰生员，曰胥吏。"（顾炎武：《亭林文集·生
员论中》）又引杨万里（1127—1206年）《选法论》
曰："夫朝廷之立法，本以防吏之为奸，而其用法也，
则取于吏而为决，则是吏之言胜于法，而朝廷之权轻
于吏也。"（顾炎武：《日知录·卷八·铨选之害》）

[2]"勾当"，即中性之从事，非今人所谓贬义
之从事。

[3]梨洲以为"有治法而后有治人"，以法造势，
以势树人（《明夷待访录·原法》）。

何谓用士人？六部院寺之吏，请以进士之观政者
为之，次及任子，次及国学之应仕者；满调则出官州
县，或历部院属官，不能者落职。郡县之吏，各设六曹，
请以弟子员之当廪食者充之；满调则升之国学，或即
补六部院寺之吏，不能者终身不听出仕。郡之经历、
照磨、知事，县之丞、簿、典史，悉行汰去。行省之法，

一如郡县。

既然胥吏有害，就要想办法代行其事。梨洲认为，可以代胥吏者有二，或以差役轮值代胥吏专职，或由士人出任，执掌胥吏文书之事。差役之制在宋代已经被视作问题，梨洲便转向士人。[1]

梨洲以为，六部院寺之吏员[2]，可从三处选拔：首选进士观政者[3]，次选父荫之子，再选太学中成绩优异可以出仕者。期满合格者出任州县之官，或就职六部、都察院，能力不济者淘汰。郡县两级，各设六曹，与中央礼、户、礼、兵、刑、工六部相应，以廪膳生员为郡县六曹之吏。[4]期满合格者升入太学，或补入六部院寺为胥吏，由地方而中央；若能力不济，则永不得出仕。以上郡一级胥吏经历、照磨、知事和县一级胥吏丞、簿、典史，一律淘汰。[5]省级相应胥吏亦如郡县（明沿元制，不称省，而称布政使司，然名异而实同），一律淘汰。

[1] 梨洲以为武将亦应由士人充当，似乎王朝政制执行悉赖士人（《明夷待访录·兵制》）。汉魏之际，王粲（177—217 年）倡导儒吏论："虽官职务殊，地气异宜，然其致功成利，未有相害而不通者也……至乎末世，则不然矣。执法之吏不窥先王之典，搢绅之儒不通律令之要。彼刀笔之吏，岂生而察刻哉？起于几案之下，长于官曹之间，无温裕文雅以自润，虽欲

无察刻，弗能得矣。竹帛之儒，岂生而迂缓也？起于讲堂之上，游于乡校之中，无严猛断割以自裁，虽欲不迂缓，弗能得矣。先王见其如此也，是以博陈其教，辅和民性，达其所壅，祛其所蔽，吏服雅训，儒通文法，故能宽猛相济，刚柔自克也。"（王粲：《儒吏论》）

顾亭林以为"昔之为吏者，皆曾执经问业之徒，心术正而名节修，其舞文以害政者寡矣"，可谓"通经为吏"（顾炎武：《日知录·卷一七·通经为吏》）。另据其观察，元顺帝仍命六部吏属"午后讲习经史"，而"人心将变，虽有此令，而实无其益"。故而《明太祖实录》（洪武四年）明确开科举，"惟吏胥心术已坏，不许应试"。

[2]六部院寺，即吏部、户部、礼部、兵部、刑部、工部、都察院和大理寺。

[3]进士有二，即庶吉士和观政进士。洪武十七年（1384年），科举重开，除少数进士直接授职之外："其诸进士，上以其未更事，欲优待之，俾之观政于诸司，给以所出身禄米，俟其谙练政体，然后擢任之。其在翰林院、承敕监等近侍衙门者，采《书经》'庶常吉士'之义，俱称为庶吉士；其在六部及诸司者，仍称进士。"（《明太祖实录·卷一七二》）宣德五年（1430年）重新恢复了进士观政制度，自此以降，进士观政之制相沿不辍（章宏伟：《明代观政进士制度》）。

[4]当廪食者，即廪膳生员："初设食廪者谓之廪膳生员，增广者谓之增广生员。及其既久，人才愈

多，又于额外增取，附于诸生之末，谓之附学生员。凡初入学者，止谓之附学，而廪膳、增广，以岁科两试等第高者补充之。"（《明史·卷六九·选举志一》；郭培贵：《明史选举志考论》，第109—110页）

[5]经历，即掌出纳文移之官，从事文书工作。照磨，元朝始设之官，照刷磨勘之意，掌管所属部门收支审计。知事，即一郡之行政长官。"县丞、主簿分掌粮马、巡捕之事。典史典文移出纳，如无县丞，或无主簿，则分领丞簿职。"（《明史·卷七五·职官志四》）

盖吏胥之害天下，不可枚举，而大要有四：

其一，今之吏胥，以徒隶为之，所谓皇皇求利者；而当可以为利之处，则亦何所不至，创为文网以济其私。凡今所设施之科条，皆出于吏，是以天下有吏之法，无朝廷之法。

其二，天下之吏，既为无赖子所据，而佐贰又为吏之出身，士人目为异途，羞与为伍。承平之世，士人众多，出仕之途既狭，遂使有才者老死丘壑，非如孔孟之时，委吏、乘田、抱关、击柝之皆士人也。

其三，各衙门之佐贰，不自其长辟召，一一铨之吏部，即其名姓且不能偏，况其人之贤不肖乎？故铨部化为签部，贻笑千古。

其四，京师权要之吏，顶首皆数千金，父传之子，兄传之弟，其一人丽于法而后继一人焉，则其子若弟也，不然，则其传衣钵者也。是以今天下无封建之国，有封建之吏。

诚使吏胥皆用士人，则一切反是，而害可除矣。

前述胥吏为害之故，今言胥吏为害之果，而胥吏之害不胜枚举，梨洲择其要者录之：

第一，今之胥吏，刑徒奴隶，低贱无识，戚戚于贫贱，汲汲于富贵，既已担当利害之职，遂无所不用其极，创立规制以成其私。天下治道一跃而转至胥吏之手，种种规定俱出其手，草民所对之朝廷已是胥吏，则胥吏之法便悄然替代朝廷之法，非法之法，非法至极。[1]

第二，天下胥吏之职被无赖之徒霸占，而辅佐官职亦由胥吏擢升，士人视之为异端殊途，耻于同其共事（对勘《明夷待访录·原臣》），但也正因如此，胥吏愈加把控政事。[2]承平日久，士人众多，然出仕之途堵塞，遂有才子老死于丘壑而不见用于世，远非孔孟之时，彼时委吏、乘田、抱关、击柝皆由士人执掌。[3]

第三，各衙门辅佐官职，不由首长征辟任命，反倒全由吏部掌管，而吏部尚不能识其全部姓名，遑论品性贤与不肖？铨选之举反倒有如抽签，铨部为签部，岂不贻笑大方？

第四，若要顶替京师手握重权的胥吏，则需耗费千金，父死子继，兄终弟及，即便有一个胥吏罹难（"丽"通"罹"）受罚，后继者或为其子或弟，或为受其衣钵之传人。胥吏前后之任，无论是否血脉相连，终究有前赴后继之实。所以，虽然是郡县之制，没有封建之国，却有封建之吏，在胥吏把控王朝实际政务的意义上，这便是世袭专制。[4]

梨洲身处明朝末世，深感胥吏之祸，以为起用士人充任胥吏，则上述弊端可以一一逆转。[5]

[1]或云："吏卒小人，其于治乱何干？""然虽小人，凡施小诈，动伤国政，所以为乱始。若吏卒守分，民无枉扰，则民安矣……盖吏卒能为股肱爪牙，若驭以得法，诸事办集。"（朱元璋：《大明太祖高皇帝御制文集·卷二》）顾亭林曰："百官者虚名，而柄国者吏胥而已。"（顾炎武：《日知录·卷八·吏胥》）

"陈几亭以《与绍守书》呈先生。先生览毕付羲。其大意谓：天下之治乱在六部，六部之胥吏尽绍兴。胥吏在京师，其父兄子弟尽在绍兴。为太守者，苟能化其父兄子弟，则胥吏亦从之而化矣。故绍兴者，天下治乱之根之本也。羲一笑而置之，曰：'迂腐。'"（黄宗羲：《明儒学案·卷六二·蕺山学案·忠端刘念台先生宗周》）

[2]"后世儒与吏判为二途，儒自许以雅，而诋吏为俗，于是以剸繁治剧者为不足以语道；吏自许以通，而诮儒为迂，于是以通经博古为不足以适时。而上之人又不能立兼收并蓄之法，过有抑扬轻重之意，

于是拘谫不通者一归之儒，放荡无耻者一归之吏，而二途皆不足以得人矣。"（马端临：《文献通考·卷三五·选举考八》）

"权力的运用不可避免地会导致有人作恶这一事实不应成为脱离权力博弈的理由，因为如果某些博弈者因不愿弄脏双手而不去保护人民的合法利益，正义就可能受到损害。"（摩根索：《国家间政治》，第6页）

葛剑雄指出："有关国计民生的重大制度基本都存在着两个系统：由皇帝和官员们制定的正式制度，由吏们执行着的实际制度。后者从来不见于正式记载，吏们一般也秘而不宣，以至今天已无从查考，只能通过间接的记载略窥一二。科举制度的实行使这种官和吏的分离更加固定化了。一方面是主要通过诗赋、八股文逐级选拔出来的官员，这些人尽管满腹经纶，却大多并无管理实际事务的经验、能力和兴趣，但政府各部门和各级地方政府的首长却由他们担任。另一方面是以口耳相授、互相荐举或世业其事产生的大批幕僚、文案、书吏等各种吏，他们大多没有正途出身，绝大多数人永远不能成为正式官员，因而他们所追求的不是地位和声望，而是实际的权势和钱财。"（葛剑雄：《普天之下》，第111页）

［3］"委吏"，掌管粮仓之小吏。"乘田"，掌管畜牧之小吏。"抱关"，守门之小吏。"击柝"，打更之小吏。以上四小吏，俱见于孔孟之事与言。

孟子曰："仕非为贫也，而有时乎为贫；娶妻非为养也，而有时乎为养。为贫者，辞尊居卑，辞富居贫。辞尊居卑，辞富居贫，恶乎宜乎？抱关、击柝。孔子尝为委吏矣，曰：'会计当而已矣。'尝为乘田矣，曰：'牛羊茁壮长而已矣。'位卑而言高，罪也；立乎人之本朝，而道不行，耻也。"（《孟子·万章下》）

"出将入相，行道得时，仕也；乘田委吏，州县徒劳，亦仕也。"（方回：《瀛奎律随·卷六》）

[4] 叶适曰："今天下官无封建而吏有封建。"陆象山曰："官人者，异乡之人；吏人者，本乡之人。官人年满者三考，成资者两考；吏人则长子孙于其间。官人视事，则左右、前后皆吏人也，故官人为吏所欺，为吏所卖，亦其势然也。"（陆九渊：《陆九渊集·卷八·与赵推》）

顾亭林曰："州县之敝，吏胥窟穴其中，父以是传之子，兄以是传之弟。而其尤桀黠者，则进而为院司之书吏，以掣州县之权，上之人明知其为天下之大害而不能去也。"（顾炎武：《亭林文集·郡县论八》）

[5] 梨洲认为用儒士来取代胥吏从事相关工作，不仅是在批评胥吏，也是在批评当时的小儒（正如他在论兵制时批评文士自绝于武功之外）。

且今各衙门之首领官与郡县之佐贰，在汉则为曹掾之属，其长皆得自辟，即古之吏胥也。其后选除出自吏部，其长复自设曹掾以为吏胥；相沿至今，曹掾之名既去，而吏胥之实亦亡矣。故今之吏胥，乃曹掾之重出者也。吾之法，亦使曹掾得其实，吏胥去其重而已。

全书开篇三原是论述君、臣、法的古今之变，后言丞相、学校古今之变，古今之变者岂独此类大端？梨洲再现考镜源流的制度史追踪，胥吏一节可谓原史。胥吏亦有古今之别，明朝衙门长官与郡县辅佐官职，对应为汉朝之曹掾，其长官得以自行征辟任命，此即古之胥吏。而后，胥吏被纳入官僚制，选拔任用出自吏部，则长官又增设曹掾为胥吏。相沿至明，曹掾之名已不复存在，而古之胥吏亦不见于世。因此，当世胥吏，实为古代曹掾的再现。[1]

梨洲自陈，其意无他，唯复古法，究其内核，便是责其名实，以使名实相副。曹掾若得其实，则恢复其作为胥吏的地位，而曹掾被纳入官僚制后增设的胥吏，也可以由此裁撤，不必重复。[2]

[1] 胥吏和奄宦问题在明清时期颇为严重，梨洲身后的郭嵩焘（1818—1891 年）就讲："汉唐以来，虽号为君主，然权力实不足，不能不有所分寄。故西汉与宰相、外戚共天下，东汉与太监、名士共天下，唐与后妃、藩镇共天下，北宋与奸臣共天下，南宋与外国共天下，元与奸臣、番僧共天下，明与宰相、太监共天下，本朝则与胥吏共天下耳。"（徐珂：《清稗类钞·胥役类·例吏利》）

◎愚按：梨洲先于郭嵩焘而有此识，下节由胥吏进入奄宦。如果把讨论政治义理的《原君》《原臣》和《原法》这三章单列，那么《置相》就是第一章，与最后三章《胥吏》《奄宦上》和《奄宦下》首尾呼应，共同构成明朝官吏制度的重大变革和特色，亦折射出明朝君臣关系的一般样态，最终成为明代政治精神和王朝命运的归宿，诚可悲、可叹。

[２]全书从《原君》至《胥吏》，都是在疏通大义、责其名实，所谓"名不正，则言不顺；言不顺，则事不成"（《论语·子路》）。

二〇、奄宦（上）

奄宦之祸，历汉、唐、宋而相寻无已，然未有若有明之为烈也。汉、唐、宋有干与朝政之奄宦，无奉行奄宦之朝政。今夫宰相六部，朝政所自出也，而本章之批答，先有口传，后有票拟。天下之财赋，先内库而后太仓。天下之刑狱，先东厂而后法司。其他无不皆然。则是宰相六部，为奄宦奉行之员而已。

义解

奄宦之祸，历经汉、唐、宋，绵延不绝，至有明一代最为严重。[1] 之所以如此，正在于汉、唐、宋三朝奄宦之祸，虽是奄宦干涉朝政，然而终究未能篡夺朝政，不过狐假虎威而已。[2]

有明一代，奄宦则反客为主，已不单纯干涉朝政，而成为朝政所宗之人，且有取而代之之嫌。因此，宰相六部，王朝日常运行职能，皆由奄宦决断。宰相六部，原本应该是朝政所出之人，然而百官奏章之批复，先由内监口传圣意，再由内阁拟定批答之词。[3] 如此一来，内监垄断君臣沟通，朝政逐渐为其霸占。除批奏、财赋、刑狱，其他事项亦照此例，先内监而后天下，六部皆为奄宦之臣属。天下财赋，须先进入内监执掌的皇室仓库，再进入京师粮仓。天下刑狱，决于东厂而非法司。[4]

[1]"庄烈帝承神、熹之后，神宗怠荒弃政，熹宗昵近阉人，元气尽渐，国脉垂绝。向使熹宗御宇复延数载，则天下之亡不再传矣。"（《明史·卷三〇九·流贼传》）"有明一代，巨奸大恶多出于寺人内竖"（《明史·卷三〇八·奸臣传》），终成宦寺专权之态。阉宦之祸，"始于王振，卒于魏忠贤"（《明史·卷三〇四·宦官传一》）。

"明太祖既定江左，鉴前代之失，置宦者不及百人。迨末年颁《祖训》，乃定为十有二监及各司局，稍称备员矣。然定制不得兼外臣文武衔，不得御外臣冠服，官无过四品，月米一石，衣食于内庭。尝镌铁牌置宫门曰：'内臣不得干预政事，预者斩。'"（《明史·卷三〇四·宦官传一》；近人因《实录》未记铁牌事，以为铁牌之论本诸野史，参见黄彰健：《论皇明祖训录所记明初宦官制度》，第85页）

太祖尝谓侍臣曰："朕观《周礼》，奄寺不及百人。后世至逾数千，因用阶乱。此曹止可供洒扫，给使令，非别有委任，毋令过多。"又言："此曹善者千百中不一二，恶者常千百。若用为耳目，即耳目蔽；用为心腹，即心腹病。驭之之道，在使之畏法，不可使有功。畏法则检束，有功则骄恣。"（《明史·卷七四·职官志三》）

朱元璋的设计是"内臣不许读书识字"，但宣德四年（1429年）创制内书堂，安排小内侍读书，如此一来便公然打破太祖不准宦官识字的禁令，而宦官付出极大身体代价成为宫中侍从，纵然"多通文墨，晓古今"，终究多有"逞其智巧，逢君作奸"的人（《明史·卷三〇四·宦官传一》）。

明人沈德符《万历野获编·卷六》即收入多个奄宦主题，"内臣封外国王""赐内官宫人""内臣乞赠谥""对食""内臣交结""怀恩安储""内臣掌兵"等，不一而足。明人自宫之风盛行，亦可窥见奄宦之得势。然而，若无法进身为奄宦者，则流荡于民间旷野，"以至为乞为劫，固其宜也"，是为"乞阉"，亦成为窥探奄宦之祸的另一侧面。

《明史》为阉党专设列传，将其与流寇和土司等明朝重大政治问题一同增入列传，体例为前史所无。梨洲身后的《四库全书》对明朝这三大问题的重视与之一致："列传从旧例者十三，创新例者三，曰《阉党》，曰《流贼》，曰《土司》。盖貂珰之祸，虽汉、唐以下皆有，而士大夫趋势附膻，则惟明人为最伙，其流毒天下亦至酷。别为一传，所以著乱亡之源，不但示斧钺之诛也。闯、献二寇，至于亡明，剿抚之失，足为炯鉴，非他小丑之比，亦非割据群雄之比，故别立之。至于土司，古所谓羁縻州也，不内不外，衅隙易萌，大抵多建置于元，而滋蔓于明，控驭之道，与牧民殊，与御敌国又殊，故自为一类焉。"（《四库全书总目提要·卷四六·史部二·明史》）

[2] 朱元璋曾经感慨汉唐为宦官所害："吾见史传所书，汉、唐末世皆为宦官败蠹，不可拯救，

未尝不为之惋叹。"（王世贞：《弇山堂别集·卷九一·中官考二》）

沈德符记曰："唐末，藩镇大帅继袭，皆以内臣使其军，命为留后，旋与旌节。此古今大弊政……唐世中叶后，宦官废立，竟成恒事。"（沈德符：《万历野获编·卷六·内监》）赵翼（1727—1814年）曰："东汉及唐、明三代，宦官之祸最烈，然亦有不同，唐、明阉寺先害国而及于民，东汉则先害民而及于国。"（赵翼：《廿二史札记·卷五·宦官之害民》）

◎愚按：两汉尤其东汉，宦官干政，触目惊心。时至有唐一代，奄宦之祸亦令人警醒。相对而言，宋朝家法"待宦官甚严"。梨洲并言汉、唐、宋三朝奄宦之祸，实因痛恨其深植于国史之中，虽于奄宦偶有警惕，一时之策致奄宦不足以危难国是，终究因制度流弊，留出其伺机造次的豁口。梨洲之思，已触及制度超拔，距离所谓现代政治学仅差临门一脚，若生在晚清中西交通大变局时刻，或有宏论进一步演绎。

［3］本章之批答，先有口传，后有票拟。"秉笔"，随堂掌章奏文书，照阁票批朱。"内阁之票拟，不得不决于内监之批红，而相权转归之寺人。"（《明史·卷七二·职官志一》）"本章"，即奏章。司礼监秉笔太监代皇帝批红。

朱元璋的制度设计规定严格，却终不过二世而废："盖明世宦官出使、专征、监军、分镇、刺臣民隐事诸大权，皆自永乐间始。"（《明史·卷三○四·宦官传一》）明太祖沿袭唐制，于后宫设女官六局（凡二十四司）；永乐以降，奄宦包揽宫廷事务，女官仅剩四司；永乐十八年（1420年）设立东厂。奄宦之势，可见一斑。

宦官已经"衙门化"（王天有：《明代国家机构研究》），阁臣无法脱离作为"内相"的司礼太监。宦官机构多称二十四衙门，但实际还更多。沈德符曰："江陵之得国也，以大珰冯保力……而最后被弹，以至籍没，亦以属司礼张诚，岂所谓君以此始，必以此终乎？"（沈德符：《万历野获编·卷九·内阁·江陵始终宦官》）孟森（1868—1938年）曰："欲为士大夫任天下事，非得一阉为内主不能有济。"（孟森：《明史讲义》，第6页）

［4］"三法司曰刑部、都察院、大理寺。"（《明史·卷九四·刑法志二》）"刑法有创之自明不衷古制者，廷杖、东西厂、锦衣卫、镇抚司狱是已。是数者，杀人至惨，而不丽于法。踵而行之，至末造而极。举朝野命，一听之武夫、宦竖之手，良可叹也。"（《明史·卷九五·刑法志三》）

◎愚按：梨洲对奄宦问题颇为用心，一方面与其反思中国历代王朝宦官问题有间接关联，另一方面又与他们父子所遭遇的魏忠贤阉党之祸有直接关联。梨洲于奄宦有家仇国恨。

虽然神宗、光宗之际，东林党人得助于奄宦王安等人，但若总论之，则奄宦有害于国无疑。况且，梨洲父亲尊素为熹宗御史，曾上书皇帝，议论时政十大失误，遭魏忠贤攻击，死前遗诗："正气长留海岳愁，浩然一往复何求。十年世路无工拙，一片刚肠总祸尤。麟凤途穷悲此际，燕莺声杂值今秋。钱塘有浪胥门目，惟取忠魂泣镯镂。"

梨洲于奄宦既有血气之怒，亦有义理之怒。崇祯登基后，许显纯、崔应元被定为阉党余孽，刑部审理时，梨洲"锥显纯"，"流血蔽体"（李聿求：《鲁之春秋·卷十·黄宗羲传》），此后又"殴应元胸，拔其须归，焚而祭之忠端木主前，乃治葬事"（江藩：《国朝汉学师承记·卷八·黄宗羲》）。

人主以天下为家，故以府库之有为己有，环卫之强为己强者，尚然末王之事。今也衣服、饮食、马匹、甲仗、礼乐、货贿、造作，无不取办于禁城数里之内，而外庭所设之衙门，所供之财赋，亦遂视之为非其有，哓哓而争。使人主之天下不过此禁城数里之内者，皆奄宦为之也。汉、唐、宋之奄宦，乘人主之昏而后可以得志。有明则格局已定，牵挽相维，以毅宗之哲王，始而疑之，终不能舍之，卒之临死而不能与廷臣一见，其祸未有若是之烈也！

君主以天下之公器为一家之私产，则将官府仓库所有俱为皇室所有，禁卫之军俱为皇室卫队（锦衣卫即皇帝私人卫队），此皆亡国之君（"末王"）所为。[1]

明朝为宦官设置了二十四衙门，涉及衣服（尚衣监）、饮食（尚膳监）、马匹（御马监）、武器（兵仗局）、礼乐（司礼监）、财货（内承运库、司钥库、内府供用库）、制造（银作局、巾帽局、针工局、内织染局）等领域。[2]这样一来，君主所需的任何事物均可以在紫禁城数里之内完成，内宫与外朝分裂，那么外朝的办事衙门和财政税收，便都以为并非自己所有，因此汲汲于获取。

奄宦困皇帝于宫墙之内，断绝皇帝于城内外，亦复断绝君臣之沟通。[3]梨洲以为汉、唐、宋之奄宦只是趁君主昏聩而起；至于明代，则已形成奄宦专权之制，因此，纵然哲王崇祯也不过始疑奄宦而终仰赖之。[4]至于临死都未能与朝臣一见、话别国是，身死亡国之惨烈莫此为甚。

疏证

[1]荀子曰："王者富民，霸者富士，仅存之国富大夫，亡国富筐箧，实府库。筐箧已富，府库已实，而百姓贫，夫是之谓上溢而下漏。入不可以守，出不可以战，则倾覆灭亡可立而待也。"（《荀子·王制》）

[2]宦官。十二监：司礼监，内官监，御用监，司设监，御马监，神宫监，尚膳监，尚宝监，印绶监，直殿监，尚衣监，都知监。四司：惜薪司，钟鼓司，宝钞司，混堂司。八局：兵仗局，银作局，浣衣局，巾帽局，针工局，内织染局，酒醋面局，司苑局。十二监、四司、八局，所谓二十四衙门也。（刘若愚：《酌

[3]"明世宦官出使、专征、监军、分镇、刺臣民隐事诸大权，皆自永乐间始"（《明史·卷三〇四·宦官传一》），造成的影响更为恶劣。

[4]晚明内乱，崇祯帝"疑廷臣谋国不忠，稍稍亲向奄人"。刘宗周谓："今日第一宜开示诚心，为济难之本，皇上以亲内臣之心亲外臣，以重武臣之心重文臣，则太平之业一举而定也。"（黄宗羲：《明儒学案·卷六二·蕺山学案·忠端刘念台先生宗周》）

崇祯帝始疑魏忠贤而除之，非因魏奄而疑宦官，但因其做大不得不除之而后可以掌权。崇祯即位之初便整治奄宦，"朝野翕然望至治焉"（《明史纪事本末·卷七四·宦侍误国》），然而，梨洲谓毅宗于奄宦始疑而终不能舍，盖其所疑者为一时之奄宦，其所不能舍者为制度之奄宦。朱元璋曰："古者哲王立纲陈纪，赏有功，罚有罪，执此道而天下安。"（《大明太祖高皇帝御制文集·卷三》）崇祯诚为哲王耶？

且夫人主之有奄宦，奴婢也；其有廷臣，师友也。所求乎奴婢者，使令；所求乎师友者，道德。故奴婢以伺喜怒为贤，师友而喜怒其喜怒，则为容悦矣；师友以规过失为贤，奴婢而过失其过失，则为悖逆矣。

自夫奄人以为内臣，士大夫以为外臣，奄人既以奴婢之道事其主，其主之妄喜妄怒，外臣从而违之者，奄人曰："夫非尽人之臣与，奈之何其不敬也？"人主亦即以奴婢之道为人臣之道，以其喜怒加之于奄人而受，加之于士大夫而不受，则曰："夫非尽人之臣与，奈之何有敬有不敬也？盖内臣爱我者也，外臣自爱者也。"

于是天下之为人臣者，见夫上之所贤所否者在是，亦遂舍其师友之道而相趋于奴颜婢膝之一途。习之既久，小儒不通大义，又从而附会之曰："君父，天也。"

奄人为内臣，奴婢也；士大夫为外臣，师友也。[1]奄人以奴婢之道事君，职分所在是顺应服从，故以君主喜怒为喜怒，师友职分所在则是鞭策、辅佐、激励，二者不能混淆。师友若不顺应君主私欲，稍有规劝过失之举，奄人便斥责其不能尽人臣恭敬之礼。

实则不然，师友有师友之道，奴婢以君主过失为过失是悖逆，而师友规劝过失即为贤士。此内外有别，各安其职。君主不知奴婢与师友殊途，内外有别、小大有辨，以为奄人以奴婢之道受其喜怒是为臣的正道，而以为人臣不行此道就是悖逆。恰恰相反，内外有别，内臣受其喜怒为职分，外臣规其过失，亦为职分。此"内臣爱我""外臣自爱"纯属无稽之谈，与原君之君相别甚大，怎会不失其天下？[2]

所以，奴婢以迎合君上的喜怒为善，但如果师友以君主喜怒而喜怒，讨其欢欣，悦其容颜，那就是行奴婢之举。同理，师友以规劝过失为贤，而奴婢若以君主有过而加以责难，则为悖逆之举。此各有其位，又兼及小大之辨。

上行下效，君主失其原君，则人臣不再原臣。上之是非，就成了人臣之是非；师友规劝之道荒芜，而奴婢逢迎之道大盛。小人儒不能通达大义，附会而说君父就是天。[3]

[1]狄山曰："臣固愚忠，若御史大夫汤乃诈忠。若汤之治淮南、江都，以深文痛诋诸侯，别疏骨肉，使蕃臣不自安。臣固知汤之为诈忠。"（《史记·卷一二二·酷吏列传》）孟子曰："惟大人为能格君心之非。"（《孟子·离娄上》）梨洲曰："以天下为事，则君之师友也。"（《明夷待访录·原臣》）

◎愚按：全书篇章安排中，《原君》与《原臣》紧贴，而《奄宦》则被置于最后（在文本上与君主最远的位置，从而有别于实际深宫中其与君主最近的位置）。以奴婢之德要求群臣师友，引以为忠，正是诈忠。极具讽刺者，明成祖建东厂，大堂入口匾额"朝廷心腹"，大堂内更悬挂岳飞画像。亦可对勘《明夷待访录·原君》疏证有关帝、王、霸、亡国之辨。

[2]刘宗周以敢言敢谏事君，崇祯帝曾言"大臣如刘某，清执敢言，廷臣莫及也"（黄宗羲：《明儒学案·卷六二·蕺山学案·忠端刘念台先生宗周》）。

[3]子谓子夏曰："女为君子儒，无为小人儒。"（《论语·雍也》）李滋然转而批评梨洲之论，认为君父为天的说法在三代以上便有，既然指斥为小儒，

岂不是说三代以上之制均是小儒之义？（李滋然：《明
夷待访录纠谬》）但问题在于，《原君》已经呈示，
君父当然可以为天，然而一旦君主不再是原君，那么
君主再与天等同，岂不是僭越？

故有明奏疏，吾见其是非甚明也，而不敢明言其
是非，或举其小过而遗其大恶，或勉以近事而阙于古则，
以为事君之道当然。岂知一世之人心学术为奴婢之归
者，皆奄宦为之也。祸不若是其烈与？

梨洲进而总结有明一代的奏疏，其中有关是非黑
白的判断十分明晰，然而不敢将其明白呈现。虽然奏
疏明是非，却未能明言于纸上，或陈列君主小过而避
谈大恶，或以新近事务勉励君主而避谈古法，以为臣
事君当如此。岂知君非原君，臣非原臣，古今之变，
源流之异，大小之别，岂不痛哉。[1]世道人心皆受累
于奄宦，必然影响政治及人世，其祸之烈如此，无出
其右者。[2]

[1] 张之洞曰："世运之明晦，人才之盛衰，其
表在政，其里在学。"（张之洞：《劝学篇》）

[2] 魏忠贤生祠对联有言："至圣至神，中乾
坤而立极；乃文乃武，同日月以长明。"当时官场，
"称其功如周召，颂其德如禹汤"（朱长祚：《玉镜
新谭·卷七·建祠》）。天启七年（1627 年），魏忠

贤在天子生病时安排自己的从子代替天子祭太庙。《朱子语类·卷九三·孔孟周程张子》有言"天不生仲尼，万古如长夜"。监生陆万龄上书："孔子作《春秋》，忠贤作《要典》。孔子诛少正卯，而忠贤诛东林。"晚明监生竟将魏忠贤与孔夫子作比，提议配祀孔子，溜须之极，奄宦之祸与时局腐朽可见一斑。

二一、奄宦（下）

奄宦之如毒药猛兽，数千年以来，人尽知之矣。乃卒遭其裂肝碎首者，曷故哉？岂无法以制之与？则由于人主之多欲也。夫人主受命于天，原非得已。故许由、务光之流，实见其以天下为桎梏而掉臂去之。岂料后世之君，视天下为娱乐之具。崇其宫室，不得不以女谒充之；盛其女谒，不得不以奄寺守之。此相因之势也。其在后世之君，亦何足责。

义解

奄宦如毒药猛兽，数千年来，人尽皆知，然而却能一直横行于世、不绝如缕。难道只是因为人们从历史中吸取的唯一教训就是从不从历史中吸取教训？宦官行奴婢之道，实乃君主欲望的外在呈现。[1]呜呼哀哉，君主最终因奄宦而身死国灭。[2]

奄宦得势实为狐假虎威而反客为主，根底在君主地位发生古今之变，古典君主以天下为负担，被迫做主，所以许由、务光径直视君位为牢笼，竭力摆脱；近代君主则以天下为私产，故而极尽所能搜刮天下，以满足一己私欲，牢牢锁控天下。[3]因为要建立巍峨的宫殿，就要金屋藏娇，既然要广搜女宠，就不得不增派奄宦相伴左右。后世君主都在这样一种势态中无法自拔。[4]

[1]孔子曰："吾未见能见其过而内自讼者也。"（《论语·公冶长》）循吏汲黯曾指斥汉武帝"内多欲而外施仁义"（《史记·卷一二〇·汲郑列传》）。

◎愚按：君主以天下为一己之私产，无法克制自己的内心欲望，因此自然无法控制深明君心幽暗处的奄宦。

[2]孟子曰："诸侯之宝三：土地、人民、政事。宝珠玉者，殃必及身。"又曰："民为贵，社稷次之，君为轻。"（《孟子·尽心下》）

[3]参见前文《原君》《原臣》，管子曰："君不君，则臣不臣……上失其位，则下逾其节。"（《管子·形势》）

[4]女仆力量有限，而采用男仆则担心与女宠通奸，遂使用奄宦；奄宦始设，就已见到君主私欲在作祟。金屋藏娇之事见志怪小说《汉武故事》，其实际待考，然而其义可见。

而郑玄之注《周礼》也，乃谓女御八十一人当九夕，世妇二十七人当三夕，九嫔九人当一夕，三夫人当一夕，后当一夕，其视古之贤王与后世无异，则是《周礼》为诲淫之书也。

孟子言："侍妾数百人，我得志，弗为也。"是时齐、梁、秦、楚之君，共为奢僭，东西二周且无此事。

若使为周公遗制，则孟子亦安为固然，"得志弗为"则是以周公为舛错矣。苟如玄之为言，王之妃百二十人，妃之下又有侍从，则奄之守卫服役者势当数千人。后儒以寺人隶于冢宰，谓《周官》深得治奄之法。夫刑余之人，不顾礼义，凶暴是闻。天下聚凶暴满万，而区区以系属冢宰，纳之铃键，有是理乎？且古今不贵其能治，而贵其能不乱。奄人之众多，即未及乱，亦厝火积薪之下也。

郑玄注《周礼》，以为十五日之中，女御八十一人占用君主九夜，世妇二十七人占用君主三夜，九嫔九人占用君主一夜，三夫人三人占用君主一夜，王后一人占用君主一夜。在梨洲看来，这样解释《周礼》，就带有强烈的后人色彩，用后世君主的模样看待古代贤王，原本是确立文教礼制的《周礼》，经过这样一番解释反倒成了教诲如何僭越礼制之书。[1]

孟子有言：一旦由德而位，也不会侍妾数百。[2]当时的历史处境是，齐国、梁国（魏国以大梁为都，故又以梁国名之）、秦国、楚国都居战国七雄之列，其国君奢侈僭越，超出了西周、东周天子都没有做出的范围。这样看来，如果郑玄的注解得当，《周礼》确实如此，那么孟子又怎会不安然接受，转而以"得志弗为"表态，岂不成了对周公的批判？按照郑玄的注解，妃有一百二十人，妃之下又有侍从，守卫与侍奉她们的奄宦恐怕就要几千人。

后世小儒以为《周礼》中奄宦隶属于冢宰，便以为管制奄宦很有办法。问题是，奄人是刑余之人，凶暴残酷，怎么可能被礼制束缚内心？天下聚集近万名如此凶暴残酷之人，仅仅寄希望于冢宰就可将其纳入管控，诚为痴心妄想。从古至今，人们并不期望奄宦能够促成治世，唯愿其能不致乱。奄宦人多势众，纵然没有致乱，亦犹火下加薪，为致乱做准备。

［1］周礼有数，以数节人（礼数）。《周礼·天官冢宰》："九嫔掌妇学之法，以教九御妇德、妇言、妇容、妇功，各帅其属而以时御叙于王所。"郑玄注："女御八十一人当九夕，世妇二十七人当三夕，九嫔九人当一夕，三夫人当一夕，后当一夕，亦十五日而遍云。"

［2］孟子曰："说大人，则藐之，勿视其巍巍然。堂高数仞，榱题数尺，我得志，弗为也。食前方丈，侍妾数百人，我得志，弗为也。般乐饮酒，驱骋田猎，后车千乘，我得志，弗为也。在彼者，皆我所不为也；在我者，皆古之制也，吾何畏彼哉？"（《孟子·尽心下》）孟子此前有舍生取义之论（《孟子·告子上》），此处为舍利取义之论。

吾意为人主者，自三宫以外，一切当罢。如是，则奄之给使令者，不过数十人而足矣。议者窃忧其嗣育之不广也，夫天下何尝之有？吾不能治天下，尚欲避之，况于子孙乎？彼鳃鳃然唯恐后之有天下者不出于其子孙，是乃流俗富翁之见。故尧、舜有子，尚不传之；宋徽宗未尝不多子，止以供金人之屠醢耳。

 义解

梨洲以为，为人君主者，应当仅留三宫，而摒弃其余粉黛颜色。[1]如此，则仅需奄宦数十人足矣。持异议者以为后宫不广，则子嗣稀少、国祚短浅。[2]此系三代以下君主以天下为私产，唯恐后嗣不足难以延续一姓统治。

梨洲则上溯三代以上之君主，既然以君主为劳役，自己尚不愿担纲，遑论传诸子嗣？汲汲于以天下为家产传承，不过富翁俗见。尧、舜皆有子嗣却不传子而传贤；反讽的是，宋徽宗不乏子嗣，却仅供后金欺凌屠戮，令人不胜唏嘘。[3]

疏证

[1]顾亭林曰："宦官之盛，繇于宫嫔之多，而人主欲不近刑人，则当以远色为本。"（顾炎武：《日知录·卷九·宦官》）梨洲所论三宫，所指为何？有论者认为是皇帝、皇后和太后的三宫（段志强译注：《明夷待访录》，第180页），有论者则认为是中宫（皇后）和东西两宫（妃嫔），即一位后、三位夫人和九位嫔共十三人（李广柏：《新译明夷待访录》，第186页；William de Bary, *Waiting for the Dawn*, pp. 262-263）。

这两种理解存有具体偏差，然而其背后却暗含义理通约之处，即如果皇帝能够矫正自己的欲望，那么妃嫔便会减少，皇帝去世后留下的妃嫔也会减少，所需奄宦数量势必随之减少。

◎愚按：本段为全书最后一段，末段首句讲"吾意为人主者"，可谓首尾呼应于第一篇《原君》，结尾讲"吾意为人主者"，首则论人主，尾则夫子自道，梨洲自意贯通古今，"通古今之变，成一家之言"（《汉书·卷六二·司马迁传》）。

　　［2］◎愚按：梨洲注意建都、宦官等问题，从中区分明朝二代而止的太祖传统和永乐帝所奠定的成祖传统，闭口不谈立储之事（明末围绕立储多有争执），实乃心系三代以上圣王传贤不传子，非以产业视王朝。

　　［3］◎愚按：全书以尧、舜和宋徽宗作结，前二人代表三代之治，后者则为北宋亡国之君。前文论兵制一章已经言及屠醢之事，此处梨洲未及明言却已跃然纸上的是：明朝子嗣绵延，终不免遭后金（满人）屠醢。明夷之书以奄宦作结，岂非绝灭？而奄宦一章以子嗣作结，岂能回天？

　　梨洲有"当今之世，舍我其谁也"之志（《孟子·公孙丑下》），然王朝中道崩殂，明遗难事清廷，报国无门，撰此小书，聊解心中幽愤（对勘布洛克《历史学家的技艺》，言及第二次世界大战期间草此小书聊解心中幽愤）。当此之世，正是深渊明夷之时，行文至此，由探原（原君、原臣、原法）而落至明朝。有明一代亡而三复斯言（三原），故小书已结而大义不灭；贞下起元，尤有可待。阳明遗言："此心光明，亦复何言。"（黄宗羲：《明儒学案·卷十·姚江学案·文成王阳明先生守仁》）

　　然而，梨洲与阳明大不同，牟宗三曰："不幸生不逢辰，此正大之理想乃不能得其正常之发展。故彼等以遗老终其身，而思想言论亦只托空文以期待渺茫之未来。"（牟宗三：《政道与治道》，第 186 页）

参考文献

一、《明夷待访录》主要译注本

［1］陈冬民.明夷待访录：报国无门的净言［M］.沈阳：春风文艺出版社，1992.

［2］董金裕.忠臣孝子的悲愿：明夷待访录［M］.海口：三环出版社，1992.

［3］黄宗羲.明夷待访录［M］.段志强，译注.北京：中华书局，2011.

［4］黄宗羲.新译明夷待访录［M］.李广柏，注译.李振兴，校阅.台北：三民书局，2014.

［5］黄宗羲.明夷待访录［M］.李伟，译注.长沙：岳麓书社，2016.

［6］黄宗羲.明夷待访录校释［M］.孙卫华，校释.长沙：岳麓书社，2011.

［7］DE BARY, W T. Waiting for the dawn: a plan for the prince［M］. New York: Columbia University Press, 1993.

二、一手资料

［1］孔子家语［M］.王国轩，王秀梅，译注.2版.北京：中华书局，2022.

［2］陈仁锡.皇明世法录［M］.济南：山东友谊出版社，2007.

［3］戴埴.鼠璞［M］.北京：中华书局，1985.

［4］杜牧.樊川文集［M］.陈允吉，校点.上海：上海古籍出版社，2007.

［5］杜佑.通典［M］.北京：中华书局，2016.

［6］方孝孺.逊志斋集［M］.2 版.宁波：宁波出版社，2000.

［7］顾炎武.日知录校注［M］.陈垣，校注.合肥：安徽大学出版社，2007.

［8］桓宽.盐铁论［M］.陈桐生，译注.北京：中华书局，2015.

［9］黄宗羲.明文海［M］.影印本.北京：中华书局，1987.

［10］贾谊.新书校注［M］.阎振益，钟夏，校注.北京：中华书局，2000.

［11］江藩.国朝汉学师承记［M］.钟哲，整理.北京：中华书局，1983.

［12］李纲.李纲全集［M］.王瑞明，点校.长沙：岳麓书社，2004.

［13］黎靖德.朱子语类［M］.王星贤，点校.北京：中华书局，1986.

［14］李清.三垣笔记［M］.顾思，点校.北京：中华书局，1982.

［15］李心传.建炎以来朝野杂记［M］.徐规，点校.北京：中华书局，2000.

［16］李心传.建炎以来系年要录［M］.北京：中华书

局，1956.

　　［17］李聿求．鲁之春秋［M］．杭州：浙江古籍出版社，1984.

　　［18］李元度．国朝先正事略［M］．易孟醇，校点．长沙：岳麓书社，2008.

　　［19］刘若愚．酌中志［M］．冯宝琳，点校．北京：北京出版社，2018.

　　［20］刘向．说苑［M］．王天海，杨秀岚，译．北京：中华书局，2019.

　　［21］刘向．新序校释［M］．石光瑛，校释．陈新，整理．北京：中华书局，2001.

　　［22］柳宗元．柳宗元集校注［M］．尹占华，韩文奇，校注．北京：中华书局，2013.

　　［23］龙文彬．明会要［M］．北京：中华书局，1956.

　　［24］马端临．文献通考［M］．北京：中华书局，1986.

　　［25］丘濬．大学衍义补［M］．影印本．镇江：江苏大学出版社，2018.

　　［26］权德舆．权德舆文集［M］．霍旭东，校点．兰州：甘肃人民出版社，1999.

　　［27］沈德符．万历野获编［M］．北京：中华书局，1959.

　　［28］申时行，等修．明会典：万历朝重修本［M］．影印本．北京：中华书局，1989.

　　［29］苏洵．苏洵集［M］．邱少华，点校．北京：中国书店，2000.

　　［30］中华书局编辑部．孙宝瑄日记［M］．童杨，校订．北京：中华书局，2015.

　　［31］孙承泽．春明梦余录［M］．王剑英，点校．北京：北

京古籍出版社 , 1992.

　　［ 32 ］孙承泽 . 烈皇勤政记［ M ］. 借月山房汇钞本 .

　　［ 33 ］孙承泽 . 天府广记：四十四卷［ M ］. 北京：北京古籍出版社 , 1982—1984.

　　［ 34 ］孙诒让 . 周礼正义［ M ］. 王文锦 , 陈玉霞 , 点校 . 2 版 . 北京：中华书局 , 2013.

　　［ 35 ］唐甄 . 潜书［ M ］. 吴泽民 , 编校 . 2 版 . 北京：中华书局 , 2009.

　　［ 36 ］王夫之 . 读通鉴论［ M ］. 舒士彦 , 点校 . 北京：中华书局 , 2013.

　　［ 37 ］王夫之 . 思问录；俟解；黄书；噩梦［ M ］. 王伯祥 , 点校 . 北京：中华书局 , 2009.

　　［ 38 ］王世贞 . 弇山堂别集［ M ］. 魏连科 , 点校 . 北京：中华书局 , 1985.

　　［ 39 ］王应麟 . 困学纪闻：全校本［ M ］. 翁元圻 , 等注 . 栾保群 , 田松青 , 吕宗力 , 校点 . 上海：上海古籍出版社 , 2008.

　　［ 40 ］黄宗羲 . 黄宗羲全集［ M ］. 吴光 , 主编 . 杭州：浙江古籍出版社 , 2012.

　　［ 41 ］徐干 . 中论解诂［ M ］. 孙启治 , 解诂 . 北京：中华书局 , 2014.

　　［ 42 ］徐珂 . 清稗类钞［ M ］. 北京：中华书局 , 2010.

　　［ 43 ］杨伯峻 . 论语译注［ M ］. 北京：中华书局 , 2019.

　　［ 44 ］张瀚 . 松窗梦语［ M ］. 萧国亮 , 点校 . 上海：上海古籍出版社 , 1986.

　　［ 45 ］张廷玉 , 等 . 明史［ M ］. 北京：中华书局 , 1974.

　　［ 46 ］章学诚 . 文史通义［ M ］. 吕思勉 , 评 . 李永圻 , 张耕华 , 导读整理 . 上海：上海古籍出版社 , 2008.

参
考
文
献

［47］赵翼.廿二史劄记校证［M］.王树民，校证.北京：中华书局，1984.

［48］郑樵.通志二十略［M］.王树民，点校.北京：中华书局，1995.

［49］朱元璋.明太祖集［M］.胡士萼，点校.合肥：黄山书社，1991.

［50］朱长祚.玉镜新谭［M］.仇正伟，点校.北京：中华书局，1989.

三、研究文献

［1］尼尔·波兹曼.娱乐至死［M］.章艳，译.2版.桂林：广西师范大学出版社，2011.

［2］费尔南·布罗代尔.15至18世纪的物质文明、经济和资本主义［M］.顾良，施康强，译.北京：生活·读书·新知三联书店，2002.

［3］卜正民.明代的社会与国家［M］.陈时龙，译.合肥：黄山书社，2009.

［4］卜正民.为权力祈祷：佛教与晚明中国士绅社会的形成［M］.张华，译.南京：江苏人民出版社，2005.

［5］卜正民.纵乐的困惑：明代的商业与文化［M］.方骏，王秀丽，罗天佑，译.北京：生活·读书·新知三联书店，2004.

［6］陈登原.中国田赋史［M］.影印本.北京：商务印书馆，1998.

［7］陈焕章.孔门理财学［M］.韩华，译.北京：商务印书馆，2015.

［8］陈美东.中国科学技术史：天文学卷［M］.北京：科

学出版社, 2003.

　　[9]陈寅恪.柳如是别传[M].上海：上海古籍出版社，1980.

　　[10]刁培俊.20世纪宋朝职役制度研究的回顾与展望[C]//中国宋史研究会.唐宋经济史高层研讨会论文集，2004：16-27.

　　[11]董成龙.《史记·陈涉世家》中的"首事"与"矫诈"[J].上海文化，2019（7）：122-127.

　　[12]董成龙.武帝文教与史家笔法：《史记》中高祖立朝至武帝立教的大事因缘[M].上海：华东师范大学出版社，2019.

　　[13]樊树志.晚明大变局[M].北京：中华书局，2015.

　　[14]贡德·弗兰克.白银资本：重视经济全球化中的东方[M].2版.刘北成，译.北京：中央编译出版社，2000.

　　[15]傅允生.制度变迁与经济发展：王安石青苗法与免役法再评价[J].中国经济史研究，2004（2）：22-32.

　　[16]葛剑雄.普天之下[M].广州：广东人民出版社，2014.

　　[17]顾家宁.秩序重建的政治之维：黄宗羲与近世政治思维的突破[J].政治思想史，2012，3（2）：22-38.

　　[18]郭培贵.明史选举志考论[M].北京：中华书局，2006.

　　[19]沟口雄三.中国的公与私·公私[M].郑静，译.北京：生活·读书·新知三联书店，2011.

　　[20]何怀宏.世袭社会及其解体：中国历史上的春秋时代[M].北京：生活·读书·新知三联书店，1996.

　　[21]何怀宏.选举社会及其终结：秦汉至晚清历史的一种

社会学阐释［M］．北京：生活·读书·新知三联书店，1998.

　　［22］何勇强．钱氏吴越国史论稿［M］．杭州：浙江大学出版社，2002.

　　［23］黄彰健．论皇明祖训录所记明初宦官制度［J］．"中央研究院"史语所集刊，1961（7）：77-98.

　　［24］胡适．胡适文集：全12册［M］．2版．北京：北京大学出版社，2013.

　　［25］加藤繁．唐宋时代金银之研究：以金银之货币机能为中心［M］．北京：中华书局，2006.

　　［26］康托洛维茨．国王的两个身体：中世纪政治神学研究［M］．徐震宇，译，上海：华东师范大学出版社，2018.

　　［27］孔多塞．人类精神进步史表纲要［M］．何兆武，何冰，译．北京：生活·读书·新知三联书店，1998.

　　［28］赖瑞和．唐后期三大类词臣的升迁与地位：以白居易、元稹、权德舆、李德裕为例［J］．学术月刊，2014，46（9）：137-145.

　　［29］雷海宗．中国文化与中国的兵［M］．北京：商务印书馆，2001.

　　［30］李华瑞．王安石变法研究史［M］．北京：人民出版社，2004.

　　［31］梁方仲．梁方仲经济史论文集［M］．北京：中华书局，1989.

　　［32］林满红．银线：19世纪的世界与中国［M］．林满红，詹庆华，等译．南京：江苏人民出版社，2012.

　　［33］鲁迅．鲁迅全集：第五卷［M］．北京：人民文学出版社，2005.

　　［34］洛克．政府论：下篇［M］．叶启芳，瞿菊农，译．北京：

商务印书馆, 1964.

［35］吕思勉. 中国通史［M］. 上海：上海古籍出版社，
2009.

［36］毛佩奇，王莉. 中国明代军事史［M］. 北京：人民
出版社, 1994.

［37］孟森. 明清史讲义［M］. 北京：中华书局, 1981.

［38］摩根索. 国家间政治：寻求权力与和平的斗争［M］.
徐昕，郝望，李保平，译. 北京：北京大学出版社, 2012.

［39］牟复礼，崔瑞德. 剑桥中国明代史［M］. 张书生，黄沫，
杨品泉，等译. 北京：中国社会科学出版社, 1992.

［40］牟宗三. 政道与治道［M］. 长春：吉林出版集团有
限责任公司，2010.

［41］彭林. 吾观于乡，而知王道之易易：乡饮酒礼［J］.
文史知识, 2002（10）: 96-106.

［42］漆侠. 宋代经济史［M］. 北京：中华书局, 2009.

［43］中州书画社. 宋史论集［M］. 郑州：中州书画社,
1983.

［44］漆侠. 王安石变法［M］. 2版. 上海：上海人民出版社，
1979.

［45］千家驹，郭彦岗. 中国货币演变史［M］. 上海：上海
人民出版社, 2005.

［46］钱穆. 中国经济史［M］. 叶龙，整理. 北京：北京联
合出版公司, 2016.

［47］钱穆. 中国历代政治得失［M］. 3版. 北京：生活·读
书·新知三联书店, 2012.

［48］秦晖. "黄宗羲定律"与税费改革的体制化基础：历
史的经验与现实的选择［J］. 税务研究 2003（7）: 2-8.

［49］全汉昇.中国经济史论丛：全二册［M］.北京：中华书局，2012.

［50］全汉昇.中国社会经济通史［M］.叶龙，整理.北京：北京联合出版公司，2016.

［51］杉山正明.蒙古颠覆世界史［M］.周俊宇，译.北京：生活·读书·新知三联书店，2016.

［52］卡尔·施米特.宪法学说（修订译本）.［M］.刘锋，译.上海：上海人民出版社，2016.

［53］司徒琳.南明史：1644—1662［M］.李荣庆，郭孟良，卞师军，等译.上海：上海人民出版社，2017.

［54］万明.白银货币化视角下的明代赋役改革（上）［J］.学术月刊，2007，39（5）：124-129.

［55］万明.白银货币化视角下的明代赋役改革（下）［J］.学术月刊，2007，39（6）：134-139.

［56］万明.晚明海洋意识的重构："东矿西珍" 与白银货币化研究［J］.中国高校社会科学，2013（7）：71-85.

［57］万志英.剑桥中国经济史：古代到19世纪［M］.崔传刚，译.北京：中国人民大学出版社，2018.

［58］王美华.家礼与国礼之间：《朱子家礼》的时代意义探析［J］.史学集刊，2015（1）：19-26.

［59］王天有.明代国家机构研究［M］.北京：北京大学出版社，1992.

［60］王文成，高庆华."中统行钞" 与蒙元银、丝、钱、钞关系的演变［J］.云南社会科学，2017（4）：157-163.

［61］王曾瑜.王安石变法简论［J］.中国社会科学，1980（3）：131-154.

［62］雷蒙·威廉斯.关键词：文化与社会的词汇［M］.

刘建基，译.北京：生活・读书・新知三联书店，2005.

［63］吴晗.明代靖难之役与国都北迁［J］.清华大学学报（自然科学版），1935（4）：917-939.

［64］吴晗.吴晗论明史［M］.天津：天津人民出版社，2015.

［65］吴漫.明代宋史学研究［M］.北京：人民出版社，2012.

［66］夏曾佑.中国古代史［M］.石家庄：河北教育出版社，2000.

［67］小野和子.明季党社考［M］.李庆，张荣湄，译.上海：上海古籍出版社，2006.

［68］熊十力.韩非子评论 与友人论张江陵［M］.上海：上海书店出版社，2007.

［69］杨海文.贺麟与"梁任公称费希特语"问题［J］.现代哲学，2013（5）：110-111.

［70］姚大力.北方民族史十论［M］.桂林：广西师范大学出版社，2007.

343

［71］叶世昌.明末蒋臣建议行钞始末［J］.中国钱币，2007（4）：34-36.

［72］游彪.关于宋代的免役法：立足于"特殊户籍"的考察［J］.中国史研究，2004（2）：93-102.

［73］游彪.追宋：细说古典中国的黄金时代［M］.成都：天地出版社，2021.

［74］余英时.朱熹的历史世界：宋代士大夫政治文化的研究［M］.北京：生活・读书・新知三联书店，2011.

［75］章宏伟.明代观政进士制度［J］.吉林大学社会科学学报，2008,48（5）：49-56.

［76］张文江.古典学术讲要［M］.上海：上海古籍出版社，2010.

［77］赵冈，陈钟毅.中国土地制度史［M］.北京：新星出版社，2006.

［78］赵俪生.中国土地制度史［M］.武汉：武汉大学出版社，2013.

［79］赵现海.明代九边长城军镇史：中国边疆假说视野下的长城制度史研究［M］.北京：社会科学文献出版社，2012.

［80］纸屋正和.汉代郡县制的展开［M］.朱海滨，译.上海：复旦大学出版社，2016.

［81］朱维铮.重读近代史［M］.上海：中西书局，2010.

［82］朱永嘉.明代政治制度的源流与得失［M］.北京：中国长安出版社，2015.

［83］KERN F. Kingship and law in the Middle Ages［M］.Oxford: Basil Blackwell, 1939.

［84］LOCKE J. Two treatises of government［M］.Cambridge: Cambridge University Press, 1988.